Heide Hasskerl

Selbstversorgt durch die kalte Jahreszeit

Sorten, Kultur, Pflege, Rezepte

Leopold Stocker Verlag
Graz – Stuttgart

Umschlaggestaltung:
Werbeagentur Rypka GmbH, 8143 Dobl/Graz, www.rypka.at
Titelbilder: Reinhard-Tierfoto, D-69253, Heiligkreuzsteinach

Bildnachweis: Die Fotos werden dem Verlag freundlicherweise von der Autorin zur Verfügung gestellt.

Bibliografische Information der Deutschen Nationalbibliothek
Die Deutsche Nationalbibliothek verzeichnet diese Publikation in der Deutschen Nationalbibliografie; detaillierte bibliografische Daten sind im Internet unter http://dnb.d-nb.de abrufbar.

Hinweis: Dieses Buch wurde auf chlorfrei gebleichtem Papier gedruckt. Die zum Schutz vor Verschmutzung verwendete Einschweißfolie ist aus Polyethylen chlor- und schwefelfrei hergestellt. Diese umweltfreundliche Folie verhält sich grundwasserneutral, ist voll recyclingfähig und verbrennt in Müllverbrennungsanlagen völlig ungiftig.

Auf Wunsch senden wir Ihnen gerne kostenlos unser Verlagsverzeichnis zu:
Leopold Stocker Verlag GmbH
Hofgasse 5/Postfach 438
A-8011 Graz
Tel.: +43 (0)316/82 16 36
Fax: +43 (0)316/83 56 12
E-Mail: stocker-verlag@stocker-verlag.com
www.stocker-verlag.com

ISBN 978-3-7020-1627-2

Layout und Repro: Werbeagentur Rypka GmbH, 8143 Dobl/Graz
Druck: Finidr, s.r.o., Cesky Těšín

INHALT

Vorwort ... 7

Wintergemüse – nicht nur köstlich, sondern auch gesund ... 11

Grundlegende Überlegungen zum Wintergemüseanbau ... 12

Das Licht ... 12

Der Boden ... 14

Der Gartenboden während der kalten Jahreszeit ... 15
Gesunder Boden – gesunde Pflanzen ... 16
Wichtige Gemüsebeikräuter ... 16
Bodentiere ... 19
Maulwurf, Europäischer (*Talpa europaea*) ... 19
Wühlmäuse (Arvicolinae) ... 19
Mistwurm (*Eisenia fetida*) ... 20
Tausendfüßer (Myriapoda) ... 20
Regenwürmer (Lumbricidae) ... 20
Ameisen (Formicidae) ... 21

Die Witterungsverhältnisse ... 22

Niederschlag ... 22
Sinkende Temperaturen ... 22
Die Windverhältnisse ... 23

Die Gemüse des Winters ... 24

Wintergemüseübersicht ... 25

Kälteschutz der Wintergemüse im Garten ... 27

Das Abdecken der schutzbedürftigen Gemüse ... 28
Der Kälteschutz und die Gemüsekultur in einer Furche ... 30
Die Anlage einer Furche ... 31
Der Damm ... 32
Das Verbringen der Gemüse in Kalte Kästen ... 32
Fenster für den Kalten Kasten ... 32
Beispiel für einen Kalten Kasten ... 33
Bauanleitung Kalter Kasten ... 34
Der Kalte Kasten als Winterquartier ... 35
Das Verbringen der Gemüse in eine Erdmiete ... 36
Die Anlage einer Erdmiete ... 37
Die Kohlmiete ... 38
Eine Kohlmiete anlegen ... 38
Das Verbringen der Gemüseernte in einen frostsicheren Raum ... 39
Wurzellagerung im Erdkegel ... 40
Einen Erdkegel anlegen ... 40
Die Behandlung der Wurzelgemüse vor der Einlagerung ... 41

Der erfolgreiche Wintergemüsegarten ... 42

Die Planung des Wintergemüsegartens ... 42

Einen Plan zeichnen ... 43
Beete einteilen ... 46

Die Vorbereitung der Beete ... 48

Bei der Vorbereitung zu bedenken ... 48
Die Mischkultur ... 49
Das richtige Düngen ... 51
Brachflächen vorbereiten bzw. verbessern ... 52
Ausgelaugte Böden verbessern ... 52
Kompostieren: Anlage des Komposthaufens ... 53
Alternative zum Komposthaufen ... 56

Alternativen zum Flachbeet 56
Die Anlage eines Hügelbeets 56
Die Arbeitsgänge im Überblick 57
Das Hochbeet 58
Das Frühbeet/Mistbeet 59
Die Vorbereitung der Anlage 59
Die Arbeitsgänge 60
Die Mistbeeterde 60
Das Gewächshaus 61

Der Arbeitsplan für die Wintergemüsekultur 62
Vorarbeiten im Juli 63
Wichtige Arbeiten im September 64
Tipps für eine erfolgreiche Wintergemüsekultur 65
Welche Gemüse eignen sich? 66
Wintergemüse aus dem regulären Frühjahr-/Sommeranbau 66
Lagergemüse 66
Schritt für Schritt durchs ganze Jahr 67
Verschiedene Aussaatzeiten 70

Wintergemüse im Porträt 71

Artischocke 71
Wissenswertes 71
Gesundheitliche Bedeutung 72
Kultur und Pflege 72
Die Vorkultur auf der Fensterbank 75
Alternativ: **Barbarakraut** 75
Alternativ: **Bärlauch** 76

Blumenkohl & Romanesco 77
Wissenswertes 77
Gesundheitliche Bedeutung 77
Kultur und Pflege 78
Alternativ: **Brunnenkresse** 80
Ein Schlammbeet bauen 81

Chicorée & Radicchio 82
Wissenswertes 82
Gesundheitliche Bedeutung 83
Kultur und Pflege 83
Chicorée bleichen 84

Endivie 86
Wissenswertes 86
Gesundheitliche Bedeutung 86
Kultur und Pflege 87
Das Bleichen der Endivienherzen 88
Alternativ: **Ewiger Kohl** 90

Feldsalat (Vogerlsalat) 91
Wissenswertes 91
Gesundheitliche Bedeutung 92
Kultur und Pflege 92

Grünkohl (Federkohl) 94
Wissenswertes 94
Gesundheitliche Bedeutung 95
Kultur und Pflege 95
Alternativ: **Guter Heinrich** 96

Haferwurzel & Schwarzwurzel 97
Wissenswertes 97
Gesundheitliche Bedeutung 98
Kultur und Pflege 98

Karotte (Möhre) 101
Wissenswertes 101
Gesundheitliche Bedeutung 102
Kultur und Pflege 102
Die Frühkultur 102
Die Herbst- und Winterernte 103

Kartoffel 106
Wissenswertes 106
Gesundheitliche Bedeutung 107
Kultur und Pflege 107
Gesunde Saatkartoffeln verwenden 109
Frühkartoffelkultur 110
Spätkartoffelkultur 111
Saatkartoffelgewinnung 111

Knollenfenchel 112
Wissenswertes 112
Gesundheitliche Bedeutung 112

Kultur und Pflege ... 113
Alternativ: **Hirschhornwegerich** ... 114
Alternativ: **Knollenziest** ... 116
Alternativ: **Löwenzahn** ... 117
Gießen nicht nötig ... 118

Knollensellerie & Bleichsellerie ... 120
Wissenswertes ... 120
Gesundheitliche Bedeutung ... 121
Sellerie in der Küche ... 122
Kultur und Pflege ... 123
Der Staudensellerie (Bleichsellerie) ... 125

Kohlrübe (Steckrübe) ... 127
Wissenswertes ... 127
Gesundheitliche Bedeutung ... 128
Kultur und Pflege ... 128
Herbstrüben ... 129

Mangold ... 130
Wissenswertes ... 130
Gesundheitliche Bedeutung ... 131
Kultur und Pflege ... 132
Mangold im Winter ... 133
Alternativ: **Guter Heinrich** ... 134

Pastinake ... 135
Wissenswertes ... 135
Gesundheitliche Bedeutung ... 136
Kultur und Pflege ... 136
Pflanzen vereinzeln ... 137
Ringelblume gegen Wühlmaus ... 137

Porree (Lauch) ... 138
Wissenswertes ... 138
Gesundheitliche Bedeutung ... 139
Kultur und Pflege ... 139
Minierfliegen fernhalten ... 140
Porree bleichen ... 140
Beete mehrmals nutzen ... 141

Rosenkohl (Kohlsprossen) ... 142
Wissenswertes ... 142
Gesundheitliche Bedeutung ... 142
Kultur und Pflege ... 143
Endknospen verwenden ... 144
Alternativ: **Sauerampfer** ... 145
Alternativ: **Wintersalat** ... 146
Alternativ: **Spargelsalat** ... 147

Rote Bete (Rote Rübe) ... 148
Wissenswertes ... 148
Gesundheitliche Bedeutung ... 149
Kultur und Pflege ... 149
Lagerung in einer Erdmiete ... 150

Spinat ... 151
Wissenswertes ... 151
Gesundheitliche Bedeutung ... 152
Kultur und Pflege ... 152

Topinambur ... 154
Wissenswertes ... 154
Gesundheitliche Bedeutung ... 155
Kultur und Pflege ... 155
Lange Pflanzzeit ... 155

Weiß-, Rotkohl & Wirsing ... 157
Wissenswertes ... 157
Gesundheitliche Bedeutung ... 158
Kultur und Pflege ... 158
Schädlinge ... 159
Freilandkultur ... 160
Volksglaube ... 160
Mistbeet- und Gewächshauskultur ... 161
Alternativ: **Winterportulak** ... 162

Winterkürbis ... 163
Wissenswertes ... 163
Gesundheitliche Bedeutung ... 164
Kultur und Pflege ... 164
Alternativ: **Winterheckzwiebel** ... 166

Zwiebel (Gemüsezwiebel, Speisezwiebel, Schalotte, Cipolotte, Lauchzwiebel) ... 167
Wissenswertes ... 167
Gesundheitliche Bedeutung ... 168

Kultur und Pflege 168
Aussaat 168
Steckzwiebeln 169
Ernte und Lagerung 170
Aussaat im Kalten Kasten 170

Der Kräutergarten im Winter .. 171

Mehrjährige Kräuter 172

Stauden teilen 173
Das Ausgraben des Wurzelstocks 174
Das Teilen des Wurzelstocks 174
Das Einsetzen 174
Problemlos teilbare Kräuterstauden 175
Ableger gewinnen 176
Lavendelableger selbst ziehen 176
Lorbeer vermehren 177
Petersilie 178

Einjährige Kräuter 179

Basilikum 179
Bockshornklee 180
Bohnenkraut 180
Borretsch 180
Dill 181
Keimung begünstigen 182
Kamille 182
Kümmel 182
Kresse 183
Majoran 184

Das Konservieren der Kräuter 186

Das Trocknen 186
Das Einlegen in Essig und/oder Öl 186
Das Einfrieren der Gartenkräuter 187
Konservieren der Kräuter 187
Anbauempfehlungen 188
Das Einsalzen 189
Der Sirup 189
Alkoholische Mazeration 189

Frische Kräuter im Winter 190

Kochen und Konservieren von Gemüsen 191

Grundlagen der Konservierung 192

Grüne/Gelbe Bohnen 192
Süßsaure Gewürzbohnen 193
Kohlrabi 193
Grüne Tomaten 193

Die milchsaure Gärung 194

Eingelegte Kohlköpfe 194
Sauerkraut 195

Rezeptideen zum sofortigen Genuss... 196

Rosenblütensirup 196
Brennnesselpudding 196
Haferwurzelsalat 196
Karottenkompott 197
Cynar Amaro – Bitterer Artischocken-Kräuterlikör 197
Auspressen von Hand 198
Chips aus den köstlichen, wintersüßen Pastinaken 198
Rosenkohl, einfach 198
„Mutters bester weißer Krautsalat" 199
Süßer Topinambursalat 199
Runkelrüben 200
Rote Rüben 200

Schlusswort 201

Anhang 203

Nützliche Adressen – Weblinks 203
Bezugsquellen 203
Bezugsquellen für Sämereien 203
Besonders empfehlenswerte Gartengeräte 204
Ein umfangreiches Sortiment an Nützlingen 204
Verwendete Literatur 204

Register 205

VORWORT

Wer erfolgreich gärtnern will, muss sich in die Lage eines Regenwurms versetzen können – Perspektivenwechsel bringt den gewünschten Ernteerfolg!

LIEBE LESERINNEN UND LIEBE LESER!

Es freut mich ganz besonders, dass Ihnen die Idee, Wintergemüse im eigenen Garten zu kultivieren, gefällt und Sie einen Blick in mein Buch werfen. Des Winters Gemüse zeichnen sich nicht nur durch große Vielfalt aus, durch die das Schlemmen in der kalten Jahreszeit quasi schon vorprogrammiert ist, sondern sie punkten, bedingt durch die verlängerte Vegetationszeit, aber vor allem Erntezeit, mit enormen Werten an gesundheitsfördernden Inhaltsstoffen. Die Wintergemüsekultur ist also ein absolutes Muss für jeden Selbstversorger und Gemüsegartenliebhaber!

Die Frage nach dem Warum ist ganz einfach zu beantworten: Dank der Bewirtschaftung eines Wintergemüsegartens versorgt man sich und seine Familie während der kalten Jahreszeit mit frischem und gesundem Gemüse UND bereitet bereits für das zeitige Frühjahr üppige Gemüseernten vor.

Sollten Sie noch unentschlossen sein oder gar Zweifel haben, ob ein Wintergemüsegarten für Ihre Bedürfnisse die richtige Wahl ist, dann überdenken Sie die Gründe, aus denen Sie einen Garten im Sommer bewirtschaften. Es ist möglich, dass Sie Wert darauf legen, dass Ihre Nahrung frei von unerwünschten Stoffen (Insektizide etc.) und immer absolut frisch ist. Oder kochen und experimentieren Sie gerne? Wollen Sie wieder mehr selber machen? Viele Menschen möchten auch einfach wissen, was da auf ihrem Teller liegt ... Vielleicht gehören Sie auch zu jenem Personenkreis, der nach Lust und Laune durch den Garten schlendern und – gleich einem Kind – hier ein zartes, süßaromatisches Möhrchen und da ein Radieschen und dort eine Zuckererbsenschote naschen möchte?

Wenn Sie nun sagen, dass einer dieser Beweggründe Ihr ganz persönlicher ist und dass Ihnen die Sicherheit bei der Ernährung Ihrer Lieben obendrein am Herzen liegt, dann ist die Entscheidung für den Wintergemüsegarten die perfekte Entscheidung! Und wenn Sie nicht bloß naschen und wie ein Gourmet genießen wollen, sondern auch Ihren Vorratsschrank alljährlich kos-

An der Vielfalt der Pflanzen die Bodenqualität bestimmen.

tengünstig füllen wollen, zudem noch gerne kreativ sind und unzählige Rezepte in petto haben, dank denen Sie Ihre Gäste verblüffen, dann nichts wie auf ins Abenteuer Wintergemüsegarten! Zögern Sie bitte nicht! Der Wintergemüsegarten lässt sich perfekt auf Ihre Bedürfnisse ausrichten! Er ist das Pendant zum Sommergarten und bietet ebenfalls nicht bloß viele delikate Gemüse, sondern auch zahlreiche Möglichkeiten, sich selbst und seine ureigenen Fähigkeiten ein Stück weit besser kennenzulernen und noch mehr Rezeptideen auszuprobieren.

Aber auch jenen Personen, die bisher Probleme bei der erfolgreichen Kultur von Sommergemüse hatten und vielleicht enttäuscht mit Resignation reagierten, weil sie die Auffassung vertreten, dass sie schon bei der Bewirtschaftung des „normalen" Gemüsegartens versagen, sei ein Wintergemüsegarten empfohlen. Wenn es Ihnen an der erforderlichen Zeit mangelt, Sie das ständige Gießenmüssen mühsam finden, ist der Anbau von Wintergemüse ebenfalls ideal. Die Vorteile des Wintergemüsegartens liegen fast auf der Hand. Es gibt erstens weniger Schädlinge, zweitens kaum Beikrautbefall und drittens treten auch Pflanzenkrankheiten im Winter seltener auf. Und noch etwas Schönes: Gießen ist kaum erforderlich. Die einzige Herausforderung, der Sie sich stellen müssen, sind die Witterungsverhältnisse. Jedoch hat die Natur ihre eigenen Strategien entwickelt. Und wer diese kennt, der kann sich dieses Wissen zu eigen machen.

Allerdings empfehle ich grundsätzlich den Einsatz von schützenden Netzen, mit denen das Gemüse, das auf den Beeten verbleibt, effektiv vor hungrigen Vögeln geschützt werden kann. Denken Sie jedoch bitte auch im Winter an die Fütterung der einheimischen Wildvögel!

Liebe Leserinnen und Leser, seien Sie bitte ganz unbesorgt und denken Sie nicht, dass Sie nicht das Zeug dazu hätten oder dass horrende Ausgaben auf Sie zukommen werden oder dass das Arbeitsvolumen, das mit der Betreuung eines Wintergemüsegartens verbunden ist, Sie übermannen wird. Sie werden, wie ich, begeistert feststellen, dass die Betreuung des Wintergemüsegartens viel einfacher ist, entspannter vonstattengeht als die Betreuung des Gartens im Sommer und dass es einfach großartig ist, wenn man bei Frost und Schnee bei Bedarf in den Garten gehen und nach Herzenslust Gemüse, Wurzeln oder Kräuter ernten kann. Gerade in der kalten Jahreszeit giert der Körper nach köstlichen Gerichten, in denen die volle Sonne eines langen Sommers steckt.

Sicher fragen Sie sich nun, welche Gemüse zu den Wintergemüsen zählen. Diese Frage beantworte ich Ihnen auf den folgenden Seiten. Vorab sei verraten, dass es mehr sind, als Sie vielleicht annehmen.

Vielleicht möchten Sie auch einfach nur wissen, ob sich der Aufwand lohnt und ob für die Kultur im Winter aufwendige Gerätschaften notwendig sind? Ich kann Sie beruhigen! Es werden kaum mehr als jene Gerätschaften benötigt, mit denen wir während der Sommermonate im Garten ausgekommen sind. Einzige wirkliche Ausnahme: Die Gießkanne wird gegen den Schneeschieber ausgetauscht ... Und natürlich werden wir wieder nach Herzenslust und getreu meinem Motto „aus alt mach neu" – den Fokus auf die Reduzierung der Kosten gerichtet – zimmern ...

Im Grunde ist die Kultur von erntefrischem Gemüse im Winter relativ unkompliziert (schon allein – wie bereits erwähnt – weil es keine Läuse, Stechfliegen oder Nacktschnecken gibt und weil jetzt die Beikräuter Winterschlaf halten). Und weil bereits vor gut 150 Jahren eine überaus erfolgreiche Wintergemüsekultur erprobt worden ist, dank derer viele Menschen auch an kalten Tagen köstliche Speisen auf dem Teller hatten. In Paris beispielsweise sorgten die städtischen Gärtnereien für das Wohl der Pariser Stadtbevölkerung. Sie waren derart erfolgreich, dass sich findige englische Gärtner ebenfalls der Winterkultur von Gemüse widmeten und die Wintergemüsekultur auf die Insel holten.

Falls Ihnen Mistbeete und Gewächshäuser ein Gräuel sind, verrate ich Ihnen gleich vorab, dass diese nicht zwingend nötig sind, weil zahlreiche Gemüse auch ungeschützt während der kalten Jahreszeit im Freien verbleiben können – die einzige Gefahr geht von Nagern (Mäusen, Ratten, Kaninchen) aus. Andere Gemüse bleiben im Gewächshaus oder sie werden abgeerntet und einfach nur in einer Miete gelagert oder im Freien auf dem Beet unter Zuhilfenahme einiger Hilfsmittel – etwa Stroh zum Abdecken – vor zu starken Frösten geschützt.

Und keine Sorge, dass Sie am Ende Ihrer Bemühungen nicht wissen werden, was Sie mit dem herrlichen Gemüse anstellen sollen. Ich erkläre Ihnen selbstverständlich in diesem Buch, wie Sie Ihre Gemüse optimal lagern können, damit Sie immer frische Delikatessen auf den Tisch bringen können, und ich habe noch einige verführerische Rezeptideen eingefügt. Rezepte zum Aufwärmen und zum Genießen ... Einfach nur Genuss pur!

Vielleicht kennen Sie bereits mein Buch „Selbstversorgt – Gemüse, Kräuter und Beeren aus dem eigenen Garten"? Dann

Es genügt vollkommen, dass er im kalten Wintergemüsegarten Tag und Nacht wacht.

Frostige Temperaturen müssen nicht immer den Tod eines Gemüses herbeiführen, sondern sie können auch die Qualität verschiedener Gemüse positiv beeinflussen. Gerade der Geschmack des erntefrischen und vielseitig verwendbaren Grünkohls profitiert enorm vom Frost.

können Sie sich denken, dass auch das Buch, welches Sie nun in den Händen halten, randvoll mit wertvollen Informationen steckt und ich – wie in allen meinen Büchern – einige wichtige Ratschläge am Rande des Themas erteile, dank denen Sie nicht nur gut gerüstet sind, sondern wie ein „alter Hase" walten werden.

Sind Sie bereit? Schön! Frische zahlt sich heute mehr denn je aus: Der Verzehr Ihrer Gemüse wird sich auf Ihre Gesundheit und Ihr Wohlbefinden positiv auswirken. Wer mit sonnengereiften Gemüsen aus eigenem Anbau in die kalte Jahreszeit zieht und so wahre Vitaminbomben im Garten hat, braucht sich nicht mehr vor grippalen Infekten, kalten Füßen und vor Schnee und Kälte fürchten. Wer mit derartigen Gemüsen seinen Körper während der grauen, kalten Winterzeit versorgt, der trotzt der Kälte und kann des Winters schönste Seiten in vollen Zügen genießen.

Bei mir setzt die Vorfreude auf die zahlreichen kommenden Wintergenüsse und -delikatessen ein, sobald die Kürbisse im Garten leuchten, die Stangenbohnen in den Hülsen dicke Bohnen bilden und das Grün des Pastinakenkrauts das ganze Beet beschattet. Das ist die Zeit, ab der meine Augen wie Schmetterlinge von Pflanze zu Pflanze über den Beeten kreisen, auf denen meine frohwüchsigen und opulenten Gemüse gedeihen, die im Garten verbleiben, auch wenn der Frost bereits das letzte Blatt vom Apfelbaum gepflückt hat.

Leben Sie gesund!
Bleiben Sie vital und lebensfroh!

Ihre
Heide Hasskerl

WINTERGEMÜSE – NICHT NUR KÖSTLICH, SONDERN AUCH GESUND

Ernährung ist so viel mehr als Essen!

Woran liegt es, dass der Verzehr von Wintergemüse aus dem kalten Garten gesünder sein kann als der Verzehr von Importgemüsen? Die Antwort lautet: an der Vitalität. Gleich dem Sommergemüse punktet natürlich auch das Wintergemüse mit einer Frische, die nicht mehr gesteigert werden kann. Diese Frische sorgt dafür, dass das Gemüse sehr hohe bioaktive Werte aufweist. Dadurch wird es zu einem ganz besonderen Gemüse. Außerdem wirken in den winterharten Gemüsen biochemische Vorgänge, die das „Erfrieren" verhindern. Bei diesen Vorgängen wird beispielsweise bei der Pastinake Stärke in Zucker umgewandelt. Dadurch schmeckt eine Pastinake, die während frostiger Tage im Gartenboden verblieben ist und dann erst geerntet wird, viel süßer. Eine Gefriertruhe fördert dieses Ergebnis nicht annähernd zutage. Vergessen wir auch nicht, dass die Gemüse aus dem eigenen Garten nicht nur erntefrisch auf den Tisch kommen, sondern auch frei von chemischen Unkraut- oder Insektenbekämpfungsmitteln sind. Nur wenn Sie in Ihrem Garten keine chemischen Keulen ausgebracht haben, können Sie auch sicher vor einer Belastung mit solchen unerwünschten Stoffen sein.

Die einheimischen Herbst- und Wintergemüse sind vielseitig verwendbar und können und sollten oft sowohl roh als auch gedünstet verzehrt werden. Ein reger Genuss kann den Körper kräftigen und eine vitalisierende Wirkung ausüben.

TIPP! Auswahl an Alternativgemüsen

Wenn Sie wenig Zeit haben, die Bewirtschaftung eines Wintergemüsegartens angemessen zu betreiben, dann sind die Alternativgemüse, die bei den einzelnen Gemüsebeschreibungen angeführt sind, für Sie die richtige Wahl. Jedoch sollten Sie, so oder so, in Ihrem Garten keinen Mangel an Gemüsen haben, die Ihre Gesundheit in der heutigen Zeit und in der Umwelt, in der wir gegenwärtig leben, optimal unterstützen.

Die Kultur der Alternativgemüse ist auch Einsteigern in das Gärtnern im Winter zu empfehlen, da daran klimatische Besonderheiten, Veränderungen im Lichtablauf eines kurzen Wintertages und Reaktionen der Pflanzen beobachtet werden können, ohne dass große Gefahr besteht, dass die Gemüse erfrieren.

GRUNDLEGENDE ÜBERLEGUNGEN ZUM WINTERGEMÜSEANBAU

Wer den Gartenboden nicht wie die Früchte liebt, die dieser hervorbringen kann, wird diese Früchte nicht ernten!

Damit die Kultur der Wintergemüse von Erfolg gekrönt wird, sollten zuvor einige Besonderheiten der Wintergemüsekultur bedacht werden. Der Winter beschert den Wintergemüsen schließlich **veränderte Bedingungen**. Diese betreffen die folgenden Bereiche:

- **Licht** (Intensität, Einfallswinkel, Schattenwurf)
- **Boden** (Boden allgemein, Bodentiere, Mikroorganismen)
- **Witterungsverhältnisse**

DAS LICHT

Die Qualität des Sonnenlichts ergibt sich aus gärtnerischer Sicht aus der energetischen Leistung und der Strahlungsintensität. Auch die Stunden, die die Sonne im Verlauf eines Tages am Himmel steht, und alles, was ihre direkte Strahlung behindert, haben Einfluss auf die Pflanzen.

Gemessen wird das Sonnenlicht in „Watt pro Quadratmeter – W/m^2". Im Durchschnitt herrscht während der Sommermonate bei klarem Himmel eine Bestrahlungsstärke von 600–1000 W/m^2. Im Winter, ebenfalls bei klarem Himmel, halbiert sich dieser Wert. Pflanzen, die viel Licht benötigen, gedeihen unter diesen lichtarmen Bedingungen also nur ungenügend! Manchmal stehen den Pflanzen im Winter auch nur 100–200 Watt/m^2 zur Verfügung, dadurch kommt jede pflanzliche Entwicklung ins Stocken. Das heißt, dass die Vegetation in den Wintermonaten praktisch zum Stillstand kommt, was den Massenzuwachs betrifft.

Hierzu ist zu sagen, dass der **Substanzaufbau** der Gemüse **in Zeiten mit höherem Lichtangebot** erfolgen muss. Das bedeutet, der Anbau der über den Winter erntbaren Gemüse muss spätestens im Sommer oder Herbst erfolgen, damit noch genügend Substanz aufgebaut werden kann. Das Wachstum kommt schließlich durch die geringe Verfügbarkeit von Licht während des Winters quasi zum Erliegen. Dieser Stillstand des Wachstums bedeutet aber gleichzeitig, dass uns das Gemüse nicht davonwächst und somit die Erntezeit während des Winters um einige Wochen verlängert werden kann, in der wir uns mit erntefrischem Gemüse versorgen können. Das funktioniert zwar nicht bei allen Gemüsearten (Tomaten oder Gurken wird man im Winter nicht im Freiland ernten können), aber es sind doch überraschend viele Gemüse, die den Winter über durchaus im Freien verbleiben können oder mit minimalen Schutzmaßnahmen trotz klirrender Kälte überleben.

HINWEIS! Ohne Licht kein Wachstum

Lichtmangel kann Pflanzen krank machen!

Sonnenlicht bzw. Bestrahlungsstärke und Sonnenscheindauer variieren auch im Winter von Region zu Region erheblich. Würde

Tagelanger Nebel bildet, nach anhaltenden Minusgraden, an den trockenen Blütenständen einer Karde (*Dipsacus sativus*) bizarre Gebilde.

ein Gartenbesitzer einen Heliographen (im Handel erhältlich) im Garten aufstellen, so könnte der Schwund der Sonnenenergie im Winter ganz einfach an einem Teststreifen abgelesen werden!

Bei der Kultur von Wintergemüsen sind diese regionalen Gegebenheiten deshalb ebenfalls zu beachten! Viel Nebel und wenig Sonne führen beispielsweise dazu, dass Pflanzen das Wachstum der Blattmasse ankurbeln, anstatt Wurzeln oder Knollen zu bilden!

TIPP! Lichtsituation berücksichtigen

Überdenken Sie die Lichtsituation in Ihrer Region! Wählen Sie Gemüse aus, das mit den Bedingungen in Ihrer Region gut zurechtkommt.

Neben dem Sinken der energetischen Sonneneinstrahlung und regionaler Gegebenheiten ist auch noch zu beachten, dass die Sonne im Winter deutlich tiefer steht, wodurch die Schatten länger werden. Wintergemüse, die sich während der kalten Tage entwickeln (beispielsweise Spinat oder Nüsslisalat), sollten auf solche Beetflächen gesät werden, die in keinem oder nur in einem geringen Umfang beschattet werden. Denken Sie daran, dass auch immergrüne Pflanzen im Winter dichtes Laub tragen und mehr Schatten entwickeln als laubabwerfende Pflanzen (Obstbäume).

TIPP! Schattenwurf beachten

Schatten „wandern“ mit dem Lauf der Sonne! Denken Sie schon beim Anpflanzen der Wintergemüse daran, wo im Winter die Schatten verlaufen werden.

Sie erkennen den Schattenwurf, den im Garten befindliche Objekte verursachen.

DER BODEN

Gartenboden ist nicht gleich Gartenboden! Grundsätzlich unterscheiden wir zwischen „leichten" und „schweren" Böden. Die Termini „leicht" und „schwer" bezeichnen im Falle des Bodens jedoch nicht sein Gewicht, sondern sind der Ausdruck dafür, wie schwer ein Boden zu bearbeiten ist, das heißt, wie leicht oder wie schwer es ist, ein ordentliches Saatbett zu bereiten. Sandige Böden sind leichte Böden und Lehm- oder Tonerde zählen zu den schweren Böden. Vor- und Nachteile sind bei beiden Bodenarten in gleichem Maß vorhanden und es sollten – wenn möglich – bodenverbessernde Maßnahmen (siehe auch „Das richtige Düngen", S. 51) ergriffen werden, wenn die Bodenart Ihres Gartens zu leicht oder zu schwer sein sollte.

Ein weiteres Gartenbodenkriterium resultiert aus der Form der bisherigen Nutzung und in gewisser Weise auch aus den gartentechnischen Gewohnheiten Ihrer Gartennachbarn. Das bedeutet, dass ein gesunder Gartenboden nur aus einer vernünftigen und nachhaltigen Bewirtschaftung resultiert (und vitales Gemüse gedeihen lässt) und dass Pflanzenkrankheiten und Schädlinge nicht vor einem Zaun halt machen!

Im Grunde ist der Gartenboden ein fein abgestimmtes Ökosystem. Die Luft im Boden ist ein „Bodengas", das entweder von der Atmosphäre in den Gartenboden eindringt oder von Wurzeln und den Lebewesen des Erdreiches erzeugt und an ihn (genauer in die Poren und Hohlräume des Bodens) abgegeben wird. Damit das abgegebene Gas ungehindert entweichen bzw. eindringen und auch im Boden zirkulieren kann, sollte die Bodenoberfläche nicht verkrusten bzw. zur Gewährleistung eines gesunden Gartenbodens immer luftdurchlässig gehalten werden.

Nach kräftigem Regen kann der Gartenboden verschlämmen und in der Folge nach dem Abtrocknen verkrusten; dann sollte er sofort nach dem Abtrocknen mit einer leichten Hacke wieder gelockert werden. Unterhalb der Bodenkruste sorgen die Bodentiere durch das Graben von Röhren und Gängen für einen optimalen Gasaustausch. Fehlen die Bodentiere, ist die Zirkulation nicht in vollem Umfang gewährleistet und die Gemüse erkranken leichter.

TIPP! Lockerer belebter Boden

Ein nahrhafter, feuchtigkeitsregulierender und durchlässiger humoser Boden ist für eine erfolgreiche Gemüsekultur optimal geeignet.

Der Gartenboden während der kalten Jahreszeit

Der Gartenboden lebt – humoser Erdboden besteht schließlich zu 70 % aus Mikroorganismen. Im Winter verlieren die mikroskopisch kleinen Lebewesen des Erdbodens mit dem Sinken der Temperatur an Dynamik. Viele Prozesse finden nicht mehr oder nur noch verzögert statt. Außerdem sterben mit dem Wintereinbruch auch die Pilze ab, Würmer und andere Bodentiere (Regenwürmer lockern und durchlüften den Boden bis in eine Tiefe von 8 m) verlagern ihre Tätigkeiten in tiefere Bodenschichten. Damit die Bodentiere den Winter unbeschadet überdauern, sollten chemische Hilfsmittel im Nutzgarten nicht verwendet werden, wodurch auch das Auswaschen von Chemikalien in das Grundwasser verhindert wird.

TIPP! Boden vorbereiten

Damit die Wintergemüsekultur gelingt, sollten die Flächen, die neu bepflanzt werden sollen, gut vorbereitet werden (siehe „Der Arbeitsplan für die Wintergemüsekultur“, S. 62).

Denken Sie bitte daran, dass durch die verminderte Sonneneinstrahlung in der Regel nicht nur in Senken und an schattigen Plätzen die Erde länger feucht bleibt. Diese Feuchtigkeit begünstigt bei den im Freien verbliebenen Gemüsepflanzen Erkrankungen und Fäulnis und führt überdies dazu, dass der Boden, bei eintretendem Dauerfrost, an solchen Orten steinhart gefriert.

Gemüse, die während der Wintermonate im Freien gedeihen können (absolute Winterhärte aufweisen), erfrieren in der Regel nicht, sondern sie „verdursten“ bei gefrierenden Böden, da das gefrorene Wasser den Pflanzen nicht zur Verfügung steht.

HINWEIS! Vorteile des Frosts

Der Frost ist auch ein Verbündeter im Garten. Mit dem Sinken der Temperatur reduziert sich die Zahl der Schädlinge beträchtlich. Schwere Lehm- und Tonböden werden durch Frosteinwirkung gelockert und mürbe gemacht (Frostgare). Zur Frostunterstützung wird der Boden dazu in Hügelform gegraben. Am besten verlaufen die Hügelreihen von Nord nach Süd. Nur wenn die Hügel restlos durchfrieren, wird der bodenverbessernde Effekt bis zur Sohle wirksam.

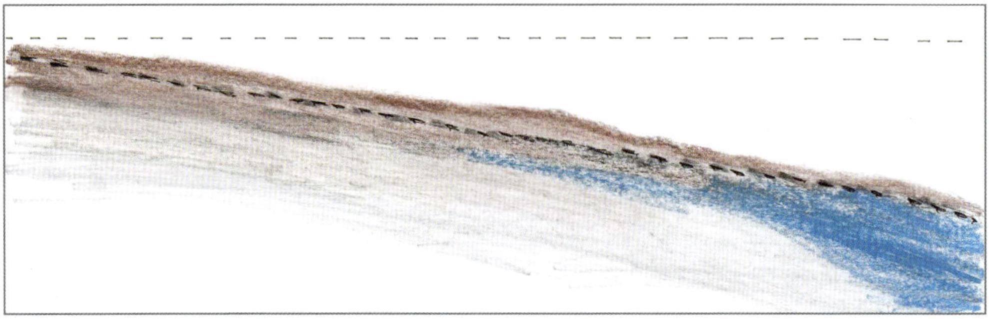

Feuchtigkeit sammelt sich am tiefsten Punkt im Gelände. Fruchtgemüse, wie beispielsweise Tomaten oder Zucchini, können von einem solchen Standort während des Sommers durchaus profitieren, wenn der Boden regelmäßig aufgelockert wird, damit sich keine Fäulniserreger ausbreiten können. Für Kulturen, die nur wenig Wasser benötigen, ist dieser Standort allerdings nicht die beste Wahl. Während der kalten Jahreszeit wird der Boden bei starken Frösten an diesen Stellen knochenhart gefrieren. Schutzmaßnahmen sollten rechtzeitig getroffen werden.

Gesunder Boden – gesunde Pflanzen

Ein guter und fruchtbarer Boden zeichnet sich durch eine vielfältige Vegetation aus! Deshalb gehören auch Beikräuter in jeden Nutzgarten! Falls Sie einen Garten besitzen, aus dem alle Beikräuter entfernt worden sind, sollten Sie überlegen, wie diese wieder Teil Ihres Gartens werden können, schließlich besitzen sie wichtige Funktionen. Manche Beikräuter können als Pflanzenjauchen verwendet werden, andere ziehen Nützlinge an, die wiederum wichtige Gegenspieler von Schädlingen im Garten sind. Wieder andere eignen sich hervorragend als Wildgemüse zum Verzehr.

Wichtige Gemüsebeikräuter

- **Ackerstiefmütterchen** (*Viola arvensis*): regional bedroht; Insektenfutterpflanze
- **Echter Beinwell** (*Symphytum officinale*): Bienenfutterpflanze; für Pflanzenjauchen
- **Große Brennnessel** (*Urtica dioica*): für Schmetterlingsraupen; für Pflanzenjauchen
- **Echter Buchweizen** (*Fagopyrum esculentum*): wertvolle Insektenpflanze, Vogelpflanze, Heilpflanze
- **Ackerkratzdistel** (*Cirsium arvense*): wertvolle Insektenpflanze
- **Echte Kamille** (*Matricaria chamomilla*): Doktorpflanze
- **Löwenzahn** (*Taraxacum officinale*): Wildgemüse; für Pflanzenjauche
- **Weiße Taubnessel** (*Lamium album*): bedrohte Art; Bienenfutterpflanze

TIPPS! Boden- und Pflanzengesundheit

- Verzicht auf kaltes Gießwasser
- Verzicht auf chemische Mittel
- Häufiges seichtes Lockern des Bodens mit einer leichten Hacke – etwa zweimal wöchentlich
- Vielfältiges Beipflanzenspektrum (Unkräuter) im Gemüsegarten schaffen – nicht umsonst verleiht beispielsweise der Volksmund der Kamille einen Doktortitel und nennt sie respektvoll „Doktor Kamille“
- Durch gezielte Maßnahmen wie Kompostausbringen das Bodenleben (Regenwürmer, Mikroorganismen ...) fördern
- Mischkultur betreiben

Ackerstiefmütterchen

Echter Beinwell

Große Brennnessel

Echter Buchweizen

In meinen Gemüsekulturen, die von Kamille durchwachsen waren, trat lediglich ein marginaler Schädlingsbefall durch Insekten auf und ich konnte den Einsatz von Abwehrjauchen auf ein Mindestmaß reduzieren, wodurch der Arbeitsaufwand minimiert und der Ernteertrag optimiert wurde. Neben der Kamille wirken auch andere Pflanzen mit einem hohen Gehalt an ätherischen Ölen schädlingsabwehrend. Dazu zählen unter anderem:

- Wermut
- Baldrian
- Lavendel
- Rosmarin
- Thymian

Alte Techniken – neu entdeckt

Die modernen Anbaumethoden, die in den letzten 50 Jahren Einzug in die Gartenkultur gehalten haben, sind im Grunde recht unsinnig, wenn man einen Gemüsegarten zur Selbstversorgung bewirtschaften möchte. Die Regenbrause hat im Gemüsegarten im Grunde gleich wenig verloren wie der Einsatz chemischer Mittel, dank denen die Pflanzengesundheit gewährleistet werden soll.

Auch was den Einzug der Folien in den Garten anbelangt, stehe ich der Verwendung skeptisch gegenüber. Glas ist deutlich haltbarer und um einiges belastbarer. Es ist so einfach, sich in einer

Ackerkratzdistel

Echte Kamille

Löwenzahn

Weiße Taubnessel

Tischlerei meist kostenfrei die passenden gebrauchten Fenster zu besorgen. Diese können dann vielfältig verwendet werden.

HINWEIS! Pflanzengesundheit

Blattläuse mögen keinen Knoblauch! Wer neben alljährlich heimgesuchten Rosenstöcken einige Knoblauchzehen steckt, ist die Plagegeister ganz schnell und kostengünstig los (ein Absud aus Knoblauchzehen erbringt den gleichen Effekt). Und wer Rhabarberstücke ins Kohlbeet gräbt, der kann das Auftreten von Kohlhernie verhindern.

HINWEIS! Glyphosat

Erstmalig wurde das Breitbandherbizid Glyphosat 1974 eingesetzt. In Deutschland sind zurzeit 84 glyphosathaltige Mittel zugelassen. Während eines Jahres werden im Inland 15.000 t glyphosathaltige Pflanzenvernichtungsmittel ausgebracht. Übrigens: Auch das Gleissystem der Bahn wird durch Totalherbizide bewuchsfrei gehalten! Die Tendenz der Verwendung ist steigend und soll sich in den kommenden Jahren weltweit verdoppeln! Überlegen Sie sich gut, ob Sie wirklich ein Gift in Ihrem Gemüsegarten ausbringen wollen.

Bodentiere

Maulwurf, Europäischer (*Talpa europaea*)

Ein Maulwurf im Garten mag lästig sein, aber das Auftauchen dieses Einzelgängers ist dennoch ein Grund zur Freude. Ein einziges Tierchen von etwa 10 cm Länge und 100 g Gewicht kann bis zu 2.000 m² große Flächen besiedeln und den Boden durchlüften.

Vor dem Ersten Weltkrieg gab es derart viele Maulwürfe, dass das Jagen und Erlegen der Tiere honoriert wurde; Maulwürfe traten in dieser Zeit als Plage auf. In den zurückliegenden Jahren hat sich das allerdings gravierend geändert: Heute stehen sie in vielen Ländern unter Naturschutz. Es ist somit verboten, einen Maulwurf zu töten oder ihn zu stören!

Im Garten gilt der Maulwurf wegen seiner Erdhügel und unterirdischen Gänge, die so manche Gemüsebeetanlage zunichtemachen können, häufig als Störenfried. Der Hügel eines Maulwurfes kann aber auch leicht mit dem Hügel einer Wühlmaus/Wühlratte verwechselt werden. Allerdings ist er ziemlich nützlich: Maulwürfe vertilgen Schnecken, Engerlinge, Regenwürmer, Insekten und deren Larven. Neben den Insekten stehen auch kleinere Wirbeltiere, wie Echsen oder Nagetiere, auf seiner Speisekarte, so dass ein Maulwurf in Bezug auf Reduzierung von Nagetieren im Garten nützliche Dienste leisten kann. Sein Vorkommen im Garten zeigt an, dass der Boden gesund ist und dass das ökologische System funktioniert: Viele Kleinlebewesen sind vorhanden.

Wühlmäuse (Arvicolinae)

Aufgeschichtete Erdhügel in Garten- und Feldbereichen können auch durch Wühlmäuse verursacht werden. Diese kommen in etwa 150 Arten vor. Die bekanntesten sind hier sicherlich die Feldmäuse und die Ostschermäuse. Während der Maulwurf seine rundlichen Hügel in annähernd gleichen Abständen aufwirft, bedecken die flachen Erdhaufen der Ostschermaus scheinbar systemlos den Boden. Die Haufen werden zudem von sichtbar erhöhten unterirdischen Gängen verbunden. Wühl-

Maulwurfshügel sind im Garten lästig.

Rötelmaus

Ganz typisch für Wühlmäuse ist der an der Erdoberfläche gut erkennbare unterirdische Gang.

mäuse sind Vegetarier und lieben Wurzeln. Da sie keinen Winterschlaf halten, legen sie Vorräte an. Dafür bauen sie relativ tief im Erdreich – mitunter 0,5 m tief – Kammern, in die sie neben Polstermaterial, wie trockene Grashalme, auch Futtervorräte bis unter die „Decke" fein säuberlich stapeln.

Ostschermäuse können eine stattliche Größe von bis zu 15 cm Länge erreichen und sehen dann Ratten zum Verwechseln ähnlich. Der Schaden, welchen die Wühlmäuse im Garten anrichten können, kann beträchtlich hoch ausfallen. Einerseits bestehen erhebliche Ausfälle durch das unterirdische Röhrensystem, wodurch den Wurzeln die Verbindung zum Erdboden geraubt wird, andererseits fressen die Nager auch noch die Wurzeln der Gemüse. Katzen können einen Garten frei von den ungeliebten Nagetieren halten.

Mistwürmer

Mistwurm (*Eisenia fetida*)

Mistwürmer – oder Kompostwürmer – kommen in jedem Komposthaufen vor. Mistwürmer sind die Verwandten des Regenwurms. Zwiebelschalen und Kaffeefiltertüten zählen zu ihrer Leibspeise und sollten grundsätzlich auf den Kompost befördert werden.

Tausendfüßer (Myriapoda)

Tausend Beine habe ich nicht gezählt bei dem Tempo, mit dem der agile Gliederfüßer entschwindet, sobald man ihn in seinem Versteck entdeckt hat. Die stark gepanzerten Doppelfüßer ernähren sich überwiegend von toter pflanzlicher Substanz und sollten in jedem Gemüsegarten anzutreffen sein.

Regenwürmer (Lumbricidae)

Sie sind blind, taub und stumm, klebrig, unattraktiv und für viele Zeitgenossen genauso abstoßend wie Spinnen. Wie man auch über Regenwürmer denken oder was man auch bei ihrem Anblick empfinden mag – für den Erhalt unseres Ökosystems sind diese Ringelwürmer unabkömmlich (wie Spinnen übrigens auch).

Regenwürmer

Die Regenwürmer sind die Verbündeten im Gemüsegarten, weil sie den Boden – dank den Röhren, die sie graben – durchlüften und lockern (der Regen sickert besser in das Erdreich ein) und weil sie gefräßig sind und dadurch jede Menge „Regenwurm-Guano“ im Garten hinterlassen! Regenwurmdünger ist auf die Bedürfnisse der Pflanzen optimal ausgerichtet und das Beste, was ihnen geboten wird!

Diesen „Regenwurm-Naturdünger“ hat sich ein Stuttgarter Tüftler zunutze gemacht: Er vermehrt in großem Stil diese Würmer, lässt die Regenwürmer „Dünger“ en masse produzieren (den das Stuttgarter Gartenbauamt bereits getestet hat) und er nennt das Produkt ehrfürchtig „Wurmhumus“. Auch andernorts wird Naturdünger vom Regenwurm bereits in größerem Maße hergestellt.

Falls Sie nicht genug Regenwürmer in Ihrem Garten haben, kein Problem: Regenwürmer sind Lebewesen. Lebewesen unterliegen den Gesetzen der Natur, es sollte also zur optimalen Besiedelung lediglich eine für den Regenwurm freundliche „Umwelt“ geschaffen werden, dann kehren sie zurück und vermehren sich.

TIPPS! Regenwurmvermehrung

Auf eine ganz simple Weise können Sie Regenwürmer vermehren:

1. Entfernen Sie nicht alle Beikräuter von den Beeten, sondern lassen Sie die verwelkten Pflanzenreste (die Nahrungsgrundlage) liegen.
2. Nutzen Sie eine leichte Hacke und arbeiten Sie Beikräuter ruhig seicht in den Boden ein.
3. Graben Sie, wenn Sie den Boden umgraben, die oberen grünen Pflanzenteile nach unten ein; blühende Pflanzen – etwa das Franzosenkraut – oder Pflanzen, die bereits Samen gebildet haben, bilden die Ausnahme.
4. Bringen Sie Kaffeesatz auf dem Gartenboden aus.
5. Achten Sie unbedingt auf die Bodengesundheit (kein kaltes Gießwasser, kein Einsatz von Chemie).

Ameisen (Formicidae)

Etwa 180 Arten von Ameisen kommen in Europa vor. Die bekannteste Vertreterin dieser Gattung ist wahrscheinlich die „Schwarze Wegameise“, die auch „Schwarze Gartenameise“ genannt wird (*Lasius niger*). Die Frage nach dem Sinn der Ameise in der Kulturlandschaft „Gemüsegarten“ ist ganz einfach zu beantworten: Sie ist ein Segen; auch wenn sie manchmal ein wenig Schaden anrichten kann. Jedoch sollte man sie auch dann nicht vertreiben, sondern sollte ihr eine Chance geben, den Nutzen, den sie darstellen kann, zu beweisen: Ein von

Ameisen aufgesuchtes Pflänzchen wird von keiner Raupe angefressen werden, kein Kohlweißling wird am Kohlrabi anzutreffen sein. Die emsigen Ameisen schützen die Pflanzen, auf denen ihre „Kühe“ (Blattläuse) weiden, und sind überdies ständig auf Nahrungssuche in ihrem Revier, wodurch zahlreiche Pflanzenschädlinge kostenlos auf ein Minimum reduziert werden. Und im Wintergarten finden wir sie dann nicht mehr. Dann haben sich die Ameisen in ihren Bau zurückgezogen und leben von den Vorräten, die sie emsig wie Bienen angehäuft haben.

DIE WITTERUNGSVERHÄLTNISSE

Verschneite Landschaft, strahlend blauer Himmel und Sonnenschein bei moderaten –12 °C ... Nur selten herrschen derartige, für Wintergemüse verhältnismäßig ideale Bedingungen im winterlichen Garten. Das Klima im Winter besteht in der Regel aus nasskalten Luftmassen, Temperaturunterschieden, Niederschlag und Sturm.

Niederschlag

Der Niederschlag im Winter fällt in der Regel als Schnee. Ein dicker „Schneemantel“ ist optimal: Er schützt die Kulturen vor Erfrierung! Deswegen sollte der Schnee nicht von den Gemüsen entfernt werden und bei einem weiteren Absinken des Thermometers kann Schnee als Frostschutz auf die Gemüsebeete befördert werden, der durch seine lockere Struktur den Gasaustausch nicht behindert.

Allerdings darf der Schnee nicht von einer geschlossenen Eisdecke überzogen werden (nach Nebeltagen oder kurzzeitigem Tauwetter bildet sich mitunter eine Eiskruste auf dem Schnee); der Gasaustausch würde dadurch verhindert! Dagegen kann kalter, gefrierender Regen bei den im Freien verbliebenen Gemüsen zu Frostschäden führen, außerdem verhindert ein sich bildender Eismantel ebenfalls den Gasaustausch und die Gemüse „ersticken“.

Sinkende Temperaturen

Wenn die Temperatur zu sinken beginnt, verändern sich auch die noch im Garten befindlichen Gemüsepflanzen. Endivien bekommen bereits bei wenigen Minusgraden etwas Glanz auf die Blätter, werden mitunter auch dunkler in der Färbung, Palmkohl und Grünkohl wirken starr (Winterstarre), das üppige Kraut der Pastinaken liegt auf dem Gartenboden ...

Im Wintergemüsegarten haben wir es mit unterschiedlichen Gemüsesorten zu tun, die eine unterschiedliche Winterhärte aufweisen. Während Endivien bereits bei wenigen Minusgraden vor der Frosteinwirkung geschützt oder geerntet werden müssen (es gibt eine interessante Methode ihrer Lagerung; siehe im Porträt, S. 88), hält die Pastinake sogar noch unbeschadet Temperaturen unter –20 °C aus.

Wir unterscheiden also Gemüse, die

- absolut winterfest sind,
- kälteunempfindlich sind (diese sind in der Regel bis max. –10 °C ohne Schutz im Garten zu belassen) und
- solche, die sehr gute Lagereigenschaften aufweisen, jedoch zwingend vor Kälteeinwirkung geschützt werden sollten. Zu dieser letzten Kategorie zählen beispielsweise Kartoffeln. Sie sind kein

Wintergemüse im klassischen Sinn, ergänzen aufgrund ihrer guten Lagereigenschaften allerdings das Nahrungsangebot im Winter und werden deshalb ebenfalls in einem eigenen Abschnitt beschrieben.

Absolut **winterfeste (frostharte) Gemüse** bedürfen keines gesonderten Frostschutzes! Jedoch ist auch bei ihnen darauf zu achten, dass der umgebende Erdboden nicht über einen zu langen Zeitraum zu tief gefriert. Lediglich Pastinaken, Haferwurzeln, Topinambur, Palmkohl/Grünkohl, Zwiebeln, Knoblauch und der Winterporree kommen auch über einen längeren Zeitraum mit derartig unwirtlichen Witterungsverhältnissen unbeschadet zurecht.

Anders bei den **kälteunempfindlichen Gemüsen**, die bei Temperatureinbrüchen zwischen −5 und −8 °C vor dem weiteren Sinken der Temperatur gegen die Kälteeinwirkung geschützt werden müssen. Der Schutz kann entweder auf dem Beet stattfinden (Abdeckung) – etwa bei den Artischocken oder dem Winterkohl – oder in einer Miete, wahlweise im Kalten Kasten, im Gewächshaus oder im Folientunnel. Weitere Informationen finden Sie auf Seite 27 („Kälteschutz der Wintergemüse im Garten“).

Falls Sie nicht regelmäßig in den Garten gehen und nach den Gemüsen sehen wollen, ist es ratsam sich Gedanken zu machen, welche Gemüse vor einem bevorstehenden Kälteeinbruch aus dem Garten entnommen und einer kurzfristigen Verarbeitung zugeführt werden (Konservieren), welche Gemüse Kälteschutz in einem relativ frostsicheren Raum erhalten und welche Gemüse unbeschadet im Garten verbleiben können.

Bei den Gemüsen, die im Garten verbleiben, sollte sichergestellt werden, dass hungrige Schädlinge für diese Gemüse keine Gefahr darstellen – freilaufende Hauskatzen, die im Garten patrouillieren können, halten Nager zuverlässig fern.

HINWEIS! Schutzmaßnahmen je nach Wetter

Der Schutz der kälteunempfindlichen Pflanzen kann je nach Region und klimatischen Gegebenheiten durchaus auf dem Beet stattfinden.

Die Windverhältnisse

Die Windverhältnisse ändern sich bereits im Herbst – es wird windiger, der Wind wird wechselhafter – und es kann auch im Winter mitunter recht stürmisch im Garten zugehen; gerade wenn Winterstürme ihre Urgewalt entfesseln. Gewächshäuser und Folientunnel, aber auch diverse Abdeckungen von Gemüsen halten diesen extremen Windverhältnissen oft nicht stand, verselbstständigen sich und lassen das Gemüse ungeschützt zurück.

WICHTIG! Abdeckungen befestigen

Bedenken Sie, dass vor dem Eintreffen heftiger Winterstürme die Abdeckungen der Gemüse und Gewächshäuser oder Folientunnel dementsprechend gesichert werden sollten, damit sie nicht beschädigt werden und kein Gemüse erfriert.

Einen weiteren, bedenkenswerten Aspekt stellt aber auch der beständige Wind dar. Dieser verweht nicht nur auf Landstraßen den Schnee, sondern auch im Garten. Es können Plätze entstehen, an denen er sich häuft (Schneewehen) bzw. zur Gänze verschwindet und das Gemüse schutzlos zurücklässt. Durch das Errichten kleiner Schneebarrikaden (aus Reisig) können (unerwünschte) Verwehungen vermieden und/oder vorteilhaft gelenkt werden.

TIPP! Wetterumschwung vorzeitig erkennen

Einem Wetterumschwung geht meistens die Änderung der vorherrschenden Windrichtung voraus. Wer sicher sein will, jedoch nicht ständig die Windverhältnisse beobachten möchte, um im Bedarfsfall zu reagieren, dem empfiehlt sich das Aufstellen einer Wetterfahne.

HINWEIS! Sträucher als Windschutz

Bedenken Sie bitte ebenfalls, dass auch die nicht baumhohen, immergrünen Gartensträucher bei Tiefstand der Sonne relativ lange Schatten werfen und ein Beet in einer typischen Bauerngarteneinfassung aus Buchsbaum im Winter mehr oder weniger beschattet werden wird! Allerdings kann diese kleine grüne Mauer durchaus kalte Winde abhalten und beim Fixieren von Abdeckungen behilflich sein! Wägen Sie bitte sorgfältig ab.

DIE GEMÜSE DES WINTERS

Das Wintergemüse lässt sich in **drei Kategorien** trennen:

- Absolut winterhartes Gemüse
- Bedingt kältefestes Gemüse
- Lagergemüse

Das absolut winterharte Gemüse kann ohne Frostschutz im Garten verbleiben. Jedoch kann es möglich sein, dass, beispielsweise bei Wurzelgemüse, die Ernte wegen zugefrorenen Bodens erschwert wird oder nicht stattfinden kann. Dagegen verlangt das bedingt winterharte Gemüse bei Temperaturen, etwa jenseits der –5-°C-Marke, nach Kälteschutz. Bei diesen Temperaturen ruht das Lagergemüse bereits im Winterquartier (vgl. Liste auf S. 26).

Außerdem können wir zwischen Gemüsesorten unterscheiden, die sich für Einsteiger in den Wintergemüseanbau besonders eignen, und jene, deren Anbau für routinierte Gartenexperten genau das Richtige ist. Alle diese Differenzierungen werden in den jeweiligen Porträts im zweiten Teil des Buches vorgenommen.

Neben den unterschiedlichen Gemüsen aus diesen Kategorien gibt es noch eine weitere Facette in der Kultur des Wintergemüses: das **Bleichgemüse**. Bleichgemüse sind Gemüse, die in absoluter Dunkelheit kultiviert werden. Neben dem bekannten Chicorée – der vorzugsweise in einem warmen Keller gebleicht wird – können Löwenzahn, Endivien, Porree, Bleichsellerie und Hirschhornwegerich gebleicht werden. Da der Chicorée wohl am bekanntesten ist, wird die genaue Vorgehensweise im Pflanzenporträt ab S. 84 erklärt.

Je nach Witterung kann das Abdecken der Winterkulturen erforderlich sein. Zum Abdecken können Schichten bestehend aus Stroh oder trockenem Herbstlaub verwendet werden. Das Aufstellen eines Kaltgewächshauses ist sinnvoll. Ebenso können das Tomatenhaus und das Mistbeet sinnvoll in den Wintergarten integriert werden.

Wintergemüseübersicht

Gemüse	Winterschutz erforderlich	Winterschutzmaterial
Artischocke	Unter –5 °C	Abdecken mit Reisigruten + Stroh/Laub
Barbarakraut		
Bärlauch		
Bindesalat/Römischer Salat	Unter –5 °C	Abdecken mit Reisigruten + Stroh/Laub
Blumenkohl/Romanesco	Ja	Kalter Kasten
Brennnessel		
Brunnenkresse		
Chicorée	Ja	Überwinterung dunkel
Endivie	Ja	Abdecken mit Stroh/Laub
Ewiger Kohl		
Feldsalat		
Grünkohl		
Guter Heinrich		
Haferwurzel		
Hirschhornwegerich		
Kartoffel	Ja	Abdecken mit Stroh/Erde; bei starken Frösten in der Miete lagern
Kohlrabi	Ja	Kalter Kasten
Kopfsalat	Ja	Kalter Kasten/Folientunnel; abdecken mit Reisig/Stroh
Knollenfenchel		
Knollenziest		
Kürbis	Ja	Kühl und trocken lagern
Löwenzahn		
Mangold	Unter –5 °C	Abdecken mit Stroh/Laub
Möhre	Ja	Abdecken mit Stroh/Laub; bei starken Frösten in der Miete lagern
Palmkohl		
Pastinake		
Porree/Lauch	Wintersorte verwenden	
Radicchio	Ja	Abdecken mit Stroh/Laub

Gemüse	Winterschutz erforderlich	Winterschutzmaterial
Radieschen/Rettich	Ja	Abdecken mit Stroh/Laub
Rosenkohl		
Rote Bete	Ja	
Rotkohl	Ja	Kalter Kasten/Miete
Rübe	Ja	Kalter Kasten/Miete
Schwarzwurzel	Unter −5 °C unter −10 °C	Abdecken mit Stroh/Laub Kalter Kasten/Keller
Sellerie	Ja	Kalter Kasten/Miete
Spargelsalat	Unter −5 °C	Reisigschutz
Spinat	Ja	
Topinambur		
Weiß-/Rotkohl	Ja	Kalter Kasten/Miete
Winterheckenzwiebel		
Winterkürbis	Ja	
Winterportulak		
Wirsing	Ja	Kalter Kasten/Miete
Zichorie	Ja	Dunkler Keller, Kalter Kasten
Zwiebel		

Gemüse, die sich für eine Winterkultur ohne besondere Schutzmaßnahmen eignen

- Bärlauch
- Brennnessel
- Feldsalat
- Grünkohl
- Haferwurzeln
- Palmkohl
- Pastinaken
- Porree
- Rosenkohl
- Topinambur
- Zichorien
- Zwiebel

Gemüse, die sich nicht für eine Winterkultur eignen

- Möhren/Karotten
- Kartoffeln
- Rüben
- diverse Kohlvarianten
- Salate/Endivien
- Hülsenfrüchte

TIPP! Gut pflegen

Bei manchen top Wintergemüsen beginnt die Kultur bereits im Frühjahr bzw. Sommer! Achten Sie hierbei auf eine optimale Pflanzengesundheit der Pflanzen, die im Winter im Garten verbleiben sollen, und ernten Sie beschädigte Pflanzen vor Wintereinbruch. Werden Gemüse für den Winter kurz vor Kälteeinbruch ausgesät, bleiben die Samen lange im Boden und können während dieser Zeit verderben.

TIPP! Reisigzweige als Kälteschutz

Die Reisigzweige, die bei der Kultur der Erbsen Verwendung finden und die praktisch in jedem Garten beim Obstbaumschnitt anfallen, leisten nicht nur ausgesprochen gute Dienste im Wintergemüsegarten, sondern sie sind obendrein ein äußerst kostengünstiges, mehrmals zu verwendendes Material.

Bei meinen Experimenten mit den Gemüsen, die ich in der Tabelle auf der vorigen Seite zusammengefasst habe, musste ich feststellen, dass sich die Bohnenpflanzen zwar verhältnismäßig gut im Gewächshaus entwickelten, es jedoch infolge fehlender Insekten nicht zu einer Fruchtbildung kam.

Blattsalate und Kopfsalate verloren unter den mangelhaften Lichtverhältnissen rasch das wunderbar Zarte, Rost befiel die Blätter und außerdem gingen die Pflanzen schnell in Fäulnis über.

Auf grünen Salat muss man jedoch nicht zwangsläufig im Winter verzichten: Es gibt verschiedene Wintersalate, die kältetolerant sind und schmackhafte Alternativen darstellen, die auch während der kalten Jahreszeit ohne ein Gewächshaus geerntet werden können!

KÄLTESCHUTZ DER WINTERGEMÜSE IM GARTEN

Die gute Nachricht zuerst: Nicht jedes Wintergemüse benötigt einen Kälteschutz. Und falls Sie wenig Zeit zur Betreuung eines Wintergemüsegartens haben, aber trotzdem hin und wieder Gemüse ernten wollen, empfiehlt es sich, ausschließlich winterharte Gemüsesorten zu pflanzen. Um welche es sich dabei handelt, entnehmen Sie bitte den Porträts im zweiten Teil des Buches. Andere Gemüse benötigen mehr oder weniger Schutz vor Kälteeinwirkung. Wie bereits erwähnt, trennen wir die Wintergemüse in drei Kategorien: Absolut winterfeste Gemüse, kälteunempfindliche Gemüse und solche, die sehr gute Lagereigenschaften aufweisen, jedoch zwingend vor Kälteeinwirkung geschützt werden sollten.

Doch wie kann der **Kälteschutz** aussehen? Der Kälteschutz im Einzelnen kann auf eine sehr unterschiedliche Weise betrieben werden. Im Einzelnen sind dies:

- Abdecken der Gemüse/des Bodens mit schützenden Materialien
- Frostschutz durch die Anlage einer Furche/eines Damms
- Verbringen der gefährdeten Gemüse in einen Kalten Kasten/einen frostfreien Raum

Das Abdecken der schutzbedürftigen Gemüse

Das Abdecken stellt die einfachste Form des Frostschutzes dar, geht relativ zügig von der Hand und ist auch kurzfristig umsetzbar; es funktioniert, je nach Region, ausgesprochen gut. Im Handel gibt es die verschiedensten Abdeckvliese und Folien. Abdeckvliese sind zu bevorzugen, da sie Licht und Luft durchlassen, die Kälte aber von den Pflanzen fernhalten.

Es gibt aber auch andere Hilfsmittel zum Abdecken von Gemüse:

- Stroh
- Laub
- Pferdedung
- Folien und Papier
- Reisig
- Tannenreisig
- Pappkartone (möglichst mit schwarzer Farbe gefärbt)
- Glasfiebermatten aus dem Baumarkt

Reisig

Die meisten dieser Hilfsmittel sind ohnehin im Garten vorhanden. Im Grunde kann alles verwendet werden, was (nach eigenem Ermessen) eine Pflanze vor Frost schützen kann. Allerdings sollte diese Form des Frostschutzes nur über einen gewissen Zeitraum erfolgen!

So können beispielsweise Mangold, Endivien, Kopfsalat oder Kohlrabi sehr gut in der Obhut eines geräumigen Kartons dem Frost trotzen – jedoch wird den Pflanzen während dieser Zeit der Lichtentzug zu schaffen machen, so dass man sie vorsichtshalber binnen weniger Tage abernten und auch verwenden sollte.

Laub

Pferdedung

Schützende Materialien

Schützende Materialien	Frostschutz bis ca.	Geeignet für
Trockenes Stroh	–5 bis –15 °C	Abdeckung der Beete/Mieten/ Kalten Kästen
Trockenes Laub	–5 bis –15 °C	Abdeckung der Beete/Mieten/ Kalten Kästen
Erdboden	–5 bis –10 °C	Abdeckung der Beete/Mieten/ Kalten Kästen
Pferdedung mit Strohanteil	–5 bis –20 °C	Abdeckung der Mieten/ Kalten Kästen/Mistbeete
Tannenreisig	–5 bis –20 °C	Abdeckung größerer Beetflächen Kombimaterial
PVC-Folien/Papier/Styropor	–5 bis –30 °C	Kombimaterial – gut in Verbindung mit anderen Hilfsmitteln

Nachdem der Mangold beerntet worden ist, können je nach Möglichkeit Stroh, Laub oder Tannenreisig großflächig auf den Erdboden über die Wurzeln ausgebracht und diese damit abgedeckt werden. Auf diese Weise kann Mangold im Freien überwintern und treibt aus dem Wurzelstock bei einsetzenden Plusgraden erneut aus (geht im Frühjahr in Blüte). Es dürfen natürlich keine arktischen Verhältnisse vorherrschen, da der Wurzelstock sonst auch unter einer Abdeckung erfriert.

Schnee bedeckt ein vergessenes Netz.

Anders verhält es sich bei den Artischocken. Diese bedürfen eines langfristigen Frostschutzes, damit sie den Winter überstehen. Bei solch einem Schutz kommen die Reisigruten zum Zug. Diese werden großflächig um die zu schützenden Pflanzen gesteckt (damit die Wurzeln nicht beschädigt werden) und, falls möglich, über den Pflanzen auch zusammengebunden. Schließlich wird Stroh aufgehäufelt.

Den Boden mit Tannenreisig oder Laub zu bedecken vermindert die Gefahr des Gefrierens des Bodens bzw. verringert die Tiefe der Frosteinwirkung in den Boden, wodurch die Pflanzen sich weiterhin mit Wasser versorgen können. Damit kein Lichtmangel eintritt, dürfen die Pflanzen aber nicht unter dem Reisig, Stroh etc. „beerdigt" werden.

Beim Winterschutz der Gemüse sollte jedoch auf keinen Fall vergessen werden, dass die Gemüse auch im Winter lebenserhaltende Funktionen wie den Gasaustausch und die Wasseraufnahme (in reduzierter Form) aufrechterhalten. Gefriert der Boden zu stark, können die Pflanzen verwelken (verdursten), da sie aus dem Boden kein flüssiges Wasser mehr aufnehmen können. Deswegen ist es wichtig, den Boden vor Frost zu schützen.

Der Gasaustausch kommt zum Erliegen, sobald die Gemüse luftdicht verpackt werden (zu lang bestehende Schneedecke, luftdichte Plastikfolien), wodurch die Gemüse „ersticken“.

Der Kälteschutz und die Gemüsekultur in einer Furche

Im Garten mit Furchen oder Dämmen zu arbeiten stellt eine effektive Form des Wirtschaftens dar. Zum Beispiel sind „Dammkulturen“ mittlerweile in einigen landwirtschaftlichen Unternehmen wieder gängige Praxis. Am häufigsten wird die Möhrenkultur in Dammform betrieben. Die Vorteile sind neben der deutlich einfacheren Ernte auch die vereinfachte Bewirtschaftung und Pflege der Kultur – die Pflegemaßnahmen bestehen aus einem gelegentlichen Nachhäufeln.

Aus gärtnerischer Sicht kann die Integration einer Furche in die Gartenpraxis bereits auf eine lange Tradition zurückblicken. In dem sehr umfangreichen Gartenratgeber „Illustriertes Handbuch des Gartenbaus“ aus dem Jahre 1922 (zweite Auflage) werden zahlreiche Hinweise zur Furchengemüsekultur gegeben, die ich aufgegriffen und erprobt habe.

Durch die Anlage einer Furche – der Furchenzieher erweist sich hierbei als beeindruckend nützlich – werden die Gießarbeiten während der Trockenzeit im Hochsommer erheblich vereinfacht: Es wird ausschließlich die Furche bewässert. Das Gießwasser verteilt sich nicht so stark auf der Oberfläche der Beetfläche, zieht dementsprechend tiefer in den Boden ein und erreicht so auch die Wurzeln, die sich tiefer in das Erdreich gegraben haben; Gurken gedeihen unter derartigen Bedingungen optimal. Außerdem ist bei dieser Bewässerungsform die Verdunstung geringer, da die Furche der am stärksten beschattete Bereich im Beet ist. Das wiederum bedeutet, dass Gemüse, die empfindlich auf eine starke Sonneneinstrahlung reagieren (weiße Knolle des Knollenfenchels) vor zu viel Sonne geschützt werden.

Doch auch jene Gemüse, die ab einem bestimmten Entwicklungsstand mehr Standfestigkeit benötigen (Buschbohnen, Paprika, Kopfkohl, Rosenkohl, Staudensellerie, Spargelsalat, Tomaten), profitieren von einer Furchenkultur: Die Furche wird geschlossen, sobald die Gemüse die entsprechende Größe und Schutzbedürftigkeit erreicht haben.

HINWEIS! Vorteile der Furche

Die Vorteile der Furchenkultur auf einen Blick: Bessere Wasserversorgung, geringere Verdunstung, Schutz vor übermäßiger Sonneneinstrahlung und mehr Halt für das Gemüse.

Erstanbauern empfiehlt sich das Verwenden eines Zollstockes, damit die Tiefe der Furche ausreicht.

Natürlich verschafft die Furche auch den Wintergemüsen einen klaren Vorteil. Dieser besteht darin, dass eine geschlossene Furche (= Damm) zum einen die Gemüse bleicht (Porreestangen aus der Furche weisen einen bedeutend höheren weißen Anteil auf), zum anderen auch vor Bodenfrost schützt. Der Bindesalat oder kopfbildende Endivien beispielsweise können in einer geschlossenen Furche bei –10 °C mit einer entsprechenden schützenden Abdeckung für mehrere Tage noch im Garten belassen werden.

Gerade bei plötzlichen und unvorhersehbaren Temperatureinbrüchen stellt dies einen großen Vorteil dar, da in Ruhe das Winterquartier für diese Gemüse vorbereitet werden kann.

Die Anlage einer Furche

Damit die Gemüse sich gut in der Furche entwickeln, sollte der Boden tief aufgelockert werden und feinkrümelig sein. Im Beet wird eine ungefähr 15 cm tiefe Furche angelegt, parallel zu den im Beet oder auf der Gartenfläche befindlichen weiteren Gemüsekulturen. Die Sohle der Furche sollte so breit gestaltet werden, dass darin eine übliche Saatfurche gezogen und überdies auch Pflegemaßnahmen durchgeführt werden können; bei feinkrümeligem Saatboden kein Problem.

Die einfachste Form der Furchenkultur besteht darin, gut entwickelte **Jungpflanzen** auf den Grund einer Sohle zu pflanzen und wie gewohnt zu pflegen! Dies empfehle ich jenen Personen, die noch nie mit einer Furche gearbeitet haben! Doch auch eine **Aussaat** ist möglich: Der Boden der Sohle sollte die Voraussetzungen erfüllen, die für einen guten Aufgang nach der Saat vorteilhaft sind.

In die vorbereitete feinkrümelige und tiefgründig aufgelockerte Saatfurche wird das „Furchengemüse“ gemäß der Aussaatempfehlung, die auf der Samentüte zu finden ist, ausgesät.

Jeder weitere Arbeitsgang erfolgt ebenfalls analog den Empfehlungen des Saatgutherstellers.

Die keimende Kultur wird in den nächsten Wochen auf die gleiche Weise gepflegt, wie es für Gemüsekulturen üblich ist.

Sobald das Gemüse die Größe entwickelt hat, die ein Schließen der Furche erfordert bzw. ermöglicht (bei Buschbohnen spätestens mit Eintritt der Blüte, beim Paprika oder Rosenkohl, sobald ein aufkommender

Gebleichter Löwenzahn

Wind die Pflanze entwurzeln könnte), wird diese geschlossen und je nachdem, ob es für das Gemüse erforderlich ist (z. B. bei Tomaten) kann die Furche aufgehäufelt und kurzfristig zu einem Damm umfunktioniert werden.

Die **Furche** hat sich in meiner Gartenpraxis **bestens bewährt bei Gemüsekulturen,**

- denen zu einer besseren Standfestigkeit verholfen werden musste,
- denen ich gezielt mehr Nährstoffe zuführen wollte (Kopfkohl, Tomaten, Gurken),
- die auf Fröste empfindlich reagieren und
- die gebleicht werden können (Löwenzahn, Hirschhornwegerich, Porree, Bleichsellerie).

Der Damm

Nicht nur bei weißem Spargel – das Gemüse, welches wohl den größten Damm im Gemüsegarten für sich beansprucht – oder bei der Kultur qualitativ hochwertiger und gut lagerbarer Kartoffeln hat sich die Anlage eines Dammes im Gemüsegarten bewährt. Bei Buschbohnen oder der Artischockenkultur ist er ebenfalls unverzichtbar.

Der Damm sollte an der Basis mindestens 20 cm breit sein und weist eine Höhe von mindestens 15 cm auf. Je nach Witterung können Gemüse in trockenen Kälteperioden im Damm einigen Minusgraden trotzen – die Erntezeit frischen Gartengemüses wird somit verlängert! Hierfür wird, so möglich, bei Nachtfrostgefahr weitestgehend trockene Erde an Gemüsesorten wie Rüben, Stielmangold oder Möhren angehäufelt. Setzt eine Schlechtwetterperiode ein, sollten die Gemüse geerntet werden, da die nasse Erde Fäulniserreger begünstigt und keine nennenswerten isolierenden Eigenschaften mehr aufweist.

Das Verbringen der Gemüse in Kalte Kästen

Die Palette der Wintergemüse gestaltet sich recht umfangreich. Es ist keineswegs erforderlich, dass sämtliche, nicht absolut frostsichere Gemüse bei Wintereinbruch geerntet und baldigst verbraucht werden müssen. Im Gegenteil! Gerade Kohlpflanzen (gut entwickelt) lassen sich problemlos in ein Winterquartier „umpflanzen" und entwickeln sich dort je nach Wetterlage zügig weiter. Hierfür benötigen wir lediglich einen Kalten Kasten. Falls Sie noch keinen besitzen, ist dies kein Beinbruch. Die Konstruktion eines Kalten Kastens ist schnell errichtet: Sie basiert auf vier starken Brettern (Bohlen) und vier bis sechs vierkantigen Pfosten (größenabhängig) sowie einigen Nägeln oder Schrauben und den passenden Fenstern.

TIPP! Richtige Fenster verwenden

Der Kalte Kasten, der als Winterquartier genutzt werden soll, sollte unbedingt mit richtigen Fenstern versehen werden, da der Fensterrahmen das Auflegen wärmender Materialien (beim Eintreffen arktischer Minusgrade erforderlich) gestattet und sich durch sein Gewicht optimal mit der Holzkonstruktion vereint, wodurch kaum Fugen entstehen.

Fenster für den Kalten Kasten

Sie werden sagen: teuer! Nein, nicht zwangsläufig: In jeder Stadt gibt es Handwerksbetriebe, die Fenster auswechseln und demzufolge mehr oder minder ständig ausgediente Fenster in diversen Größen vorrätig haben. Das Entsorgen dieser Fenster kostet diese Unternehmen in der

Regel Geld. Meine Empfehlung: Gehen Sie zu den jeweiligen Unternehmen in Ihrer Nachbarschaft und erklären Sie, was Sie vorhaben und konstruieren Sie den Kalten Kasten anhand der Fenster, die man Ihnen anbieten kann.

Sobald Sie die Fenster organisiert haben, kennen Sie das Maß, welches Ihr Kalter Kasten aufweisen wird, nun ist es an der Zeit, in ein Sägewerk zu gehen und die passenden Bretter (es können durchaus kostengünstige Schwartenbretter sein) zu besorgen. Fangen Sie ruhig erst einmal klein, also mit einem Fenster an. Sie können jederzeit expandieren!

Kalter Kasten, ohne Verkleidung!

Kalter Kasten mit Fensterauflage, ohne Verkleidung

Beispiel für einen Kalten Kasten

Für die Anlage der Konstruktion auf den Bildern links habe ich eine bereits vorhandene Terrassenwand – aus Rundhölzern bestehend – als Rückwand genutzt. Der Vorteil: Die dahinter befindliche Erde isoliert. Der Nachteil: Schädlinge können sich gut in den Zwischenräumen verbergen bzw. wieder einfach dahinter zurückziehen.

Die Bretter (ungehobelte Bretter/Schwartenbretter aus einem Sägewerk) sind etwa 3 cm stark und etwa 30 cm hoch. Zusammengehalten werden diese von einigen 5–6 cm langen Schrauben. Die Fugen, die durch die Ungenauigkeit beim Sägen der Bretter entstanden sind, sind unerheblich, da der Kasten je nach Wetterlage zusätzlich von außen mit schützenden Materialen umgeben wird. (Der kantige Pfosten an der Rückwand hat für den Halt des Kastens keine Funktion.) Die Bretter werden nicht imprägniert. Die Fenster habe ich mir bei einer Firma für Gebäudesanierung in meiner Nachbarschaft kostenfrei besorgt. Die Arbeitszeit betrug nur zwei Stunden und die Materialkosten lagen bei 15 Euro.

TIPP! Mobiler Kalter Kasten

Versuchen Sie, selbst einen transportablen/mobilen Kalten Kasten zu errichten: Dieser kann während des ganzen Gartenjahres sehr nützlich sein. Der Kalte Kasten kann zu einem Mistbeet umgewandelt werden, eine Vogelschutzfunktion in der Jungpflanzenanzucht übernehmen, hilfreicher Partner gegen gefräßige Nacktschnecken sein oder zum Garant für die Melonenkultur im heimischen Garten avancieren.

Ein Kalter Kasten kann idealerweise auch zum Wintersalatbeet werden (in diesem Fall

DIE VORTEILE DES KALTEN KASTENS AUF EINEN BLICK

Gemüse, die nicht in einer Miete gelagert werden können (Winterblumenkohl, Winterwirsing, Salate), können in einem Kalten Kasten prima und ohne viel Aufwand betreiben zu müssen überwintert werden, ohne dass diese „geerntet" werden müssen (sämtliche Stoffwechselvorgänge bleiben im Gemüse aufrecht)!

Die Einlagerung ist einfach, da die Gemüse bei Wintereinbruch mit der Wurzel ausgegraben und in den Kalten Kasten „eingepflanzt" bzw. eingeschlagen werden können.

Werden Salate oder Spinat im Kalten Kasten kultiviert, sorgt das Fensterglas für eine optimale Lichtversorgung! Das Gemüse im Kalten Kasten gedeiht für die winterlichen Verhältnisse ausgezeichnet. Das liegt zum Teil auch daran, dass Wärme, die vom verrottenden Pferdemist oder sonstigem Tierdung erzeugt wird, das Wachstum ankurbelt. Diese moderate Temperatur dringt permanent, wie eine Fußbodenheizung in Wohnräumen, von unten an die Gemüsekultur.

Ein weiterer klarer Vorteil ist, dass das Wasser im Boden auch bei starken Frösten nicht gefrieren wird.

Im zeitigen Frühjahr kann die Konstruktion dann einfach wieder entweder in ein warmes Mistbeet, etwa zur Jungpflanzenanzucht, umgewandelt oder auf eine simple Weise demontiert werden, woraus ein Zugewinn an Beetfläche resultiert.

wird er von außen mit wärmendem Pferdemist umgeben)! Und im Gegensatz zum Folientunnel bietet diese Konstruktion stürmischen Herbstwinden kaum Angriffsfläche und bricht auch unter einer Schneedecke nicht gleich auseinander.

Benutzen Sie während der Wintersaison echte Fenster, wie schon gesagt wurde. Diese haben den Vorteil, dass Schnee leichter entfernt werden kann, Eis ebenso – ich sprühe im Extremfall etwas handelsüblichen Windschutzscheiben-Enteiser meines PKWs auf das Fensterglas, so dass das wenige Sonnenlicht ungehindert die Salatpflanzen erreicht. Nachteilig ist lediglich, dass die Fenster schwerer sind als Acrylglas oder Folien.

Bauanleitung Kalter Kasten

Die folgende Anleitung bezieht sich auf den Bau eines Kalten Kastens mit den Maßen 1 x 1 m (wahlweise andere Maße verwenden).

Material:

- 4 Stück 3 cm starke unbehandelte Bretter à 1 m Länge und mind. 40 cm Höhe (wahlweise können zwei Bretter unter Zuhilfenahme von 2 Leisten/Latten – mind. 40 cm hoch – zu einem Brett zusammengefügt werden)
- 6 Stück Kanthölzer/Leisten, mind. 70 cm hoch
- Nägel oder Schrauben

Die vier Bretter werden mit jeweils rechten Winkeln zu einem quadratischen Kasten zusammengenagelt bzw. -geschraubt. Beim Nageln oder Schrauben eines relativ schma-

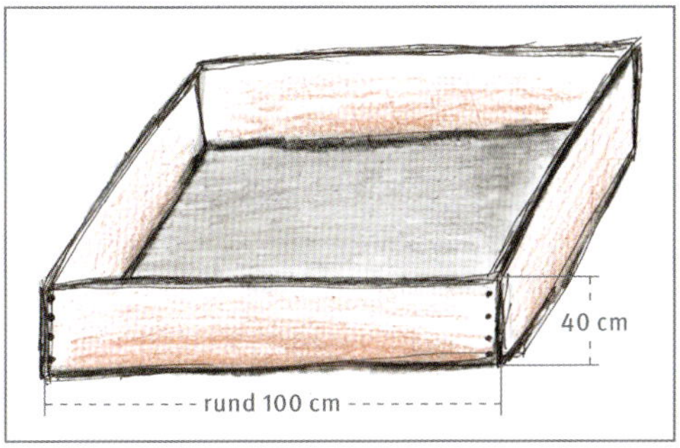

Nicht zwangsläufig viereckig muss die Konstruktion eines Kalten Kastens sein. Beim Bauen kann auf den vorhandenen Platz Rücksicht genommen werden! Sprechen Sie, bevor Sie in einem Baumarkt nach den erforderlichen Materialien Ausschau halten, mit Ihrer Tischlerei um die Ecke! Oft haben diese Unternehmen brauchbare Holzreste in ausreichender Größe vorrätig.

len Brettes sollte auf den Winkel, in dem die Schraube oder der Nagel in das Holz eindringt, geachtet werden. Nur wenn Sie wirklich gerade arbeiten, wird die Verbindung fest. Diese Festigkeit macht die Konstruktion wunderbar mobil und vielseitig!

TIPP! Winkelbeschläge

Ungeübten Personen können Winkelbeschläge aus dem Baumarkt empfohlen werden!

Am einfachsten und sichersten gelingt das Vorhaben, wenn ein rechter Winkel beim Zusammenfügen benutzt wird. Eine Hausecke, eine Raumecke, der Boden eines Kartons etc. bilden in der Regel immer einen rechten Winkel. Im Baumarkt findet der Hobbybastler jedoch auch einen Winkel, wie ihn der Zimmermann verwendet.

Sollte die Breite eines Brettes nicht reichen, um eine ausreichende Höhe für den Kalten Kasten zu erreichen, so fügt man zwei oder mehrere Bretter zusammen. Das Zusammenfügen von zwei Brettern zu einem ist einfach und auch von Ungeübten realisierbar: Legen Sie hierfür die beiden Bretter auf eine ebene Fläche (auf den trockenen Gartenboden etwa), pressen Sie die Bretter ein wenig gegeneinander – vielleicht kann Ihnen dabei eine zweite Person behilflich sein, wenn nicht, können Sie die Bretter mit der Außenkante Ihres Fußes gegen eine Wand drücken.

Wir teilen diese beiden Bretter im Geiste in drei Teile und denken uns eine senkrechte Linie, die das Ende des Drittels markiert. Legen Sie bitte auf die beiden äußeren gedachten Linien je eine Leiste, die Sie mit je zwei bis drei Nägeln oder Schrauben mit den Brettern verbinden. Achten Sie darauf, dass die Leisten mit einer Seite des so entstehenden Brettes bündig abschließen – die Fenster werden hier oben aufgelegt. Die Länge des Überstandes des anderen Endes der Leiste ist unerheblich, da dieser Teil ohnehin im Gartenboden verschwinden wird.

HINWEIS! Vielseitig verwendbar

Wenn Sie einen Kalten Kasten erst einmal gebaut und verwendet haben, werden Sie überrascht sein, wie vielfältig seine hilfreichen Einsatzmöglichkeiten sind.

Der Kalte Kasten als Winterquartier

Nachdem Sie Fenster organisiert und einen Kalten Kasten zusammengebaut haben, geht es daran, diesen winterfit zu machen. Dabei gehen Sie am besten wie folgt vor:

- Heben Sie eine Grube von etwa 0,5–0,8 m Tiefe aus.
- Füllen Sie Pferdemist ein.
- Treten Sie den Mist ordentlich fest.

- Die Grube füllen Sie nun mit ausreichend Erde auf.
- Errichten Sie den Kasten nach obiger Bauanleitung auf der aufgefüllten Erde.
- Legen Sie das (oder die) Fenster auf die Konstruktion (siehe S. 33).
- Dichten Sie den Kalten Kasten von außen zusätzlich mit Erde, Stroh oder Pferdedung (je nach Witterung) ab.

Grube ausheben

Pferdedung festtreten

Denken Sie bitte bei der Planung der Höhe des Kalten Kastens an die Höhe der Gemüse, die darin eingeschlagen werden sollen! Es ist durchaus möglich, Winterblumenkohl in Schräglage einzuschlagen! Dennoch benötigen Sie für dieses Gemüse beispielsweise einen Kalten Kasten, der deutlich höher sein muss als ein Kalter Kasten, in welchem Sie Salat und Spinat kultivieren wollen.

Das Verbringen der Gemüse in eine Erdmiete

Selbstversorgung beschert oft reiche Ernten, was von Vorteil ist, zumal im Rahmen der Selbstversorgung oftmals auch einige Haustiere mit zu versorgen sind. Der Selbstversorger versorgt auch seine Tiere, so es möglich ist, weitestgehend selbst und baut in seinem Garten Futtervorräte für den Winter an. Diese Futtervorräte bestehen größtenteils aus Knollen, Rüben, Wurzeln. Die Bauernhäuser besaßen früher zur Lagerung dieser Futtervorräte große und sichere Keller. Da jedoch nicht jeder Nutzgartenbetreiber oder Selbstversorger über eine derartige Kelleranlage verfügt, ist er gezwungen, eine Alternative zu schaffen. Diese Alternative stellt eine Erdmiete optimal dar.

Sie ist zweifelsfrei die kostengünstigste und sicherste Form der Wintergemüseeinlagerung. Außerdem ist eine Erdmiete besonders interessant für Selbstversorger, die in Regionen leben, die unter erheblichen Frösten leiden. Geringere Mengen an Erntegut können natürlich auch in einem Kalten Kasten eingelagert werden.

Beide Möglichkeiten der Überwinterung von kälteempfindlichen Gemüsen blicken auf eine lange Tradition zurück. Das Schöne daran: Das Anlegen dieser Kälteschutzanlagen setzt nur geringe handwerkliche Fähigkeiten voraus und verursacht kaum Kosten.

Für die Anlage einer Miete werden der Erdaushub, Stroh und eine Abdeckung (Folie) benötigt, größere Mieten profitieren von einem Rohr, das auf die Miete aufgesetzt wird und in diese etwa bis zur Hälfte hineinreicht. Es gewährleistet in großen Mieten den Gasaustausch, bei kleineren Mieten reicht dagegen die Verwendung eines Büschels Stroh vollkommen aus.

DIE VORTEILE EINER ERDMIETE

Rüben, Knollen und Möhren lassen sich zusammen in einer Erdmiete lagern, ohne dass allzu aufwendige Konstruktionen erforderlich sind.

Eine Erdmiete verursacht kaum Kosten.

Im Frühjahr ist sie problemlos rückbaubar und gibt wieder Beetfläche frei.

Aus meiner langjährigen Nutzgarten-Praxiserfahrung weiß ich, dass auf dem Boden einer zurückgebauten Erdmiete ganz besonders stattliche Kohlköpfe gedeihen, die das beste Sauerkraut ergeben, da diese Kohlköpfe einen sehr hohen Grünanteil aufweisen!

Die Anlage einer Erdmiete

Achten Sie, bevor Sie mit der Anlage beginnen, darauf, dass die Miete bei jeder Wetterlage gut erreichbar ist. Heben Sie die Miete grundsätzlich bei trockener Witterung aus! Achten Sie ferner darauf, dass Sie die Miete an einem trockenen Platz im Garten anlegen und dass im Falle von Schädlingsbefall (Nager) Gegenmaßnahmen problemlos ergriffen werden können.

Die Größe der Miete richtet sich nach der Menge des Erntegutes, das diese zur Überwinterung aufnehmen soll. Heben Sie eine rechteckige Grube von ca. 0,5–1 m Tiefe aus (je tiefer das Thermometer erwartungsgemäß in Ihrer Region sinkt, desto tiefer sollten Sie die Miete ausheben). Sollten bereits Wühlmäuse und Ratten in Ihrem Garten heimisch sein, können Sie den Grund und die Seitenwände der Miete mit einem engmaschigen Metalldraht aus- bzw. belegen und auf diese Weise Ihr Erntegut vor einem unterirdischen Eindringen der ungebetenen hungrigen Gäste schützen. Das Erntegut sollte jedoch mit dem Metall nicht in Berührung kommen! Werfen Sie etwas Erde auf das Drahtgeflecht oder bedecken Sie es mit reichlich Stroh.

Sobald die Miete das passende Maß angenommen hat, wird sie mit trockenem Stroh ausgelegt. Sie können das Stroh festtreten. Auf das Stroh wird das Erntegut gegeben. Sie brauchen die Miete nicht mit einem Mal zu befüllen, sondern können während der gesamten Ernteperiode Erntegut hinzufügen! Das Erntegut sollte einwandfrei und bei trockener Witterung geerntet worden sein.

Einwandfrei bedeutet, dass es frei von Beschädigungen und Faulstellen ist, wobei die Fraßstellen von Nacktschnecken an der Roten Bete beispielsweise relativ schnell „vernarben“ und dann, wenn sie restlos trocken sind, unproblematisch sind. Anders verhalten sich Kohlrüben, die während ihrer Wachstumsphase aufgeplatzt sind. Diese Risse neigen nach meiner Erfahrung grundsätzlich dazu, in Fäulnis überzugehen.

Decken Sie Stroh über das Erntegut. Das Schließen der Miete (Erdaushub gleichmäßig aufschichten) erfolgt erst, wenn es wirklich kalt zu werden droht! Solange keine Temperaturen jenseits von etwa –3 bis –5 °C herrschen, reicht die Strohabdeckung

Lagerung von Gemüse in einer Miete

aus (im Zweifelsfall können Sie einfach noch eine dicke Lage Stroh darüberlegen). Um das Eindringen von Niederschlägen zu verhindern, sollte bei Bedarf eine Folie über der Miete ausgebreitet werden.

Fallen die Temperaturen, wird der Erdaushub auf das Stroh über dem Erntegut verteilt.

Die lebenserhaltenden Funktionen beim Erntegut bleiben auch in der Obhut der Erdmiete erhalten. Der Gasaustausch sollte unbedingt gewährleistet sein, sonst beginnen die Gemüse zu faulen.

Bei großen Mieten – Kleintierhalter lagern die Futterrüben und die Futterkartoffeln oft auf diese Weise – ist das Aufsetzen eines Rohres auf den First der Miete, das in die Miete hineinragt, vorteilhaft. Damit der Frost nicht ungehindert eindringen kann, kann das Rohr mit Stroh verfüllt werden. Es besteht ebenso die Möglichkeit, Strohbüschel in den „First" einer Miete zu integrieren und auf diese Weise den Gasaustausch zu gewährleisten (siehe Grafik oben).

Die Miete kann während des Winters geöffnet und eingelagertes Erntegut kann entnommen werden. Der Geruch, der Ihnen beim Öffnen entgegenkommt, sollte als angenehm empfunden werden! Nehmen Sie jedoch Faulgase wahr, dann sollten Sie den Fäulnisherd ausfindig machen, damit dieser nicht auf das gesamte Erntegut übergreift. Warten Sie im Falle eines derartigen Vorfalls jedoch auf eine relative milde Witterung (Sonnenschein in der Mittagszeit etwa). Am sichersten öffnen Sie die Miete grundsätzlich immer nur von einer Seite. Nach der Entnahme achten Sie bitte zudem darauf, dass die Miete wieder so verschlossen wird, dass der Frostschutz gewährleistet bleibt.

Die Kohlmiete

In der Landwirtschaft werden sauber geerntete Kohlköpfe in Hallen auf Haufen geschichtet, wo sie zur Überwinterung gelagert werden. Die Kohlköpfe, die im Garten anfallen – sofern der Weißkohl nicht gleich zu Sauerkraut verarbeitet wird –, können in einer dem Kalten Kasten ähnlichen Konstruktion überwintern. Allerdings sind die Erdarbeiten nicht erforderlich und zum Abdecken der Konstruktion kann ein anderes, lichtdurchlässiges Material statt Fensterglas verwendet werden.

Eine Kohlmiete anlegen

Entsprechend der Menge des Erntegutes wird eine Rahmenkonstruktion errichtet. (Sollten Sie daran denken, den Sandkasten der Kinder im nächsten Frühjahr frisch zu befüllen, kann auch der Sandkasten als Miete zur Gemüselagerung über den Winter dienen.) Der Boden in diesem Bretterkasten sollte ein wenig aufgelockert werden. Sobald dies geschehen ist, kann der Kohl eingelagert werden.

- Ernten Sie Ihren Kohl, bevor das Thermometer deutlich unter 0 °C sinkt – ernten

Sie in den warmen Mittagsstunden und ernten Sie nicht zu viel auf einmal!

- Entfernen Sie die braunen Blätter und jene, die zu sperrig oder beschädigt sind.
- Trennen Sie die Wurzeln mit einem Stück Strunk gut 5 cm unterhalb des Kopfes ab (ein Beil oder das scharfe Blatt des Spatens erweisen sich hierbei als effizient).
- Setzen Sie den Strunk sofort in den aufgelockerten Boden.
- Drücken Sie den Kopf etwas an.
- Falls der Boden sandig ist oder zu trocken, gießen Sie etwas abgestandenes Wasser aus einer Gießkanne mit Brause über den Kohl. Danach darf die Miete jedoch nicht sofort geschlossen werden!

TIPP! Niederschlag bedenken

Daran gedacht: Im Freien befindliche Mieten und Konstruktionen sollten immer unter Berücksichtigung des Niederschlags konstruiert werden. Sorgen Sie durch die Anlage von Gefälle dafür, dass der Regen ungehindert abfließen kann. Sollte erheblicher Schneefall einsetzen, sollten Sie Sorge dafür tragen, dass die Konstruktionen nicht unter der Last zusammenbrechen!

Sobald alle Köpfe in der Miete eingelagert worden sind, wird, falls die Wetterlage dies erforderlich macht, die Miete mit einem lichtdurchlässigen Material (ein Rahmen, der mit Gartenfolie bespannt wurde, eine Glasfiebermatte) abgedeckt. Solange die Temperaturen es erlauben, sollte die Kohlmiete nicht hermetisch abgedeckt werden. Wird es kälter, wird die Kohlmiete gegen Frost durch Auflegen von Stroh und Anschichten von Erdboden gesichert. In extremen Kälteperioden kann zusätzlich Pferdemist von außen gegen das Holz geschichtet werden.

Eine klassische Kohlmiete

Das Verbringen der Gemüseernte in einen frostsicheren Raum

Ein Kalter Kasten oder eine Miete kann für einige nicht klassische Wintergemüse, wie z. B. Kartoffeln etc., die vorwiegend Lagergemüse sind, zu wenig Schutz bieten. Für solche wird ein garantiert frostsicherer Raum benötigt. Ein frostsicherer Raum ist nicht zwangsläufig nur der Keller! Auch ein Schuppen oder eine Garage kann ausreichend Frostschutz bieten, wenn geringfügige Minusgrade bis etwa –8 °C herrschen. Sinken die Temperaturen (nachts) darunter, kann der Schuppen oder die Garage zusätzlich gegen Kälte gesichert werden, indem Türen und Fenster abgedichtet werden; eine einfache Wolldecke, die vor ein zugiges Fenster gehängt oder die zusammengerollt vor den Türspalt einer Tür gelegt wird, kann bereits sehr wirkungsvoll sein. Auch eine zusätzlich aufgestellte Wärmequelle kann dafür sorgen, dass im frostsicheren Raum das Thermometer nicht unter 0 °C fällt. Lediglich bei starken Temperatureinbrüchen über einen längeren Zeitraum sollte für das Gemüse ein Platz im Keller geschaffen werden.

Soll das Gemüse in einem frostsicheren Raum vor Frost geschützt werden (auch bei Einlagerung im Keller), sollte es grundsätzlich bei

- trockener Witterung und
- Temperaturen über 0 °C

geerntet und eingelagert werden.
Ein vorheriges Waschen empfiehlt sich nicht! Zusätzlich ist darauf zu achten, dass jene Gemüse, die auf diese Weise geschützt werden sollen, grundsätzlich frei von Faulstellen sind: Diese Gemüse werden in der Regel eng beieinander gelagert und würden sich auf diese Weise untereinander rasch „anstecken“ können.

HINWEIS! Nur einwandfreies Gemüse

Benutzen Sie den Geruchssinn, um den makellosen Zustand der Gemüse zu überprüfen! Nur so ist eine längere Lagerung möglich.

Erdkegel zur Gemüseaufbewahrung

Wurzellagerung im Erdkegel

Eine effiziente Möglichkeit der Wurzellagerung geschieht durch das Anlegen eines Erdkegels im Keller oder in einem frostfreien Schuppen. Der Erdkegel befindet sich mitten in einem frostfreien Raum und kann von allen Seiten zur Lagerung frischen Gemüses genutzt werden. Die benötigte Erde besorgen Sie sich aus Ihrem Garten. Wichtig ist, dass sie einwandfrei ist und NICHT von einem Beet stammt, auf dem Gemüsekrankheiten vorherrschten (beispielsweise Krautfäule bei Kartoffeln, Kohlhernie).

Den Durchmesser und die Höhe des Kegels bestimmen Sie, indem Sie ungefähr einschätzen, wie viele Wurzeln Sie frisch halten wollen. Sie lagern in diesem Erdkegel nur die Gemüse und Wurzeln, die Sie während der kalten Jahreszeit erntefrisch halten wollen! Etwa die Möhren zum Knabbern, den zarten Kohlrabi oder bei Starkfrösten die Wurzeln der Wurzelgemüse, die Sie während dieser Zeit verwenden wollen. Viele Gemüse können ohnehin im Garten verbleiben!
Dennoch ist die Anlage eines Erdkegels lohnend: Die gelagerten Gemüse und Wurzeln munden für den Rohverzehr daraus wie frisch vom Beet und büßen kaum wertvolle Inhaltsstoffe ein, da alle lebensnotwendigen Prozesse erhalten bleiben!

Einen Erdkegel anlegen

Häufen Sie Gartenboden – nicht nach langanhaltenden Niederschlägen mit dem Anlegen beginnen – kegelförmig in einem Keller oder in einem frostfreien Raum (kein warmer Heizungskeller) an. Es muss in diesem Raum nicht dunkel sein!

Falls Sie einen Bretterboden als Untergrund benutzen, legen Sie bitte einen Feuchtigkeitsblocker unter. Mit einer handelsübli-

chen Maurerkelle oder einem Streichbrett formen und verdichten Sie das Erdreich, das zu einem Kegel aufgeschüttet worden ist. Bohren Sie in den Erdkegel behutsam die Wurzelgemüse so tief hinein, dass sie vollkommen vom Erdboden umschlossen werden.
Der Erdboden aus dem Garten ist im Herbst in der Regel feucht genug. Sie brauchen die Gemüse nicht zu gießen. Bei zu starker Feuchtigkeit bilden die Wurzelgemüse viele zarte Wurzeln, was nicht wünschenswert ist. Bei Trockenheit trocknen jedoch die Wurzeln aus. Verwenden Sie einen normalfeuchten Gartenboden.

Die Behandlung der Wurzelgemüse vor der Einlagerung

Sie benötigen entweder einen gummierten Arbeitshandschuh oder ein scharfes Messer. Alle Blätter werden restlos von den Wurzeln entfernt und zwar NICHT durch einen geraden Schnitt an der Wurzel, sondern in Richtung des Laubes. Wenn Sie es richtig gemacht haben, weist jede Wurzel ein „Pinselchen" auf. Dieses ist das Herzstück der Wurzel, die ja nicht tot ist und die im Erdhügel weiter ihre Stoffwechselvorgänge betreibt. Das bedeutet, dass dieses „Pinselchen" mit der Zeit wachsen wird.

Die beiden Pfeile geben ungefähr den Winkel an, in dem die Blätter entfernt werden sollten. Drehen Sie das Gemüse in Ihrer Hand und trennen Sie von allen Seiten die Blätter in diesem Winkel ab.

Dieses Wachsen ist für Sie die Garantie, dass mit Ihrem Gemüse alles in Ordnung ist! Stirbt der Ansatz ab, verfärbt er sich schwarz, dann müssen Sie diese Wurzel umgehend entfernen, da sie leblos ist und verderben bzw. verfaulen wird. Derartige Wurzeln können den Erdkegel kontaminieren und Fäulnis breitet sich aus, die auch die anderen Wurzeln befallen wird.

Sollen Rüben und Kohlrabi frisch gehalten werden, werden die Blätter ähnlich der Blätter der Wurzelgemüse entfernt. Grundsätzlich werden jedoch bei allen Gemüsen die Herzblätter nicht beschädigt. Das kann durch ein „Abdrehen" sicher und kinderleicht gewährt werden. Umfassen Sie hierfür mit einer Hand das Gemüse und mit der anderen Hand das Laub mittelbar am Gemüse.

Durch gleichzeitiges und entgegengesetztes Drehen der Hände entfernen Sie die Blätter, ohne die Herzblätter zu beschädigen.

DER ERFOLGREICHE WINTERGEMÜSEGARTEN

Sowohl für den „gewöhnlichen“ Sommergarten als auch für den Wintergarten ist eine gute Planung ein wichtiger Baustein des Erfolgs, schließlich sind die Übergänge im Gartenjahr fließend. Die regulären **Vorbereitungen** für den Wintergemüseanbau sollten etwa **Ende Juli beginnen** und werden so etwa **Ende September** (je nach Region) **enden**. Das bedeutet, dass die für die Wintergemüsekultur vorgesehenen Beete bis Mitte oder Ende Juli vom Frühjahrsanbau abgeerntet sein sollten, da diese noch gründlich zur Aussaat der Wintergemüse vorbereitet werden müssen. Bereits bei der regulären Aussaat im April und Mai sollte bedacht werden, welche Beetflächen sich für eine Wintergemüsekultur eignen – gerade mit Blick auf Frost und Schattenwurf.

Neben den Vorbereitungen der Beete sollten auch zusätzliche Möglichkeiten, wie das Anlegen eines Mistbeetes oder das Errichten eines Kalten Kastens, überdacht werden und ganz wichtig ist die Beantwortung der Frage, ob Sie ein wärmendes Beet (Hügelbeet) anlegen wollen. In diese Überlegungen fallen schließlich obendrein **folgende Fragen**, die je nach Region sehr unterschiedlich ausfallen können:

- Wie viel Stroh, Tannenreisig, Laub werde ich voraussichtlich benötigen?
- Woher bekomme ich frischen Pferdemist?
- Habe ich genug Abdeckkartonagen oder Folien?
- Ist meine Gartengarderobe wintertauglich?
- Wo kann ich Gießwasser aufbewahren, damit es nicht gefriert?

DIE PLANUNG DES WINTERGEMÜSEGARTENS

Wissen Sie, welche Beetformen Sie verwenden möchten und welche Gemüse Sie wann anbauen möchten, können Sie an die Planung gehen.

Gartenplanung ist ein komplexer Vorgang und genauso bedeutsam wie die nachfolgenden Tätigkeiten wie Aussaat oder Pflege.

Was muss im Verlauf einer Planung bedacht werden?

- Die Lichtverhältnisse
- Die Bodenverhältnisse
- Die Bewässerung/das Gießen
- Die Pflanzenverträglichkeiten (Prinzipien der Mischkultur)
- Die Düngung vor und während der Kultur
- Die Zugänglichkeit der Beete

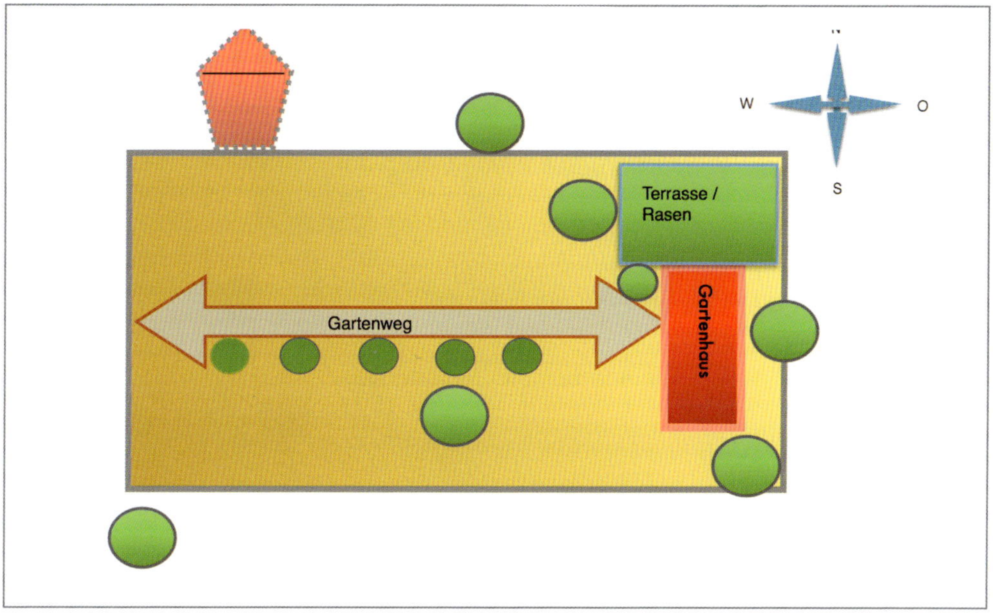

Wenn man den Grundriss seines Gartens vor sich hat, kann man mit der Beeteinteilung und der Anbauplanung beginnen.

Personen, die über geringe Kenntnisse und kaum praktische Erfahrungen im Gemüsegarten verfügen, empfehle ich grundsätzlich eine grobe Planung auf Papier. Hierfür können Sie ein beliebiges Blatt Papier (ab einem A4-Format) verwenden. Sind Sie bei der Strichführung sicher, können Sie gern einen Zeichenblock und einige Buntstifte wählen, ansonsten genügt ein Bogen kariertes Papier (vereinfacht die Strichführung). Ein Kugelschreiber oder Bleistift reicht für die Planungsskizze vollkommen aus. Mit diesen wenigen Utensilien fangen wir an.

Einen Plan zeichnen

Zuerst skizzieren Sie die ungefähre **Form Ihres Gartens.** Versuchen Sie auch, die Proportionen ein wenig einzuhalten. Wenn Sie die ungefähre Form Ihres Gartens aufgetragen haben, zeichnen Sie bitte auf dem Papier Kreuze und Kreise an den Stellen ein, an denen sich im Garten Bäume und Sträucher befinden, wo der Kompost angelegt worden ist oder werden soll und wo sich eventuell ein Gewächshaus oder Frühbeete befinden.

HINWEIS! Alle Bäume einzeichnen

Die Kreise auf Ihrer Skizze stellen Sträucher oder Bäume dar. Einige Bäume befinden sich außerhalb Ihres Gartens. Das hindert die Bäume und Sträucher jedoch nicht am Schattenwurf. Deswegen gehören sie ebenfalls in Ihre Skizze! Denken Sie bitte auch an die Gebäude, die sich in mittelbarer Nähe zu Ihrem Garten befinden.

Vergessen Sie bitte den **bereits angelegten Weg** nicht. Sollten Sie noch keinen fest verbauten Weg angelegt haben (oder Sie sind mit der gegenwärtigen Gestaltung unzufrie-

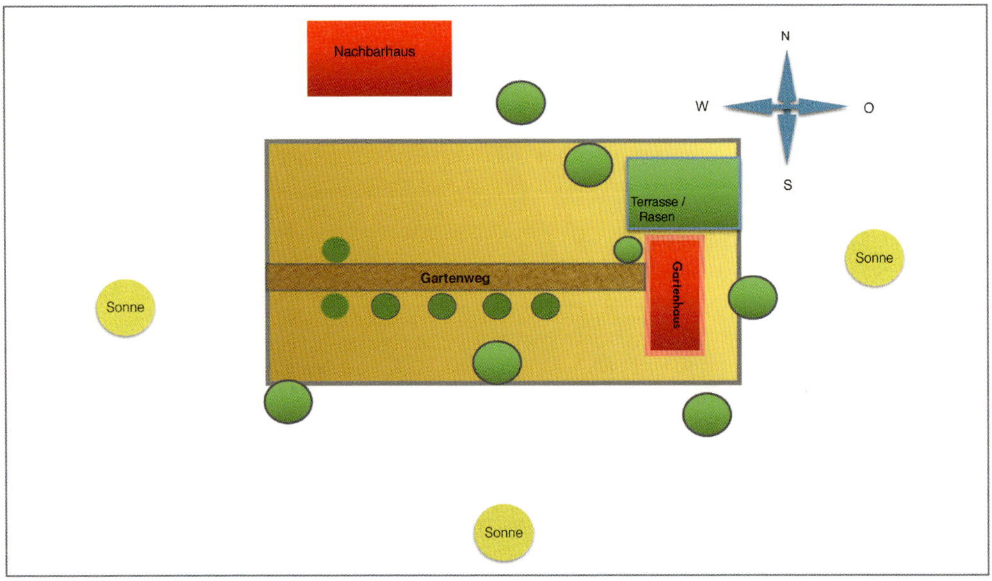

Auch eine Skizze vom mittelbaren Umfeld verschafft mehr Überblick. Welche Gebäude oder Bäume werfen zu welcher Zeit Schatten?

den), können Sie nun mehrere Möglichkeiten auf dem Papier ausprobieren, bis Sie die perfekte Lösung gefunden haben und so aus Ihrem Garten Ihr ganz individuelles Kleinod gestalten. Wem die Optik sehr wichtig ist oder wer rundherum noch blühende Pflanzen oder Sträucher hat oder pflanzen möchte, kann die Skizze zusätzlich farblich gestalten. Auf diese Weise erkennen Sie, ob Sie bei der Farbwahl ein glückliches Händchen haben werden.

Auf dieser Skizze können Sie weiters die **Himmelsrichtungen** eintragen und die Plätze skizzieren, an denen Sie das Mistbeet, ein Hügelbeet oder vielleicht das Gewächs-

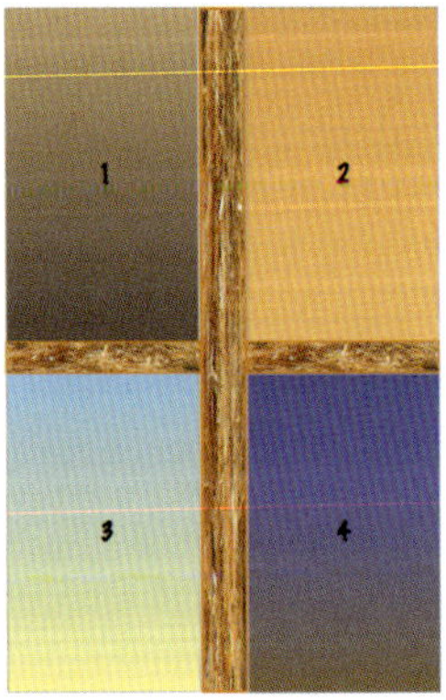

Garteneinteilung nach Wasserbedarf und „frisch gedüngt"

Wasser und Pflanzennahrung sind für die Entwicklung gesunder, vitaler Pflanzen unablässig. Nur wer richtig gießt und düngt, wird zufriedenstellende Ernten erzielen.

1 = frisch gedüngt
2 = im Vorjahr gedüngt
3 = geringer Wasserbedarf/im Vorjahr gedüngt
4 = hoher Wasserbedarf/frisch gedüngt

Teilen Sie Ihren Garten, falls Sie häufig Probleme mit der Pflanzengesundheit und dem Ernteertrag haben, nach diesem Prinzip ein und weisen Sie den Pflanzen anhand ihrer Bedürfnisse einen Platz im jeweiligen Gartenbereich zu. Eine Übersättigung der Pflanzen – Wasser/Düngemittel – kann zu Pflanzenkrankheiten – Kräuterfäule/Mehltau – führen.

haus positionieren würden. Der restliche Platz steht Ihnen für die Anlage der Beete zur Verfügung.

TIPP! Lichtverhältnisse beachten

Bei der Wahl der Position von Gewächshaus, Frühbeet und Kompost sollten die Lichtverhältnisse beachtet werden. So kann eine südseitige Mauer im Spätsommer bereits viel „ungesunden" Schatten erzeugen. Auch hohe, immergrüne Bäume an der Südseite Ihres Gartens oder Beetes wirken sich während der kalten Jahreszeit unvorteilhaft als „Schattenspender" aus. Das Gewächshaus sollte nicht von Mauern oder hohen Bäumen beschattet werden! Das Frühbeet und der Kalte Kasten ebenso nicht, außerdem empfiehlt sich bei derartigen Bauwerken eine Südausrichtung, damit die Sonne voll eingefangen wird. Der Kompost gehört in den Schattenbereich, allerdings an einen luftigen Platz.

HINWEIS! Schädlinge beachten

Der Kompost zieht wie ein Magnet auch Schädlinge an, die sich dort relativ ungestört niederlassen. Bearbeiten Sie nach Möglichkeit die Flächen um den Kompost herum regelmäßig und suchen Sie in den feuchten Schattenbereichen nach Nacktschnecken bzw. deren Gelegen.

Der Schattenwurf der Bäume kann anhand ihrer Höhe errechnet werden. Dabei hilft uns die einfache Formel des Strahlensatzes, dessen Berechnung keine hohen Kenntnisse in der Mathematik voraussetzt. Sinnvoll ist die Anwendung dieser Methode, wenn der Schattenwurf eines hohen Baumes – beispielsweise einer Tanne nahe der Grenze in Nachbars Garten – ermittelt werden muss.

Zur Ermittlung der Schattenlänge benötigen Sie lediglich einen Zollstock oder etwas Vergleichbares, das exakt 1 m Länge aufweist. (Mit dem Meter lässt sich die Aufgabe ganz einfach lösen! Mathefüchse können natürlich auch eine variable Höhe verwenden und ändern diesen Wert dann einfach in der Formel.

Stellen Sie den Zollstock in gerader Linie zum zu vermessenden Baum – vielleicht kann ihn jemand halten, damit Sie in die Hocke gehen können. Sie entfernen sich ebenfalls in dieser gerade gedachten Linie vom Zollstock, bis Sie – wenn Sie sich hinhocken – über das obere Ende hinwegblicken können und die obere Spitze der Baumkrone sehen. Markieren Sie nun den Punkt, an welchem Sie stehen, markieren Sie auch den Punkt, an welchem der Zollstock stand. Zuerst messen Sie die Entfernung vom Stamm des Baumes bis zu Ihrer Markierung, dann die Entfernung zwischen Zollstock und Ihrer Markierung. Notieren Sie die beiden Ergebnisse.

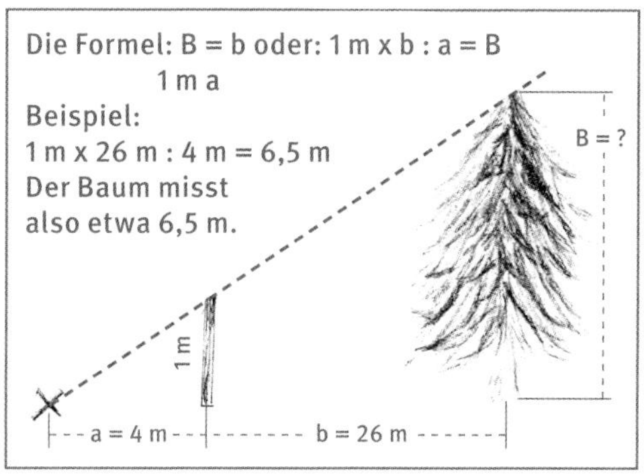

Die einfache Berechnung des Schattenwurfes anhand der Höhe eines „Schattenspenders"

Die berechnete Höhe entspricht in etwa auch dem Schattenwurf bei einem gegenüber befindlichen tiefen Sonnenstand. Zu bedenken ist, dass der Schatten umso länger wird, je tiefer die Sonne im Winter steht.

TIPP! Schattenwurf ermitteln

Einfacher geht's natürlich auch: Markieren Sie einfach den Halbkreis, den der Schatten dieses Baumes während eines sonnigen Wintertages durchwandert.

Beete einteilen

Um Ihnen die Beeteinteilung zu erleichtern, finden Sie hier eine kurze **Liste mit Gemüsen**, die (bei rechtzeitiger Frühjahrsaussaat) **bis Ende Juli erntereif** sind und von den Beeten abgeerntet werden können:

- Frühkartoffeln
- Blumenkohl
- Buschbohnen
- Erbsen
- Karotten (Möhren)
- Kohlrabi
- Lauchzwiebeln
- Rüben
- Salate/Spargelsalat
- Rettiche/Radieschen
- Mangold

Bei der weiteren Planung sollten Sie nach den Prinzipien der Mischkultur solche Pflanzen nebeneinander pflanzen, die sich gut vertragen. Zudem ist die Fruchtfolge zu beachten. Bedenken Sie auch, dass viele Gemüse keinen frisch gedüngten Boden vertragen. Dazu gehören beispielsweise Kartoffeln, Möhren, Pastinaken, Dicke Bohnen und Zwiebeln. Wenn Sie also einen bestehenden Garten neu planen, notieren Sie, welche Flächen nicht gedüngt werden sollen. Auf diese Flächen bringen Sie den Kompost oder frischen Mist am besten im Herbst aus und mischen ihn leicht in die Erde ein.

TIPP! Lebensmittel haltbar machen

Konservieren Sie einen Teil Ihrer Ernte, das macht nicht nur Spaß, sondern steigert den finanziellen Wert Ihres Erntegutes ordentlich, da viele Konserven (gerade Spezialitäten) im Handel recht preisintensiv sind. Außerdem bevorraten Sie gesunde, einwandfreie Nahrungsmittel für den Winter und Sie sind auf diese Weise immer auf der sicheren Seite, was unerwünschte Zusätze in den industriell gefertigten Lebensmitteln anbelangt (es sei denn, Sie fügen diese selbst hinzu). Sie können mir glauben, im Grunde gibt es nichts Schöneres, als im Winter an den Vorratsschrank zu gehen und nach Lust und Laune ein Glas eingewecktes Gemüse oder Obst entnehmen zu können! Diese Konserven sind übrigens auch ganz wunderbare Geschenke, mit denen man Familienangehörigen und Freunden zeigt, was sie einem wirklich bedeuten!

Auch die unterschiedlichen Feuchtigkeitsverhältnisse im Garten sollten berücksichtigt werden. Wie auf der Grafik auf der nächsten Seite ersichtlich, sammelt sich Niederschlag in den Senken eines Gartens an. Testen Sie, wenn nötig, den pH-Wert des Bodens: Er könnte zusätzlich sauer sein. Bei der Planung bedenken Sie, welche Gemüse an Plätzen, die viel Feuchtigkeit aufweisen, gute Erträge bringen. Sämtliche Fruchtgemüse gedeihen hier gut – sofern der Boden nicht sauer ist – und bedürfen weniger Gießwassers.

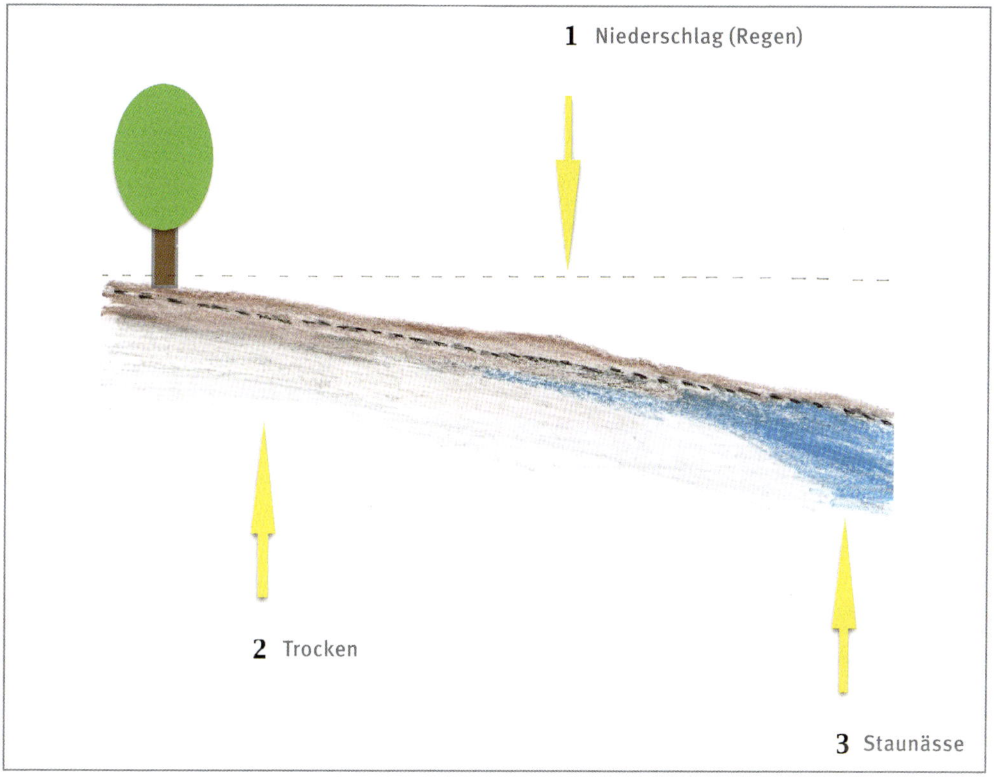

Das Gefälle in einem Garten kann zu Problemen bei der Wasserversorgung der Gemüse führen.

Generell sind bei der Planung der Anlage die Ansprüche an das Gießwasser zu berücksichtigen! Ein handelsüblicher „Rasensprenger" sollte zum Bewässern der Gemüsebeete jedoch nicht eingesetzt werden, wenn dort auf engstem Raum verschiedene Gemüsesorten kultiviert werden! Ich habe in der Vergangenheit vermehrt beobachtet, dass mancher Gärtner in seinem Gemüsegarten Rasenbewässerungssysteme aufgestellt hat, um den Arbeitsaufwand des Gießens zu minimieren; mitunter sogar mit einer Zeitschaltuhr versehen, so dass die Gießarbeit automatisiert vonstattengeht. Vergessen Sie nicht, dass der Garten und dessen Gewächse „Natur" sind und dass automatisierte Vorgänge selten zum Erfolg führen.

TIPP! Mein Rat

Ahmen Sie dies nicht nach! Erstens ist das kalte Leitungswasser Gift für den Boden – der Gartenboden besteht aus einem Gemisch zahlreicher, sehr unterschiedlicher Mikroorganismen, die unter dem Temperaturschock leiden – und zweitens vertragen auch viele Pflanzen die kalte Dusche nicht und reagieren mit Krankheiten. Genießen Sie Ihren Aufenthalt im Garten und jede Tätigkeit, die die Bewirtschaftung Ihnen abverlangt! Wer einen Garten besitzt, der hat das Glück auf seiner Seite!

Bereits vor der Aussaat sollte der mobile Weg entstanden sein. Variationen sind später jederzeit möglich. Fehlstellen, auf denen die Gehwegplatten lagen, können durch Bepflanzen mit „Leerstellenfüllern" zu einem späteren Zeitpunkt jederzeit ausgefüllt werden.

Es ist auch ratsam, Beete mit Wintergemüsekulturen an einen befestigten Weg angrenzen zu lassen, damit sie bei jedem Wetter gut erreichbar sind. Das Gleiche gilt für die Anlage einer Miete oder des Mistbeetes, des Gewächshauses und des Kalten Kastens.

Das Anlegen von „mobilen" Wegen erweist sich im Wintergemüsegarten als besonders vorteilhaft. Da wir jedoch mit Eis und Schnee rechnen müssen, sollte Steinplatten gegenüber Brettern der Vorzug gegeben werden. (Bretter können durch die herbstliche Nässe und die mögliche Frosteinwirkung schnell sehr rutschig werden!)

TIPP! Mobile Wege

Ausrangierte Gehwegplatten (auch Teilstücke) ergeben, richtig positioniert, wunderbar flexible „mobile Wege", über die man, ohne Schaden im Gemüsebeet anzurichten, durch die üppigen Beete wandeln und diese bearbeiten bzw. in den Herbst- und Wintermonaten trockenen Fußes zum Wintergemüse gelangen kann.

DIE VORBEREITUNG DER BEETE

Die Vorbereitung der Beete zur zweiten Aussaat im August/September verläuft analog den Vorbereitungen zur Frühjahrsbestellung. Ein erneutes, gründliches Auflockern des Erdbodens ist genauso erforderlich wie das Versorgen mit Dünger und Kompost (in sofern die Gemüse frisch gedüngten Boden vertragen).

Bei der Vorbereitung zu bedenken

Ende August bis spätestens Mitte September je nach Region wird ein im Frühjahr gut gedüngtes, nicht schattig liegendes und abgeerntetes Beet bei trockener Witterung umgegraben. Das Saatbett wird für die Aussaat gut vorbereitet (feinkrümeliger Boden). Jene Beete, auf denen die Wintergemüse, die bereits regulär im Frühjahr zum Überwintern angebaut wurden (beispielsweise Wurzelgemüse, Knollen etc.), werden auf diesen Flächen auch weiterhin belassen und in gewohnter Weise gepflegt.

Damit niemand in seinem Nutzgarten den Überblick verliert, erweisen sich eine frühzeitige Planung und genaue Aufzeichnungen als sehr hilfreich. Bei der erneuten Bepflanzung der Beete noch im selben Jahr ist nämlich auf die Fruchtfolge zu achten und falls auf benachbarten Beeten Gemüse verbleiben, ist auch das Wissen um die Verträglichkeit der Pflanzen untereinander (Übertragung von Krankheiten, Schädlinge, Nährstoffkonkurrenz etc.) ziemlich hilfreich, wenn man einen Ernteerfolg verbuchen möchte. Die Erfahrungen aus der Mischkultur kommen einem hier zugute.

Unabhängig davon können Sie davon ausgehen, dass in allen Regionen der Anbau von Wintersalat, Feldsalat, Spinat, Grünkohl und Winterporree im Wintergemüsegarten problemlos gelingt.

Die Mischkultur

Die Mischkultur ist eine Methode, deren Hauptziel in der Gewährleistung der Gemüsegesundheit und somit des Ernteerfolgs liegt. Richtig umgesetzt, birgt sie zahlreiche Vorteile!

In meinem Garten sieht es immer so aus, als ob der Zufall Sämeister gespielt hätte, alles wächst und gedeiht in lockerer Gemeinschaft und entwickelt sich zu opulenten Delikatessen. Da ich leidenschaftliche Mischkulturanhängerin bin, benötige ich keinen Zollstock zum Ausmessen der Beete bzw. der Abstände der Saatreihen (mein Vater meinte ohnehin, dass in krummen Reihen mehr wachsen würde ...).

Doch, Spaß beiseite, worin liegen die **Vorteile der Mischkultur**?

- Eine Vielzahl von Schädlingen wird irritiert.
- Die Bodengesundheit wird angeregt.
- Die Pflanzengesundheit wird gestärkt.
- Einige Arbeitsgänge werden unnötig.
- Mehrausgaben für einen Pestizideinsatz entfallen.
- Mehrausgaben für Saatgut in der Zweitaussaat entfallen ebenfalls.

Damit die Mischkultur ihre Vorteile entfaltet, muss man nur wissen, welche Pflanzen sich vertragen oder gar in ihrem Wachstum begünstigen, welche Pflanzen gegen Schädlinge wirken oder gegen Pflanzenkrankheiten und welche Mischung sich nicht verträgt.

TIPP! Mischkulturen anlegen

Auch im Wintergemüsegarten trägt die Mischkultur zum Erfolg bei.

Die folgenden Auflistungen enthalten jeweils etliche Pflanzen und dazu Pflanzen, die sich gut oder nicht gut mit der erstgenannten Pflanze vertragen.

Gute Pflanzenverträglichkeiten bestehen zwischen:

- Möhren (Karotten): mit Zwiebeln, Lauch, Salaten, Radieschen, Rettichen
- Winterblumenkohl: mit Sellerie
- Knollenfenchel: mit Salat, Endivie
- Spinat: mit Zwiebeln, Sellerie
- Kohl: mit Sellerie, Rüben, Salat, Endivie
- Kohlrabi: mit Spinat, Salat, Rettich
- Sellerie: mit Spinat, Zwiebeln
- Pastinaken: mit Zwiebeln, Rüben, Rettich
- Haferwurzeln: mit Salat, Endivien, Zwiebeln
- Rote Bete: mit Salat, Endivien, Wurzelgemüse, Zwiebeln, Kohlrüben, Speiserüben
- Speiserüben: mit Wurzelgemüse, Zwiebeln, Endivien, Salat

Unverträglichkeiten bestehen bei folgenden **Paarungen**:

- Chinakohl: mit Rettich, Knoblauch, Zwiebeln
- Knoblauch: mit Kohlgewächsen
- Kohlgewächse: mit Kohlgewächsen
- Porree: mit Hülsenfrüchten, Zwiebeln
- Rote Bete: mit Spinat

Gemüse, die im Folgejahr oder in der zweiten Pflanzung **nicht wieder auf dasselbe Beet gepflanzt werden dürfen (Fruchtfolge):**

- Petersilie
- Möhren (Karotten)
- Kohlarten (Dreijahresturnus)
- Kartoffeln
- Kohlrüben (Dreijahresturnus)
- Speiserüben

Werden diese wenigen Regeln beachtet, haben Sie den Erfolg bereits auf Ihrer Seite! Im Großen und Ganzen können Sie ohnehin bei der Mischkultur nur wenige Fehler begehen (schwerwiegende Fehler resultieren aus falschem Gießen oder Düngen)!

Ebenfalls zu beachten: Haben Sie den Pflanzen genug Platz zum Gedeihen zur Verfügung gestellt, weichen diese, im Falle des „Nicht-Mögens“ einander aus und die Unverträglichkeit hat nur eine geringe negative Auswirkung auf den Ernteertrag. Wenn Sie also erfolgreich gärtnern wollen, bieten Sie den Gemüsen immer genug Platz für ihre Entwicklung und beobachten Sie, wie sie sich „vertragen“! Jeder Garten ist ohnehin ein Unikat, jede Pflanze ist auch

Mischkultur bringt Vitalität in den Gemüsegarten und sorgt für gesunde Gemüse.

Mischkultur hat Vorteile. Jedoch muss man auf Unverträglichkeiten und die Fruchtfolge achten.

ein Unikat und auch die Gärtnerin oder der Gärtner. Mit der Zeit werden Sie im Schlaf wissen, welche Pflanzen gut miteinander auskommen.

Aus meiner Erfahrung weiß ich, dass jedes Jahr in puncto Ernteerfolg spannend wie ein Krimi verläuft: Es ist ein Ringen mit der Natur auf mehr oder weniger freundschaftlicher Basis (gerade vor dem Hintergrund, dass viele Gemüse angebaut werden müssen, damit die Selbstversorgung auch gelingt)! Das eine Gemüse entwickelt sich bestens, bei einem anderen Gemüse hat man Mindererträge.

Wenn einmal etwas nicht gelingt: Es gibt im Nutzgarten auch immer „Leerstellenfüller“, diese säe, pflanze oder stecke ich an jene freien Plätze im Garten, die durch die Ernte entstanden sind oder an denen ein Schädling ein Gemüse geraubt hat. Aus diesem Grund säe ich ständig – bis Ende September (man weiß ja nie, wie das Wetter werden wird) – Salate und Kohlpflanzen irgendwo im Garten in geringer Anzahl aus. Dadurch versetze ich mich in die Lage, fortwährend gut entwickelte Jungpflanzen zur

Verfügung zu haben. Die Samen gewinne ich in meinem Garten und falls die ersten Nachtfröste mir einen Strich durch die Rechnung machen, habe ich kein Geld in den Sand gesetzt und nutze die Jungpflanzen als Gründüngung.

Für eine **spätere Aussaat (ab August)** eignen sich:

- Spargelsalat (Er entwickelt dann jedoch nicht mehr die delikaten Stangen, sondern bildet „lediglich" opulente Blattrosetten, die roh und gegart verzehrt werden können.)
- Kopfsalat 'Maikönig'
- Winterwirsing
- Winterblumenkohl
- Kohlrabi
- Chinakohl
- Rettich
- Buschbohnen (Auch wenn die Buschbohnen, die bei guter Witterung im November noch blühen, nicht mehr den vollen Ernteertrag bringen, so habe ich dennoch regelmäßig frische Prinzessbohnen zu meiner Verfügung.)

Nach dem Vorziehen **einfach umzupflanzen** sind:

- Sämtliche Salate, Endivien
- Sämtliche Kohlpflanzen (Kohlrabi neigen jedoch dazu zu platzen, wenn die Pflanzen beim Umpflanzen zu groß sind.)

Das richtige Düngen

Neben dem Gießen ist, auch wenn man es nicht wirklich glauben mag, das Düngen entscheidend für den Ernteerfolg im Wintergemüsegarten (Sommerkulturen profitieren davon selbstredend auch). Durch das Düngen werden die Gemüse zu mehr Wachstum angeregt. Eine besonders effektive Form des Düngens erfolgt über das **Ausbringen der Nährstoffe mittels Gießwasser** (Pflanzenjauchen). Manche Gemüse benehmen sich wie Diven, wenn es um ihre Versorgung mit Nährstoffen geht und rächen sich bei einer Unterversorgung durch einen Ausfall des anvisierten Ernteertrages.

In der alljährlich praktizierten Arbeitsweise im Nutzgarten nach den Methoden der Mischkultur – so wie ich sie betreibe – ist selten mit einer Unterversorgung des Bodens zu rechnen.

Auf Flächen, die über einen längeren Zeitraum brach lagen, oder solchen, die erstmalig zu einem Nutzgarten umgewandelt werden sollen, kann aber aus unterschiedlichen Gründen ein Defizit entstanden sein. Die Frage stellt sich nun, woran Sie erkennen, dass der Boden „ausgelaugt" bzw. „verbraucht" ist? Die Antwort lautet: am Bewuchs.

Brachflächen sind meistens von Sträuchern oder Gestrüpp bedeckt. Stattliche Sträucher entziehen dem Boden viele Nährstoffe und trocknen ihn aus! Die Pflanzen im nahen Bereich dieser Sträucher sind oft klein und von blasser Farbe. Der Zwergwuchs und der Mangel an Chlorophyll deuten auf eine Unterversorgung hin; die Pflanzen vegetieren auf unterstem Niveau.

Viele Wildpflanzen (Unkräuter) weisen hingegen auf einen nährstoffreichen Boden hin (Zeigerpflanzen). Ist der Boden reich an Nährstoffen, entwickeln sich die „Unkräuter" prächtig. Beobachten Sie jedoch eine einseitige Entwicklung – ein dominantes, wucherndes Unkraut – kann eine mangelhafte Bodenqualität daran Schuld tragen. Allerdings haben wir es im Garten auch so oft mit Unkräutern zu tun, die zum Wuchern neigen. In solch einem Fall kommen die Wucherpflanzen dem Gestrüpp gleich!

Zum **Wuchern** neigen insbesondere die folgenden Pflanzen:

- Franzosenkraut
- Quecken
- Disteln
- Giersch
- Knöterich
- Roter Heinrich
- Meerrettich

Brachflächen vorbereiten bzw. verbessern

Ist Ihr Boden mit Gestrüpp oder Sträuchern bewachsen, sind die Sträucher entweder radikal zurückzuschneiden oder, falls diese keinen ökologischen oder wirtschaftlichen Nutzen aufweisen, zu entfernen. Der Erdboden ist nach dieser Aktion kräftig aufzulockern – am besten rigolen Sie ihn – und unter Umständen zu düngen.

Bei einem überwucherten Grundstück sind die wuchernden Pflanzen weitestgehend zu entfernen. Jedoch werden Sie bei der ersten Räumungsaktion nicht alle Wurzeln und Samen der Wucherpflanzen beseitigt haben! Darum sollte das Düngen so lange unterbleiben, bis Sie das Gartenland wirklich zurückerobert haben! Dies kann mitunter ein weiter Weg sein: Sämtliche Wucherpflanzen sind derart erfolgreiche Kolonialisten, weil sie perfekt auf die vorherrschenden Verhältnisse eingestellt sind. Das Franzosenkraut etwa weist bereits während der Blühzeit keimfähige Samen auf, Disteln bohren ihre Wurzeln knapp 3 m tief in das Erdreich, das sie dort unten erobern, während ihre oberirdischen Pflanzenteile damit beginnen, durch Samenbildung noch mehr Disteln zu erzeugen. Andere wuchernde Unkräuter, wie Giersch und Roter Heinrich, besitzen einen Wurzelstock, bei dem jedes Wurzelstück in der Lage ist, eine neue Pflanze zu gründen. Glauben Sie mir, es ist schier unmöglich, sämtliche Wurzelstücke im Verlauf einer Saison aufzusammeln.

Ausgelaugte Böden verbessern

Einen ersten Hinweis auf einen ausgelaugten Boden liefern die zahlreichen bekannten **Zeigerpflanzen**, anhand derer die Bodenverhältnisse grob abgelesen werden können. Auf nasse, leicht saure Böden weisen beispielsweise die Birke und der Beinwell hin. **Nährstoffreiche Böden** mit einem **guten Feuchthaltevermögen** werden gern von **Brombeeren**, **Löwenzahn** und **Gänseblümchen** bewachsen. Zeigerpflanzen, die auf einen **trockenen, kargen Boden** schließen lassen, sind unter anderem **Schafgarbe**, **Steinklee**, **Johanniskraut**, **Frauenmantel** und unveredelte **Himbeeren**.

Ist der Gartenboden ausgelaugt, so sollte eine **Bodenanalyse** erstellt und im Anschluss daran sollten die fehlenden Nährstoffe entsprechend den Düngeempfehlungen nach der Analyse dem Boden zugeführt werden. Wichtig ist, dass Sie in diesem Fall bedenken, dass sich möglicherweise nicht nur die Zusammensetzung der Mineralbestandteile im Boden im Ungleichgewicht ausdrückt, sondern dass in solch einem Gartenboden auch ein gestörtes Mikroorganismenklima vorherrschen kann, das sehr sensibel auf etwaige horrende Nährstoffgaben reagieren kann.

TIPP! Meine Empfehlung

Betrachten Sie einen ausgelaugten Boden wie einen kranken, jedoch jetzt auf dem Weg der Besserung befindlichen Patienten, den Sie pflegen. Gönnen Sie dem Boden Zeit zur Rekonvaleszenz und ernähren und pflegen Sie ihn behutsam und mit der nötigen Geduld.

Gründüngung im Schnee

Pflanzen entziehen dem Boden beachtliche – aber je nach Pflanze unterschiedliche – Mengen an

- Phosphor,
- Kali,
- Stickstoff und
- sonstigen Nährstoffen sowie Kalk.

Allerdings sind bestimmte Pflanzen(teile) auch vorteilhaft für die Nährstoffversorgung anderer Pflanzen. Phosphorverbindungen finden sich vor allem in den Samen und Früchten vieler Pflanzen. Im Gemeinen Greiskraut (*Senecio vulgaris*, ein erbittert bekämpftes Gartenunkraut) zum Beispiel verbirgt sich eine hohe Phosphorkonzentration, so dass sein Auftreten eigentlich einen Segen für die Gartengesundheit darstellt.

Stickstoff aus Stallmist bzw. schwefelsaurer Ammoniak kann von den Pflanzen nicht aufgenommen werden. Hierzu bedarf es einer Umwandlung bzw. Aufbereitung durch gewisse Bodenbakterien. Andere Bodenbakterien (z. B. Knöllchenbakterien an den Wurzeln von Leguminosen) können den Luftstickstoff direkt für die Pflanzen verfügbar machen.

Kali besitzt wichtige Funktionen im Stoffwechsel einer Pflanze und findet sich in guter Konzentration in der Asche von Schafgarben (Wilhelm Pelikan beziffert den Wert mit 48 %). Sie sehen also, manche Pflanzen können einander durchaus mit Nährstoffen ergänzen.

TIPP! Bananenschalen im Kompost

Bananenschalen sind wertvolle Mineralienträger und sollten unbedingt dem Kompost zugefügt werden! Sie zersetzen sich relativ schnell und führen dem Gartenboden wertvolle mineralische Komponenten zu. Kompostierte Bananenschalen ergeben einen guten Dünger.

Gut durchgearbeiteter Kompost ist jedoch die beste Nahrungsquelle, die Sie Ihren Pflanzen bieten können! Die Düngung mit Kompost trägt auch zum Humusaufbau des Bodens bei und wirkt sich dadurch positiv auf das Mikroklima im Erdboden aus.

Kompostieren: Anlage des Komposthaufens

Die einfachste Variante besteht darin, sämtliche Pflanzen, aber auch Küchenabfälle (beachten Sie die Empfehlung im Kapitel „Bodentiere“ zur Regenwurmzucht, S. 21) auf einen Haufen zu schichten und darauf zu warten, dass die Bestandteile allmählich verrotten. Je nach Masse, Struktur und Klima vergehen Monate, bis die Pflanzenreste zu wertvollem Kompost verrottet sind. So viel Zeit hat man natürlich nicht immer, wenn man einen Nutzgarten bewirtschaftet!

TIPP! Stets feucht halten

Ein Kompost sollte feucht gehalten werden! Die Feuchtigkeit beschleunigt die Verrottung. Deswegen ist es auch sinnvoll, den Kompost in Trockenzeiten mit Wasser zu versorgen.

Zur Beschleunigung der Verrottung muss der Kompost angeregt werden, damit in kürzeren Zeitabständen qualitativ hochwertiger „Dünger“ zur Verfügung steht. Dazu sollte man den Kompost zwei- bis dreimal umsetzen, das heißt, mit der Schaufel den Kompost umgraben, durchmischen und den Komposthaufen neu aufsetzen, um die Verrottung zu beschleunigen. Durch die Sauerstoffzufuhr beim Umsetzen können die Mikroorganismen im Inneren des Komposthaufens die Verrottung optimal durchführen. Falls Sie ausreichend Platz haben, wenden Sie Ihren Komposthaufen einfach um, indem das Obere auf den Boden und fortwährend alles Weitere darüber gegeben wird.

Der fertige Humus auf der Sohle des Komposts kann in den Garten verbracht werden. Sie können durchaus diesen Kompost mit abgestandenem Wasser verrühren und starkzehrende Pflanzen – zu denen übrigens auch die Sonnenblumen zählen – damit gießen. Die leichteren Bestandteile reichern das Gießwasser mit Nährstoffen an, die groben Bestandteile setzen sich bei einer derartigen Anwendung auf dem Boden des Gießgefäßes ab und können zurück auf den Kompost befördert werden.

TIPP! Gießwasser mit Kompost

Gießwasser kann – mit Kompost versetzt – den Zauberstab im Garten ersetzen.

HINWEIS! Kompost riecht nicht

Wird ein Komposthaufen richtig angelegt, geht keine Geruchsbelästigung von ihm aus!

Die „Zutaten“ für einen nahrhaften Kompost erstrecken sich jedoch nicht nur auf Pflanzenabfälle und Grünschnitt, es können auch Küchenabfälle zum Kompost gegeben werden, um ihn hinsichtlich seiner Nährstoffe zu einem vollwertigen Pflanzendünger zu machen. Welche Küchenabfälle auf

Gleichmäßig ausgebrachter Biokompost. Nicht jedes Gemüse verträgt frisch gedüngten Boden!

Der Kompost benötigt keine aufwendige Konstruktion.

Einschiebebretter erleichtern die Entnahme des Komposts.

Ihren Kompost dürfen, entscheidet auch Ihre Gartenlage, also das Umfeld Ihres Gartens, denn besonders Speiseabfälle, die beim Verarbeiten in der Küche anfallen, ziehen magisch Schädlinge an. Auch das Bedecken der Abfälle mit Grünschnitt oder Kompost hält sie nicht ab. Neben Ratten und Mäusen können Füchse und andere Wildtiere angelockt werden.

WAS GEHÖRT ALLES AUF DEN KOMPOST?

- Sämtliche Gartenabfälle (jedoch keine ansteckenden kranken Pflanzen (beispielsweise Kohlhernie)
  - Grünteile (Grünschnitt sowie zerkleinertes Holz von Baum- und Strauchschnitt)
  - Obst
  - Getreide, Hülsenfrüchte
  - Asche (vom Grill, Kartoffelkraut, Holz)
- Küchenabfälle
  - Sämtliche Abfälle, die beim Gemüseputzen anfallen
  - Eierschalen
  - Kaffeepulver
  - Zwiebelschalen
  - Fette, Öle
  - Verdorbene Milch
  - Knochen (besonders Geflügelknochen sind relativ einfach zu zerkleinern – die Zersetzungszeit dauert allerdings sehr lange)
- Abfälle aus der Kleintierhaltung/Haustierhaltung
  - Katzentoilette (sofern eine biologisch abbaubare Katzenstreu verwendet wurde)
  - Meerschweinchen- oder Zwerghasenstreu
  - Mist aus der Haustierhaltung

Da Orte, die nicht durch Bodenbearbeitungsmaßnahmen regelmäßig gestört werden, gern von Ratten und Mäusen in Beschlag genommen werden, sollte der Komposthaufen nicht zu groß und nicht zu langfristig angelegt werden, damit ihm in wechselndem Turnus ein anderer Ort im Garten zugewiesen werden kann und sich darunter demzufolge keine Nagerkolonie ansiedeln kann.

TIPP! Hühner als Haustiere

Wer kann, sollte die Küchenabfälle – sofern der Großteil aus Gemüseresten und nicht aus verzehrten Speiseresten besteht – an Hühner verfüttern. Überlegen Sie, ob Sie vielleicht die Möglichkeit haben, sich ein paar Hühner anzuschaffen! Übrigens: Nur der Hahn kräht am frühen Morgen lauthals!

Alternative zum Komposthaufen

Im Handel gibt es eine Auswahl an geschlossenen Holz- und Kunststoffkompostern. Werden diese richtig platziert (eher schattig, damit der Inhalt nicht austrocknet), erzeugen sie in wenigen Wochen (durch den beschleunigten Rottevorgang im Inneren) verwertbaren Kompost. Man gibt dazu oben frisches Pflanzenmaterial oder Küchenabfälle hinein und unten kann man nach einiger Zeit den verrotteten Kompost entnehmen. Da der Komposter eigentlich immer verschlossen ist, können auch keine Mäuse oder Ratten an den Kompost heran.

Ein weiterer Vorteil der Kompostierung besteht in der Wärmeentwicklung, welche durch die Umsetzung des Pflanzenmaterials durch Mikroorganismen (Rotte) entsteht. Durch diese Wärmeentwicklung werden Pflanzensamen (z. B. von Unkräutern) abgetötet und somit keimunfähig gemacht und auch Krankheitserreger und Schadorganismen werden unschädlich gemacht.

TIPP! Platzwahl

Der optimal gewählte Platz für den Komposthaufen, aber auch für den Komposter befindet sich im Schattenbereich z. B. eines Baumes.

ALTERNATIVEN ZUM FLACHBEET

Neben der Kultivierung Ihres Gemüses im gewöhnlichen Flachbeet im Garten stehen Ihnen auch andere Möglichkeiten offen, beispielsweise das Hügel- oder das Hochbeet, aber auch ein Gewächshaus.

Die Anlage eines Hügelbeets

Was ist ein Hügelbeet genau und welche Vorteile bietet es während der kalten Jahreszeit? Um Ihnen diese Frage zu beantworten, muss ich ein wenig ausholen und Ihnen kurz eine Geschichte erzählen:

Damit ich meine vielen treuen Leser etwas besser in ihren Sorgen und Nöten verstehen kann, habe ich mir zu meinem großen Wirtschaftsgarten einen kleinen Schrebergarten am Rand einer Großstadt gekauft. Der besagte Schrebergarten war vom Voreigentümer aus zeitlichen Gründen etwa drei Jahre lang nicht mehr bewirtschaftet worden – was mir für meine Zwecke optimal erschien, da ich einen ausgeruhten Erdboden vorzufinden hoffte –, jedoch hatten die Hecken, Sträucher und Bäume ein Maß erreicht, dass sie bereits die Nachbarn belästigten. Also wurden die stattlichen Gewächse auf ein moderates Maß zurückgeschnitten. Dabei fiel eine Menge Grünschnitt an, den ich nicht schreddern und im Garten verteilen wollte, da die Beete bald zur Aussaat vorbereitet werden mussten und ich auch kein Freund von derartigen Praktiken bin: Zu viel Holzabfälle auf den

Verrottende Pflanzen neben Kulturgemüsen stellen eine Form von Schädlingsbekämpfung dar – Nacktschnecken verzehren das angewelkte Grün.

Boden ausgebracht verändern den pH-Wert in das saure Milieu, außerdem verändern sie das Bodenklima.

Ich habe also eine 1 m tiefe und 2 m lange Grube ausgehoben, deren Sohle etwa 1,5 m breit war. Dort hinein gelangte der gesamte, grob zerkleinerte Schnittabfall, den ich sehr fest getreten, mit einer Schicht Pferdemist und abschließend mit dem Erdaushub bedeckt habe. Ein Hügelbeet war auf diese Weise entstanden!

Ich bepflanzte es mit den üblichen saisonalen Gemüsen, die sich gut entwickelten. Die verrottenden Grünteile erzeugten einige Wochen nach der Anlage des Hügelbeets auf natürliche Weise Wärme. Ich bemerkte, dass nach einem Regen vom Hügelbeet vermehrt Wasserdampf aufstieg und beschloss, es in meine Wintergartenanlage zu integrieren. Ein voller Erfolg! Der Schnee auf dem Hügelbeet schmolz, während er andernorts im Garten noch liegen blieb.

Die Kohlpflanzen gediehen, obwohl es im Garten bereits recht ungemütlich geworden war. Ich steckte Reisig um jeden Kohl, schichtete etwas Stroh an den Ruten auf und beließ den Wirsing bis –10 °C im Garten. Dann war das Beet abgeerntet, der Kohl verzehrt.

Ich wagte einen weiteren Versuch und säte auf diesem Hügelbeet bereits im Februar Endivien, Kopfsalat 'Maikönig', Weiße Rüben und Spinat; jedoch bedeckte ich die Saat bis zum Aufgehen mit schwarzer Folie, die ich bei einem Landwirt bekommen hatte. Bereits im März gediehen auf dem Beet, das sich hervorragend bearbeiten ließ, Kopfsalat und Spinat, Endivien und zarte Weiße Rübchen.

TIPP! Kosten sparen

Ein großer Vorteil sind die geringen Kosten, die bei der Anlage eines Hügelbeetes anfallen!

Falls Sie Lust verspüren und ebenfalls ein Hügelbeet anlegen wollen, denken Sie bitte daran, dass starke Regenfälle die feinkrümelige Erde herunterspülen können, solange die Gemüse nicht mit ihren Blättern ein Dach darüber bilden.

Die Arbeitsgänge im Überblick

- Heben Sie eine Grube entsprechender Tiefe und entsprechenden Ausmaßes aus.
- Geben Sie Heckenschnitt und Grünteile hinein (auch der Rasenschnitt eignet sich).
- Nötigenfalls können Sie die Grube mit Pferdemist auffüllen (Fruchtgemüse und Kohlgemüse reagieren auf eine solche Gabe mit besonderer Frohwüchsigkeit).

- Treten Sie alles gut fest.
- Schichten Sie den Erdaushub gleichmäßig darüber und häufeln Sie noch etwas Erde auf.
- Lassen Sie das Ganze sich einige Tage setzen.
- Bepflanzen Sie Ihr Hügelbeet nach Belieben und erfreuen Sie sich an der reichhaltigen Wintergemüseernte.

Das Hochbeet

Ein Hochbeet zu besitzen ist eine feine Sache: Die Beikrautregulierung ist ein Kinderspiel, Schädlinge wie Nacktschnecken oder Kaninchen und andere Nager sind weitestgehend und einfach fernzuhalten und auch die Begutachtung der Gemüsekulturen auf Krankheiten oder Schädlingsbefall gestaltet sich relativ einfach. Hochbeete eignen sich ausgesprochen gut zum Bepflanzen mit wenig anspruchsvollen Gemüsen: Mangold, Rüben, Kohlrabi, Salaten, Fruchtgemüsen und natürlich auch Kürbissen.

Ein Nachteil ist der Arbeitsaufwand im Sommer – die Gemüse in den Hochbeeten sollten regelmäßig gegossen werden – und mitunter ist der Anschaffungspreis beachtlich, außerdem sollte man über ausreichend Kenntnisse in der Mischkultur verfügen, da die Gemüse in der Regel auf engstem Raum gedeihen (müssen). Das Wissen um die Pflanzenverträglichkeiten (Mischkultur) ist im Nutzgarten aber generell von elementarer Bedeutung! Als nachteilig erweisen sich weiterhin beim Hochbeet die Schattenwürfe der begrenzenden Wände, die sich, im Falle einer deutlich zu geringen Befüllung mit Erde, erheblich ausweiten können. Zudem verhindern massive Konstruktionen die Luftzirkulation, so dass der Boden an den Hochbeetwänden entlang schlecht austrocknet.

Das Hochbeet kann im Winter zum Lagern von Gemüsen genutzt werden. Allerdings darf es nicht abgedeckt, sondern soll durch Aufbringung weiterer kälteabweisender Materialien frostsicher gemacht werden.

Kreativität vorausgesetzt, können die Kosten für die Anschaffung eines Hochbeets reduziert werden. Wer jedoch improvisiert und vielleicht einfach eine Folie in einem Container verwendet, sollte bedenken, dass ein massives, oft auch ziemlich dekoratives Hochbeet (eine Beton- oder Holzkonstruktion) eine weitaus längere Haltbarkeitsdauer aufweist und in der Bearbeitung der Gemüsekultur ebenfalls vorteilhafter ist, da beispielsweise ein versehentliches Abgleiten während notwendiger Bodenpflegemaßnahmen mit einer scharfen Hacke in diesem Fall keine mehr oder minder irreparablen Defekte verursachen würde.

TIPP! Richtig befüllen

Befüllen Sie das Hochbeet analog einem Hügelbeet so, dass in der Mitte eine Art kleiner Hügel etwas über die Beetkastenwände hinausragt.

Auf diese Weise können Licht und Luft ungehindert wirken.

Ich möchte an dieser Stelle einmal an die Bauern-, Apotheker- und Klostergärten erinnern, in denen Buchsbaumhecken als Beeteinfassung dominierten. Während in den herrschaftlichen Gärten der Buchsbaum aus optischen Gründen gepflanzt wurde, gedieh er im Bauern-, Apotheker- und Klostergarten, weil er Schädlinge fernhielt. Anders als bei anderen immergrünen Pflanzen halten sich Nacktschnecken nicht im feuchten Schatten dieser Pflanzen auf und auch Wühlmäuse und Ratten errichten ihre Heimstadt lieber woanders als unter diesem nützlichen Gewächs.

VORSICHT! Buchs ist giftig

Buchsbaum ist eine Giftpflanze! In allen Pflanzenteilen kommt das Alkaloid „Cyclobuxin D" vor, das Übelkeit, Erbrechen und Krämpfe auszulösen vermag, die tödlich enden können.

Das Frühbeet/Mistbeet

Obwohl im Garten die Bäume kahl sind und die Blumen noch tief in der Erde schlafen, eine ungemütliche Temperatur Schnee anstelle von Regen fallen lässt, kann das erste zeitige Gemüse bereits ausgesät werden, wenn ein Frühbeet angelegt worden ist. Ein Früh- oder Mistbeet ist dem Kalten Kasten ziemlich ähnlich. Es besteht aus einem Bretterkasten (die Bretter sollten 5 cm dick sein), passenden Fenstern und einer beträchtlichen Menge Mist bzw. Stalldung. Die Bretter sollten nicht imprägniert worden sein.

WICHTIG! Der richtige Mist

Nicht jeder Stallmist eignet sich; was am unterschiedlichen Feuchtigkeitsgehalt liegt! Pferdemist ist sehr gut geeignet.

Pferdemist erzeugt schnell Wärme und ist die beste Wahl! Unter optimalen Mistbeetbedingungen erwärmt sich der Pferdemist auf etwa 67 °C! Außerdem kann das Herbstlaub zugefügt und mitverwendet werden (durch das Herbstlaub allein ist es nicht möglich, diese Temperatur zu erreichen!). In jeder Stadt, und auf dem Land sowieso, gibt es Reitställe. Dort erkundigen Sie sich am besten und besorgen den nötigen Pferdemist, der aus einem Stroh-Pferdekot-Gemisch besteht. Je nach Größe des Frühbeets und nach klimatischen Bedingungen benötigen Sie einige Schubkarren voll.

Der beste Zeitpunkt zum Anlegen eines Frühbeets ist eine Schönwetterperiode im Dezember oder Januar (bis dahin sollte der Pferdemist bevorratet worden sein). Pferdemist, der über einen längeren Zeitraum gelagert worden ist, kann für ein Frühbeet untauglich geworden sein, da die Verrottung schon so weit fortgeschritten sein kann, dass er keine Wärme mehr erzeugt. Die Verwendung frischen Pferdemists (zwei Wochen Lagerzeitraum) ist optimal! Sobald das Frühbeet im Januar fertiggestellt wurde, kann bereits das erste Gemüse eingesät werden!

HINWEIS! Erfahrungen sammeln

Die Frühbeetkultur bedarf einiges an Erfahrung!

Die Vorbereitung der Anlage

Ein vollsonniger, windgeschützter Platz ist zu wählen; Schattenwürfe von Gebäuden oder immergrünen Gewächsen auf das Frühbeet sind zu vermeiden. Starker Wind stört die Anlage, darum empfiehlt es sich, Windschutz durch das Aufstellen von niedrigen Sichtschutzzäunen oder Strohmatten etc. zu gewährleisten. Bei der Wahl des Standortes sollte auch an die Wasserver-

Mist- oder Frühbeet

hältnisse im Garten gedacht werden: Ein feuchter Standort ist zu vermeiden.

Die Arbeitsgänge

(meine erprobte Methode)

- Heben Sie eine Grube zwei Spatenstiche tief aus, die etwa auf jeder Seite 30 cm größer als der Mistbeetkasten ist (die Erde zur Seite legen).
- Lockern Sie die Sohle der Grube (umgraben).
- Füllen Sie die Grube mit Pferdemist.
- Treten Sie ihn ordentlich fest.
- Geben Sie eine zweite Lage Pferdemist darauf und treten Sie ihn erneut fest – die Grube sollte nun gefüllt sein.
- Der Kasten wird nicht waagerecht auf den Mist, sondern mit einem leichten Gefälle in Richtung Südost (optimale Sonneneinstrahlung) aufgestellt.
- Packen Sie nun frischen Pferdemist in den Kasten.
- Treten Sie auch diesen Mist wieder sehr fest.
- Eventuell sollten Sie diesen Vorgang wiederholen.
- Schichten Sie Pferdemist von außen um die Bretter des Kastens, eventuell zusätzlich Erde anwerfen.
- Decken Sie das Mistbeet mit passenden Fenstern ab, eventuell Decken überlegen.
- Sobald der Mist dampft, wird feinkrümelige Gartenerde auf dem Pferdemist verteilt.
- Befeuchten Sie die Erde eventuell leicht.
- Legen Sie die Fenster auf, achten Sie dabei jedoch darauf, dass sie erstens dicht abschließen (nötigenfalls mit Silikon, Wollresten oder Ähnlichem abdichten) und zweitens, dass der Niederschlag abfließen kann.

Querschnitt Kalter Kasten, bepflanzt mit Zichorien. Durch Abdecken/Lichtentzug wird das Gemüse goldgelb und besonders zart.

Wenn die Anlage fertig vorbereitet wurde, kann nach zwei bis vier Tagen, mit der Hand die Temperatur des Mistbeetbodens prüfend, mit der Einsaat begonnen werden. Die Saaterde sollte mindestens 25 cm hoch über dem Mist sein.

Die Mistbeeterde

Mistbeeterde sollte nicht zu schwer sein und für die keimenden Pflanzen ein optimales Nährstoffangebot bereithalten. Eine feinkrümelige, sandige und humose Gartenerde ist optimal geeignet. Falls Sie einen lehmigen, tonigen Gartenboden bewirtschaften, mischen Sie etwas Sand in den schweren Boden. Außerdem sollte er mit frischem, gut verrottetem Humus angereichert sein.

TIPP! Meine Empfehlung

Bevorraten Sie etwas Pferdemist oder Laub: Falls die Temperaturen beträchtlich zu sinken beginnen, können Sie mit diesem Vorrat den Kasten dicker einpacken. Öffnen Sie an kalten Tagen auch nicht die Abdeckfenster. Damit die Wärme nicht aus dem Kasten durch die Fenster entweichen kann, können zusätzlich Decken, Strohmatten oder Stroh aufgelegt werden (bei Gefahr starker Nachtfröste etwa). Sobald jedoch die Sonne hervorkommt, sollte die Schutzauflage kurzzeitig entfernt werden.

Das Gewächshaus

Ein Gewächshaus zu besitzen ist der Traum vieler Gärtner. Gewächshausgurken und Paprikararitäten können darin gedeihen, Jungpflanzen vorgezogen werden (wodurch die Fensterbank nicht beansprucht werden muss), die Früchte wärmeliebender Pflanzen, wie etwa die der Melonenbirne (Pepino) oder süßsaftige Melonen, reifen ebenfalls unter den wärmenden Temperaturen. Allerdings filtert das Material, aus dem die lichtdurchlässigen Teile bestehen, in gewisser Weise das Sonnenlicht und auch Wind und Wetter üben keinen bis minimalen Einfluss auf die Gewächshauskulturen aus.

Ich habe festgestellt, dass in Konsequenz daraus Einbußen im Geschmack resultieren können.

Außerdem verlangt eine Gemüsekultur im Gewächshaus ein gewisses Maß an Können und Fingerspitzengefühl – der Zeitaufwand ist höher im Vergleich zu einer Gemüsekultur unter freiem Himmel (auch für diese Kulturform gibt es übrigens hervorragend mundende Salatgurkensorten!).

Das Betreiben eines Gewächshauses während der kalten Jahreszeit verursacht höhere Kosten und ist auch sehr zeitintensiv.

Im Winter kann ein Gewächshaus hervorragende Dienste bei der Kultur von Wintergemüse leisten – Spinat etwa kann besonders gut im kalten Gewächshaus kultiviert werden, auch Winterblumenkohl kann darin gedeihen. Die Gefahr von Fraß durch wildlebende Vögel besteht nicht. Allerdings sollten vor einer Inbetriebnahme die Lichtverhältnisse eingehend geprüft werden, da sich im Gewächshaus die Lichtverhältnisse aufgrund der „Verglasung“ zusätzlich zu den herrschenden, ungünstigen Winterlichtverhältnissen verschlechtern können.

Besteht die Möglichkeit einer Beheizung, können empfindlichere Gemüse (Rüben, Kohlrabi, Rettich oder Mangold) auch während der kalten Tage kultiviert werden, insofern mit geringer Wolken- und Nebelbildung gerechnet werden kann und das Gewächshaus einen vollsonnigen Platz im Garten zugewiesen bekommen hat.

TIPP! Türen nicht offen lassen

Denken Sie auch daran, dass aus dem Gewächshaus, wann immer Sie die Tür öffnen, Wärme entweicht!

Winterwetter vorhersagen
Für den Betreiber eines Nutzgartens kann es sehr nützlich sein, vorausschauend zu wissen, wie sich die Wetterverhältnisse innerhalb eines Gartenjahres gestalten werden. Wird das Frühjahr nass werden, der Sommer trocken? Oder ist mit einem frühen Wintereinbruch zu rechnen? Auf Basis eines solchen Wissens könnte die Anbauplanung ein Stück weit nach dem zu erwartenden Wetter ausgerichtet werden.

Aus diesem Grund wurden über Jahrhunderte hinweg die Natur und die Tierwelt beobachtet, „Lostage“ wurden bestimmt, die das Wetter an einem bestimmten Tag vorhersagen sollten; natürlich treffen sämtliche dieser Prognosen nie einhundertprozentig ein, dennoch kann die Beschäftigung damit und die genaue eigene Beobachtung der Natur und der Klimaentwicklung hilfreich dabei sein abzuschätzen, wie das Wetter zu bestimmten Zeiten sein könnte.

Wer mag, kann auf zahlreiche Mondkalender mit diversen Hinweisen zu optimalen Aussaat- oder Erntetagen zurückgreifen. Viele dieser Kalender geben auch Hinweise, zu welchen Tagen man z. B. Unkraut jäten soll bzw. wann man am besten gießt, um die Pflanzen gesund und somit gute Erträge zu erhalten. Manche schwören auch auf den „Bauernkalender“ und die darin angeführten Wettervorhersagen, die ja auf jahrzehntelangen Beobachtungen beruhen. Allerdings ist zu sagen, dass sich das Klima über Jahrhunderte verändert hat und in den letzten Jahrzehnten noch schneller ändert und diese Vorhersagen deshalb nur minimal zutreffen. Aus wissenschaftlicher Sicht lässt sich das Wetter für maximal eine Woche wirklich vorhersagen.

DER ARBEITSPLAN FÜR DIE WINTERGEMÜSEKULTUR

Die Arbeit für den Herbstanbau beginnt im Frühjahr: Wie bereits eingangs erwähnt, sollte bereits im Frühjahr mit Blick auf den Winter mit der Planung der Anlage der Beete begonnen werden. Wenn Sie diese Empfehlung beherzigt haben, werden Sie nun bemerken, dass die Bewirtschaftung Ihres Nutzgartens nahtlos verläuft und es im Grunde auch nur dann eine Verschnaufpause gibt, wenn das Wetter diese erforderlich macht.

Der Herbstarbeitsplan richtet sich natürlich nach Ihren Vorstellungen und nach den Gemüsen, die Sie bisher im Frühling bereits auf den Beeten angebaut haben! Falls Sie noch nicht die nötige Routine in der Bewirtschaftung Ihres Nutzgartens erworben haben, könnten sich die Antworten auf folgende **Fragen bei der Wintergemüseplanung** als hilfreich erweisen:

- Welche Voraussetzungen erfüllt Ihr Garten bezüglich der klimatischen Besonderheiten Ihrer Region für eine weitere Wintergemüsekultur auf den Beeten?
- Haben Sie konserviert? (Vergessen Sie bitte dabei das Trocknen von Obst nicht!)
- Was wollen Sie den Winter über ernten?
- Werden Sie ein Mistbeet anlegen?
- Möchten Sie auch im zeitigen Frühjahr Gemüse auf den Beeten pflegen, damit frühestmögliche Ernten die Selbstversorgung ganzjährig gewährleisten?

Je nachdem, wie Ihre Antworten ausgefallen sind, sollten die Arbeiten ausgerichtet und die nötigen Vorbereitungen getroffen werden. Bedenken Sie auch, falls Sie die Möglichkeit zum Sammeln haben, dass bereits ab März reichlich Wildpflanzen den Speisezettel bereichern können! Natürlich können Sie in Ihrem Garten auch ein „Wildpflanzenbeet" einrichten! Frische Brennnesseln, appetitlich zubereitet, sind eine Delikatesse!

TIPP! Geschmack berücksichtigen

Säen Sie keinen Kohl, wenn Sie ohnehin keinen Kohl verzehren wollen!

Vorarbeiten im Juli

Grundsätzlich wird spätestens im Juli mit dem Abernten der Beete begonnen, die für eine weitere Aussaat, welche dann im Winter geerntet werden kann, vorgesehen sind. Die Fläche, auf der die Frühkartoffeln und die Buschbohnen oder der Sommerporree standen, können nun geräumt und für eine erneute Aussaat vorbereitet werden.

Die **Vorbereitungen** bestehen aus:

- Kompost ausbringen
- Umgraben
- Auflockern
- Feinkrümelig machen

Jetzt ist die richtige Zeit, um die Säzwiebeln an Ort und Stelle zu säen. Haben Sie ein Erdbeerbeet, sollte es jetzt zum Umpflanzen der Erdbeerpflanzen vorbereitet werden.

Auf den abgeernteten Flächen können auch nochmals schnellwüchsige Gemüse gedeihen. Achten Sie auf die Fruchtfolge (siehe auch ab S. 49).

Aus meiner Gartenpraxiserfahrung heraus empfehle ich, bei der Juliaussaat einen deutlich weiteren Pflanzabstand (als auf den Samentüten vermerkt) und eine dünnere Aussaat zu wählen, da Sie Ende August bzw. Anfang September die Abstände zwischen den Reihen bzw. den Pflanzen der im Juli ausgesäten Gemüse zur Aussaat des Wintergemüses wunderbar nutzen können. Diese Methode hat den Vorteil, dass das Beet (durch die Beschattung der mittlerweile gut entwickelten Gemüsepflanzen) nicht so schnell austrocknet, die keimblättrigen Jungpflanzen nicht die volle Dosis Sonnenlicht abbekommen und auch Schädlinge (vor allem Vögel) die zarten, aufgehenden Pflänzchen zwischen den bereits größeren Pflanzen nicht so schnell erspähen.

Für die **Juliaussaat** verwende ich sehr gerne folgende Gemüse:

- Salate
- Herbstrüben
- Spinat
- Buschbohnen oder Stangenbohnen
- Rettiche
- Mangold
- Karotten ('Pariser Markt')
- Rote Bete
- Kohlrabi
- Melde

Der Juli ist aber auch der Monat, in welchem die Pflanzen ausgesät werden, die als gut entwickelte Jungpflanzen im September auf die vorbereiteten Winterbeete umgepflanzt werden. Als Juliaussaat für das Wintergemüsepflanzmaterial eignen sich ideal:

- Winterkohlarten
- Zwiebeln
- Knollenfenchel
- Endivien
- Salate

Erprobt: Mit einer handelsüblichen Hacke können Stecklinge samt Wurzelballen zum Umpflanzen gewonnen werden, ohne dass man hierfür die Beetfläche betreten muss.

TIPP! Für das gute Gelingen

- Denken Sie bei der Juligemüsekultur daran, dass trockenes Sommerwetter den Boden austrocknet und das Keimen der Samen erheblich verzögern kann! Gießen Sie, wenn der Boden auszutrocknen droht, reichlich abgestandenes Wasser in den Abendstunden auf die frische Saat.
- Die freigeräumten Flächen müssen vor einer weiteren Nutzung gut durchgearbeitet werden. Eventuell sind sie mit gutem Kompost zu versehen.
- Denken Sie bitte beim Entfernen der Buschbohnenpflanzen an die Knöllchenbakterien, die sich an den Wurzeln gebildet haben. Diese Knöllchenbakterien sammeln Luftstickstoff. Deswegen ist es sinnvoll, die Wurzeln der Leguminosen (Hülsenfrüchte) weitestgehend im Boden zu belassen.
- Beim Säen richten Sie sich bitte nach den Empfehlungen der Mischkultur (Verträglichkeiten; siehe ab S. 49).
- Außerdem empfiehlt es sich, beim Stecken von Kohlpflanzen Rhabarberstückchen in den Boden unter die Kohlpflanzen zu bringen, was vor Kohlhernie schützen soll.

Wichtige Arbeiten im September

Der September oder je nach Region bereits der August ist für den Betreiber eines Wintergemüsesgartens besonders bedeutsam. Neben dem Abernten der eigentlichen Sommergemüse und dem Konservieren dieser müssen jetzt Überlegungen angestellt werden, wie und wo die Herbsternte untergebracht werden soll. Die Grube für die Anlage der Miete für das Lagergemüse muss ausgehoben werden (siehe auch S. 37), eine etwaige Kohlmiete wird vorbereitet (siehe S. 38), das erforderliche Stroh (für die Miete und als Abdeckung der Wintergemüse) muss besorgt werden. Falls ein Mistbeet angelegt werden soll (siehe auch S. 59), sollten Sie jetzt nach den entsprechenden Bauteilen Ausschau halten. Denken Sie auch jetzt schon an den Kalten Kasten und bereiten Sie ihn für die Aufnahme von Blumenkohl, Spinat oder Kohlrabi vor. Im Keller kann für die nicht frostharten Gemüse ein Erdkegel angelegt werden (siehe S. 40).

Überdenken Sie im September auch die Beete, auf denen die Gemüse ausgepflanzt bzw. eingesät werden sollen. Wintersalat, Feldsalat, Spinat, Winterkohlsorten, Winterzwiebeln und Möhren (wie gewohnt dicht beieinander) benötigen ein gut vorbereitetes Saatbeet und der Platz für die Stecklinge muss ebenfalls ausreichend vorbereitet worden sein. Wenn es noch nicht geschehen ist, werden Anfang September (oder schon im August) noch Palmkohl, Grünkohl, Knollenfenchel und Chinakohl dort ausgesät, wo sie dann auch überwintern werden. Buschbohnen können noch einmal – falls es das zu erwartende Wetter erlaubt – gelegt werden. Am besten keimt man die Bohnenkerne in etwas warmem Wasser vor. Der Herbst kann vor dem Winter noch für eine letzte Bodenbearbeitung genutzt werden. Werfen Sie auch noch einen Blick auf Ihre Frostschutzhilfsmittel, überprüfen Sie Abdeckungen und Reisig. Sie können, wenn Sie Zeit haben, auch noch etwas zur Schädlingsabwehr beitragen und beispielsweise Stangen für Greifvögel aufstellen oder kleingeschnittenes Pferdehaar rund um Spinatbeete verteilen etc.

TIPP! Kräuter einlagern

Nicht vergessen, falls Sie im Winter grüne, frische Kräuter zur Verfügung haben möchten: jetzt Wurzeln von Petersilie, Staudensellerie und Schnittlauch in Kästen und Töpfen einlagern.

Der frühe Herbst ist auch die Zeit, um Samen von samenfesten Sorten für das folgende Gartenjahr zu sammeln, zu reinigen und aufzubewahren.

Tipps für eine erfolgreiche Wintergemüsekultur

Die Wintergemüsekultur ist recht einfach (auch wenn Sie jetzt vielleicht wegen der zahlreichen Hinweise etwas anderes glauben). Sie beginnt mit der Planung der Aussaat im Frühjahr und endet im tiefen bzw. späten Winter mit der Ernte der letzten Septemberaussaat. Lassen Sie sich durch die vielen Hinweise und Tipps auf keinen Fall verwirren. Lediglich jene Tipps und Hinweise, die jene Gemüse betreffen, welche Sie anbauen möchten, sollten Sie vertiefen. Und falls Sie unsicher sind, verspreche ich Ihnen, dass dieser Winter nicht der letzte sein wird und Sie bestimmt im nächsten Jahr die Zeit und Muße finden werden, wieder alles auszuprobieren!

Bauen Sie nur an, was Sie wirklich mögen!
Bauen Sie jedoch von dem, was Sie mögen, reichlich an: Vieles kann durch Konservierung in herrliche Delikatessen verwandelt werden. Sogar die Topinambur, die sich geteilten Zuspruchs erfreut, avanciert, beispielsweise in einem Brot verbacken, zu einer ganz wunderbaren Zutat (schöne Rezepte finden Sie beispielsweise in meinem Buch „Alte Gemüse neu entdeckt – Schätze aus dem Bauerngarten", Leopold Stocker Verlag).

Falls Sie etwas Material für z. B. einen Kalten Kasten besorgen müssen, brauchen Sie sich vor den entstehenden Kosten nicht zu fürchten: Gebrauchte Fenster bekommen Sie in einer Tischlerei in Ihrer Nähe, Folienreste möglicherweise in landwirtschaftlichen Unternehmen, Stroh bekommen Sie ebenfalls bei einem Landwirt und Pferdemist ist auf einem der zahlreichen Pferdehaltungsbetriebe problemlos erhältlich. Fragen Sie einfach einmal in einem Reitstall in Ihrer Nähe nach.

Der Anbau der Wintergemüse ist nicht komplizierter als der Anbau der Sommergemüse! Wenn Sie bereits über ausreichende Erfahrungen im Nutzgarten verfügen, dann können Sie ohne zu zögern sämtliche im Buch vorgestellten Gemüse anbauen. Erproben Sie überdies einmal die Gemüsekultur im Kalten Kasten, im Mistbeet oder im Gewächshaus und auch in der späten Aussaat. Durch die späte Aussaat im Juli bis September schaffen Sie die Voraussetzungen für eine Ernte während der Wintermonate bzw. für frühe Ernten im März/April (Karotten, Treibmöhren, Kopfsalat).

TIPP! Gemüse bleichen

Ich empfehle Ihnen zusätzlich das Bleichen der unterschiedlichen Gemüse im Garten und im Keller! Nähere Informationen dazu finden Sie auf S. 84.

Welche Gemüse eignen sich?

Wintergemüse aus dem regulären Frühjahr-/Sommeranbau

Gemüse	Aussaatzeitpunkt	Ernte
Blumenkohl	Juni/Anfang Juli	Oktober–Dezember
Haferwurzel	März–April	Oktober–April
Grünkohl/Palmkohl	Mai–Juni	nach Frosteinwirkung
Kartoffel	Mai	September–Dezember
Knollenfenchel	Ende Juni–Anfang August	September–Dezember
Kohl	Mai	September–Dezember
Kohlrübe	Juni	September–Dezember
Kürbis	Mai	Oktober/November
Mangold	Mai/Juni/Juli	September–Frost
Möhre	März/April/Mai/Juni	August–Dezember
Pastinake	März–April	Oktober–April
Porree	April–Mai	Oktober–April
Rosenkohl	März–April	Oktober–März
Romanesco	Juni	Oktober–Dezember
Spargelsalat	Mai/Juni/Juli	September–Dezember
Spinat	Juni/Juli/August	Juni/Juli/August

Lagergemüse

Gemüse	Aussaatzeitpunkt	Ernte
Haferwurzel	März–April	Oktober–Anfang April
Kartoffel	Mai	September–Dezember
Knoblauch	April/September	September–Dezember
Kohl	Mai	September–Dezember
Kohlrübe	Juni	September–Dezember
Kürbis	Mai	Oktober/November
Möhre	März/April/Mai/Juni	August–Dezember
Pastinake	März–April	Oktober–Anfang April
Rote Bete	Juni–August	September–Dezember
Zwiebel	März/April/Mai	September–März

Falls Sie noch unentschlossen oder noch nicht routiniert genug mit den klimatischen Besonderheiten Ihrer Region vertraut sind, empfehle ich Ihnen den Einstieg in den Winternutzgarten mit den Gemüsen, die in der Tabelle auf der vorigen Seite aufgelistet sind. Von diesen können viele den Winter im Freiland verbringen. Zusätzlich rate ich Ihnen zum Anbau der „einfacheren" Herbstgemüse, wie Spinat, Treibmöhren, Endivien und andere Salate; weil das viel Freude bereitet und ein Gärtnerherz einfach höher schlagen lässt.

Falls Sie nun die Auffassung vertreten, dass die bitteren Endivien nicht so ganz Ihr „Ding" sind, warten Sie es erst einmal ab: Es gibt eine Möglichkeit, die Bitterstoffe weitestgehend zu entfernen: Einfach mit heißem Wasser übergießen und mit Orangen und süßsaftigen Äpfeln kombinieren – Sie werden sehen, so zubereitet munden Endivien selbst den Kindern!

Bezüglich der Sämereien empfehle ich Ihnen, einen Blick in den Anhang zu werfen: Dort finden Sie Empfehlungen zu Anbietern von Sämereien. Auch wenn die zahlreichen bunten Verpackungen in den Gartencentern vielversprechend sind, probieren Sie diese Samen und auch die Samen der im Buch erwähnten Anbieter aus und urteilen Sie dann. Ihr Erfolg wird meiner sein!

Schritt für Schritt durchs ganze Jahr

Falls Sie an dieser Stelle nun einen exakten Schritt-für-Schritt-Arbeitsplan vermissen, möchte ich Ihnen erklären, dass es mir nicht möglich ist, einen derartigen Arbeitsplan aufzustellen, weil jeder Garten ein grundverschiedenes Gemüsepflanzenspektrum aufweist, deren Erntefähigkeit von Region zu Region und vor dem Hintergrund klimatischer Besonderheiten schwankt. Außerdem kommen noch persönliche Vorlieben hinzu. Der **Arbeitsablauf in einem Nutzgarten während eines Jahres** sieht in etwa wie folgt aus (abhängig von Ihrer Bepflanzung und Ihrer Nutzung; für genauere Informationen lesen Sie bitte in den entsprechenden Kapiteln nach):

- **Januar:** Das Mistbeet, insofern Sie eines errichtet haben, ist einzusäen und es sollte für optimale Lichtverhältnisse gesorgt werden. Kontrollieren Sie außerdem den Winterschutz bei den Wintergemüsen und entfernen oder ernten Sie schadhafte Pflanzen.
- **Februar:** Je nach Klima wird ungefähr im Februar der Kalte Kasten für die erste Aussaat vorbereitet, ebenso wird das Gewächshaus hergerichtet. Sorgen Sie für optimale Lichtverhältnisse und kontrollieren Sie den Winterschutz bei den Wintergemüsen.
- **März:** Die ersten Samen werden in das vorbereitete Saatbeet gesät, Saatgut zur Anzucht von Pflanzmaterial für Sommergemüse wird in den Kalten Kasten oder im Gewächshaus gesät, Bleichsellerie wird in ein warmes Mistbeet gesät. Jetzt ist auch die Zeit, um Beerenobststräucher und Obstbäume zu schneiden, darunter sollten Sie umgraben bzw. den Boden auflockern (Faustregel: Der Durchmesser der Krone entspricht der Fläche, die um den Stamm herum umgegraben werden sollte) und sorgfältig düngen. Weiterhin sollten Sie Regentonnen reinigen und zum Sammeln von Regenwasser unter einer Dachrinne aufstellen, Reisig auf Güte prüfen, die Stangen für die Stangenbohnen prüfen, den restlichen Pferdedung bzw. das Laub auf den Kompost geben, eventuell ein größeres Fass zur Jauchebereitung besorgen, Saatkartoffeln aussortieren und bei warmer Wit-

terung zum Vorkeimen ins Freie bringen (Grünfärbung stört die Keimfähigkeit bei Saatkartoffeln nicht!), Vogelnistkästen anbringen, vorhandene reinigen, Insektenhotels bauen, Hecken, wenn im Herbst nicht geschehen, zurückschneiden.

- **April:** Auf den Freilandbeeten können Sie nun den Boden bearbeiten, die Pflege der Kulturen im Kalten Kasten oder Gewächshaus beachten, Gemüsesaaten in die vorbereiteten Freilandbeete einbringen, Frühkartoffeln legen und mit Folie bedecken, einen Teil des Erdbeerbeetes mit Folie bedecken (Frühkultur), Beerenobststräucher und Obstbäume eventuell noch schneiden und den Boden drumherum umgraben und ordentlich düngen, Blumenrabatte pflegen, Starkzehrer düngen, den Kompost umsetzen und unter dem Kompostplatz nach Ratten- und Mäuselöchern sehen, Stangen für Stangenbohnen und Reisig für Erbsen beschaffen, Erdbeeren düngen, den Keller aufräumen, die Erde des nicht mehr benötigten Erdhügels in den Garten verbringen, die restlichen darin befindlichen Gemüse im Garten, von Erde bedeckt, zwischenlagern und zeitnah verbrauchen. Die gebastelten Insektenhotels können Sie auch bereits aufstellen.
- **Mai:** Im Mai können Sie je nach Region folgende Arbeiten erledigen: Boden bearbeiten, weitere Frühjahrsaussaaten einsäen, Kartoffeln legen, Rosenkohl, Porree und sämtlichen Kohl, so noch nicht geschehen, säen. Nach den Eisheiligen (Mitte Mai) sollten Sie Bohnen und Gurken legen, Melonen und Fruchtgemüse auspflanzen, Bleichsellerie auspflanzen, die restlichen Gemüse aus der Miete spä-

Ständig erweiterte Mischkultur. Sobald Pflanzen vom Beet geerntet wurden, wird der entstandene Platz mit Kompost gedüngt und mit einer Pflanze aus der Anzucht ergänzt.

testens jetzt verwerten, den Mietenplatz umgraben und mit Starkzehrern bepflanzen, in der Blühphase die Beerenobststräucher regelmäßig mit nahrhaften Gießwässern versorgen und Artischocken anhäufeln. Auch die erste Jungpflanzenanzucht für das künftige Wintergemüse kann jetzt bereits ausgesät werden.

- **Juni:** Die ersten Ernten sind abgeschlossen, Folgeaussaaten werden ausgebracht. In dieser Jahreszeit können Sie Spätkartoffeln legen, Mais ausbringen, Kohlpflanzen und Fruchtgemüse regelmäßig mit nahrhaften Jauchen versorgen, Unkraut regulieren, Beerenobst ernten und verwerten. Falls Sie Samengewinnung im eigenen Garten betreiben, sind die oft lang aufschießenden Blütenstände gegen Umbruch zu sichern, Artischockenblüten sind auszusortieren und nötigenfalls sind einige zu entfernen.
- **Juli:** Das restliche Frühgemüse ist nun von den Beeten abzuernten, abgeerntete Beete sind für die Folgeaussaat vorzubereiten, die Folgeaussaat ist auszubringen: Erbsen und Möhren für die Herbsternte säen, frohwüchsige Gemüse erneut aussäen, Saat feucht halten und bevorzugt in den Abendstunden gießen, Winterkohl und Rosenkohl pflanzen, Apotheker-Rosenblüten – so vorhanden – jetzt für Konfitüren- oder Sirupbereitung ernten.
- **August:** Der letzte Monat für die Aussaat unterschiedlicher Sommergemüse, wie beispielsweise Endivien, Salat, Chinakohl, Rüben ..., ist gekommen. Sie können nun mit folgenden Arbeiten beginnen: Das Erdbeerbeet für die jungen Pflanzen vorbereiten und ordentlich düngen, Perlzwiebeln stecken, die Winterbeete vorbereiten, einen Platz für das Mistbeet wählen (auf diese Fläche werden jetzt nur noch frohwüchsige Gemüse gesät), Wintergemüse, Rotkohl, Wirsing oder eine frühe Sorte Weißkohl aussäen.
- **September:** Einige Beete sind abgeerntet, frohwüchsige Gemüsesorten können noch ausgebracht werden. Wintergemüse (Gemüse für die Winterernte) sollten Sie nun säen/pflanzen, die Schalen für das Bleichgemüse vorbereiten, sauberen scharfen Sand besorgen, einen Platz für die Miete auswählen, Gefäße für die Konservierung (z. B. Steinguttöpfe für das Sauerkraut, Gläser für das Einkochen) bereitstellen, Schwarzwurzeln und Petersilie an Ort und Stelle säen (der Arbeitsablauf im September wurde davor separat erläutert), Brombeeren und Himbeeren bearbeiten (auslichten, abgeerntete Triebe zurückschneiden, neue Pflanzen setzen), die Buschbohnen, die zum Auskernen angebaut worden sind, zum Trocknen an einen luftigen sonnigen Platz kopfüber aufhängen.
- **Oktober:** Freigewordene und nicht mehr benötigte Flächen werden gedüngt, umgegraben und nicht mehr eingeebnet. Auf diesen „rauen“ Flächen kann eine Gründüngung (Phacelia, Senf, Klee, Lupinen, Buchweizen) ausgebracht werden. Auch die Flächen um das Obst können mit Gründüngung eingesät werden. Die Herbsternte wird je nach Witterung eingebracht und im Keller und in Mieten vor Wetterwidrigkeiten geschützt.
- **November:** Nun können Sie noch die Miete schließen, Unkraut regulieren, Beerenobststräucher und Obstbäume schneiden, Stangenbohnen von den Stangen befreien, reinigen und trocken lagern, ein vielleicht verwendetes Tomatenhaus abbauen, Reisigruten bündeln, Bohnen- oder Sojabohnenhülsen öffnen und die ausgerebelten Bohnen trocken lagern.
- **Dezember:** Das Mistbeet vorbereiten.

Verschiedene Aussaatzeiten

Sie sehen, das Frühjahr ist nicht die einzige Zeit, in welcher Gemüse ausgesät wird. Im Grunde sät oder pflanzt man die ganze Vegetationsperiode (Frühjahr bis Herbst) hindurch, sprich: beinahe jedes bevorzugte Gemüse wird im Verlauf der Vegetationszeit bis zu dreimal ausgesät. Ausnahme hierbei sind die Gemüse, die sich langsam entwickeln. Problematisch sind die Aussaatzeiten für die Stecklinge: Diese sollten nicht zu groß zum Verpflanzen sein und auch nicht zu klein. Da diese Aussaatzeiten jedoch von Region zu Region unterschiedlich sind und zusätzlich von der Nährstoffversorgung des Gartenbodens abhängen, kann an dieser Stelle kein exakter oder verbindlicher Aussaatzeitpunkt genannt werden.

Ich möchte Ihnen Mut machen, alles Mögliche auszuprobieren! Das ist der beste Weg, herauszufinden, wo die eigenen Stärken liegen und welches Klima bei Ihnen wirklich vorherrscht und wann der optimale Zeitpunkt zum Säen und Pflanzen ist. Auch bei mir kommt es vor, dass Hagel Ernteschäden verursacht, ein Starkregen Beete „wegschwimmen" lässt, ein unerwartet auftretender Bodenfrost über die Kartoffeln geht. Das sind eben Ernteausfälle; nicht mehr und nicht weniger. Erfrorenes, schwarz gewordenes Kartoffelkraut ist beispielsweise kein Grund, das Beet aufzugeben: Die Kartoffeln schieben erneut!

Falls Sie im Garten einen Kreislauf schaffen – ich hoffe, das vorliegende Buch erweist sich dabei als hilfreich –, haben diese Widrigkeiten keinen Einfluss mehr auf Ihren Ernteerfolg! Einen Ernteerfolg werden Sie grundsätzlich verbuchen! Derartige Widrigkeiten beeinflussen lediglich Ihren Arbeitsablauf und im Einklang mit der Natur ist grundsätzlich vieles möglich.

WINTERGEMÜSE IM PORTRÄT

ARTISCHOCKE

(*Cynara scolymus*, Syn. *Cynara cardunculus*)

Steckbrief: Artischocke

Botanik: Die Artischocke gehört zur Familie der Korbblütler (Asteraceae).
Arbeitsaufwand: Mittel
Eignung für Erstanbauer: +
Optimale Lichtverhältnisse: Vollsonniger, geschützter Standort
Optimale Bodenverhältnisse: Warmer sandig-humoser, nahrhafter Boden
Vorkultur: Nicht erforderlich
Günstiger Aussaatzeitpunkt: Ende April/Anfang Mai
Auspflanzen ins Freiland/umpflanzen: Wenn das vierte Blatt schiebt
Platzbedarf: Hoch; 1 x 1 m Reihenabstand; bei der Pflanzung: 50 x 50 cm
Pflegeanspruch: Im ersten Jahr gering; im zweiten Standjahr mittel
Düngung: Im zweiten Jahr kräftig
Gießen: Zur Förderung der Entwicklung im ersten Standjahr
Winterpflege: Bei Temperaturen unter –5 °C erforderlich
Ernte: Die geschlossenen Blütenköpfe ab etwa Ende Juli des nächsten Jahres
Ernteertrag: Etwa 1 kg Blütenköpfe pro Pflanze; die grünen Teile können für Frischsaft verwendet werden.
Kosten/Nutzen: 1 Pkg. Samen = 50 bis 60 Pflanzen

Wissenswertes

Der Ursprung der Artischocke liegt im Mittelmeerraum. Erste Aufzeichnungen erfolgten durch die römischen Gelehrten Plinius und Columella, nachdem die Pflanze aus Ägypten, wo sie bereits 500 v. Chr. angebaut wurde, in das Römische Reich gelangte. Im 15. Jahrhundert wurde die Pflanze durch florentinische Händler importiert und eroberte schnell die Herzen der geschmacksaffinen Franzosen und der mit Delikatessen verwöhnten Engländer.

Dreijährige Artischocke im Garten, Südlage

Die Artischocke, eine distelartige Pflanze, besitzt große silbergrüne, oft stachlige

Blätter. Die Blütendolden der mehrjährigen Pflanze, die bis zu 2 m hoch werden kann und eine wahre Augenweide ist, werden kurz vor der eigentlichen Blühzeit verzehrt. Zwei Zubereitungsarten haben sich dabei durchgesetzt: zum einen das Garen in leicht gesalzenem Wasser, zum anderen das Braten in Öl. Aufgeblüht eignen sich Artischocken auch für dekorative Zwecke und als Insektennahrung.

Gesundheitliche Bedeutung

Artischocken gelten als verdauungsfördernd. Gerade nach einem fettreichen, üppigen Essen wird durch den Artischockenverzehr Völlegefühlen und Blähungen vorgebeugt. Reger Konsum kann dank den enthaltenen Bitterstoffen die Blutfettwerte senken und die Leber schützen. Weiters enthalten Artischocken Eiweiß (Protein) sowie die Vitamine B, B_1 und C. Die Einnahme ist in Form eines Aperitifs wirkungsvoll.

In der Phytotherapie werden Artischocken wegen ihrer Wirksamkeit auf den Verdauungstrakt sehr geschätzt. Sie regen die Produktion der Verdauungssäfte an und unterstützen dadurch die Verdauung. Aus den grünen Pflanzenteilen kann ein Artischockenfrischsaft hergestellt werden, der dreimal täglich esslöffelweise oder in Form von Smoothies eingenommen werden kann. Für Personen, die unter einer Korbblütlerallergie leiden, ist der Konsum nicht geeignet.

Kultur und Pflege

Die Anzucht aus Samen ist bei der Artischocke einfach. Die Samen sollten Sie etwa 1–2 cm tief in humosen, tiefgründigen, lockeren Boden säen. Sie keimen auch bei kühleren Temperaturen gut. Eine Aussaat im Freiland ist ab Ende April je nach den Witterungsverhältnissen der Region möglich – während der Eisheiligen sind die jungen Pflanzen vor Nachtfrösten zu schützen. Dies kann durch handelsübliche „Hauben“ und/oder Folientunnel geschehen. Zum „Kennzeichnen“ der Artischockensaat empfiehlt es sich, zwischen die Samen der Artischocken einige schnellkeimende Samen bekannter Gemüsesorten auszusäen – etwa Salat oder Radieschen. Nach der Aussaat die Erde leicht andrücken und mit abgestandenem Wasser, das gern mehrere Stunden in der Sonne stand, befeuchten. Nicht wässern! Bedenken Sie auch, dass die Artischocke keine Staunässe verträgt.

Erntereife Artischocke

Da die Kultur – ähnlich dem Spargel – mehrjährig ist, sollte der Standort sorgfältig gewählt und die Kälteempfindlichkeit der Artischocke bei der Standortwahl berücksichtigt werden. Bei Kälteeinbruch und Nachtfrösten sollten Sie die Pflanzen anhäufeln und durch Bedecken mit Stroh schützen. Selektion ist beim Artischockenanbau erwünscht, um widerstandsfähige Exemplare zu erhalten. Dazu können Sie die Pflanzen im ersten Jahr dichter auspflanzen, als sie im zweiten Jahr auf dem

Beet stehen sollen, also etwa mit einem Abstand von 50 x 50 cm. Schwach entwickelte Pflanzen entfernen Sie später wieder, die widerstandsfähigen verbleiben im Beet. Im zweiten Jahr sollten etwa 15 Pflanzen auf 10 m² stehen. Artischocken bilden eine reich verzweigte, tiefe Wurzel und lassen sich zu Beginn der Vegetation zudem relativ unproblematisch umpflanzen.

TIPP! Saatgut ausprobieren

Es gibt im Handel unterschiedliche Sorten aus unterschiedlichen Anbauregionen. Versuchen Sie mehrere Sorten aus mehreren Regionen in Ihrem Garten!

Bei einer Aussaat im Freiland während Wärmeperioden sollte die Saatreihe vormittags oder in den späten Nachmittagsstunden mit einer Gießkanne besprengt werden – weniger ist hier mehr. Gießen Sie jedoch nur mit abgestandenem Wasser, niemals kaltes Wasser aus der Wasserleitung verwenden! Achten Sie auch darauf, grundsätzlich nie bei starker Sonneneinwirkung auf die empfindlichen Blätter zu gießen. Die Wassertropfen können wie die Linse einer Lupe wirken und die jungen Blätter verbrennen.

WICHTIG! Gießverbot bei Kälte

An kalten Tagen, besonders an solchen, denen kalte Nächte folgen, besteht absolutes Gießverbot!

Unerfahrene Gartenbesitzer neigen mitunter dazu, zu viel Gießwasser bei Kulturen einzusetzen, die nur in Dürreperioden gesonderter Wasserzufuhr bedürfen. Häufig werden beispielsweise auch Kartoffeln und Zwiebeln zu stark gegossen, in deren Hauptanbauregionen trockene, sandhaltige Böden dominieren und wo in der Regel Niederschläge rar sind bzw. das Wasser rasch versickert. Artischocken, die gut aufgegangen sind, benötigen ebenfalls wenig Gießwasser. Außerdem fördert ein Zuviel an Gießwasser Fäulnis und Pilzerkrankungen und behindert obendrein das Wurzelwachstum, da die Pflanzen ihr Wasser nicht aus den tieferen Schichten im Boden ziehen müssen. Zu viel Gießwasser transportiert zudem noch die wasserlöslichen Nährstoffe in die unteren Bodenschichten – gerade das Wurzelwerk der in der Entwicklung befindlichen Jungpflanzen reicht nicht tief genug in den Boden, Mangelernährung droht.

WICHTIG! Sparsam gießen

Die Anzucht gesunder und vitaler Gemüse unter „trockenen" Bedingungen fördert das Ausbilden einer gesunden und tiefwachsenden Wurzel. Allerdings sollte der Boden mittels einer leichten Harke regelmäßig gelockert werden, damit er gut durchlüftet wird. Das Harken des Bodens unterbricht die Verdunstung des Wassers aus dem Boden in die Atmosphäre, da die auf natürliche Weise entstandenen „Kanäle" in Richtung Bodenoberfläche zerstört werden, wodurch das Aufsteigen des Wassers an die Bodenoberfläche unterbunden wird. Regelmäßig bearbeiteter Gartenboden bleibt unter der oberflächlich lockeren Bodenschicht deutlich länger feucht und bietet den Gemüsen einen optimalen Standort.

Artischocken kommen ausgesprochen gut mit Beikräutern zurecht. Sie sollten deshalb das nach dem Aufgehen mit aufgehende

Einjährige, gut entwickelte Artischockenpflanze

„Unkraut“ oder allfällige Gemüsekeimlinge nicht sofort ausreißen. Diese Pflanzen übernehmen schließlich bis zu einem gewissen Grad auch eine Schutzfunktion. (Ich weiß aus jahrzehntelanger Erfahrung, dass derartig angelegte Kulturen Schädlingsbefall und sogar Hagelschlag besser überstehen.) Artischocken ziehen allerdings magisch Blattläuse an! Verwenden Sie, falls Sie einen Mangel an Nützlingen im Garten haben, im Fachhandel erhältliche Nützlingslarven, wie die Larven des Marienkäfers.

Im Herbst des Anbaujahres sollte jede Pflanze rundherum mit ausreichend Reisigruten umsteckt werden. Diese werden dann über den Winter, bei Temperaturen unter –5 °C, nach Bedarf mit Stroh abgedeckt.

Ab August oder September des zweiten Jahres können die noch nicht aufgeblühten Blütenköpfe mit einem scharfen Werkzeug geerntet werden. Verzehrt werden die Böden der Knospen.

Eine Laubabdeckung der Pflanzen empfiehlt sich nicht, da das herabgefallene Laub von anderen Pflanzen von Blattkrankheiten und/oder Schimmelpilzen befallen sein kann und diese auf die Artischocken übertragen werden könnten.

Knospe, kurz vor dem Erntezeitpunkt. Die Pflanze wurde mit einem „Nützlingsbrief“ gegen Blattlausbefall geschützt.

TIPP! Größere Knospen

Um größere Knospen zu erzielen, belässt man die kräftigsten drei bis vier Stängel mit den Blütenkopfansätzen an der Pflanze, die anderen werden mit einer scharfen Rosenschere entfernt.

Die Vorkultur auf der Fensterbank

Die Vorkultur in Töpfen auf der Fensterbank ist ab Februar möglich. Die Bedingungen während der Vorkultur auf der Fensterbank oder im Gewächshaus sind für die Pflanzen optimal, da weder Wind noch erhebliche Temperaturunterschiede oder gar aggressives Sonnenlicht die Entwicklung der Pflänzchen stören. Das Auspflanzen in die „raue Wirklichkeit" des Gartens kann bei Pflanzen, die aus einer geschützten und optimal temperierten Anzucht stammen, jedoch Probleme bereiten, da sie nicht an die tatsächlich herrschenden Lichtverhältnisse (auch Pflanzen können einen „Sonnenbrand" erleiden), die frühjahrsbedingten wechselhaften Windverhältnisse und die schwankenden Temperaturen angepasst sind.

Haben Sie Ihre Artischocken auf der Fensterbank gezogen, sollten Sie sie erst ab

Ein warmer Standort und ein humoser, tiefgründiger, lockerer und feinkrümeliger Boden garantieren den Erfolg bei der Aussaat an Ort und Stelle.

Ende Mai oder im Juni ins Freie umsetzen. Alternativ empfiehlt sich eine allmähliche Abhärtung der empfindlichen Pflanzen, indem diese etwa in einen Kalten Kasten verbracht werden, der gelegentlich belüftet wird, oder indem ein Folientunnel diese Aufgabe übernimmt.

TIPP! Im Kalten Kasten abhärten

Es empfiehlt sich, ein Anzuchtbeet (Kalter Kasten) an einem geschützten Ort im Garten anzulegen, das die jungen Pflanzen, falls nötig, schnell und unproblematisch gegen verspätete Nachtfröste schützen kann.

Wird direkt in den Kalten Kasten ausgesät, können die empfindlichen Samen darin dicht gesät werden: Sobald die Sämlinge sich entwickelt haben, werden sie ohnehin an den vorgesehenen Standort im Garten verpflanzt.

Alternativ: Barbarakraut (*Barbarea vulgaris*)

Das Barbarakraut, auch Barbarakresse und Winterkresse genannt, verträgt einen schattigen, halbschattigen und sonnigen Standort. Es ist absolut winterhart, schmeckt scharf, kresseartig und kann vielseitig verwendet werden. Die beste Verwendung ist der Rohverzehr. Die Kresse ist recht anspruchslos und gedeiht auf beinahe jedem Boden.

Barbarakraut wird ab etwa August in Reihen gesät (Reihenabstand etwa 20 cm) und kann bereits ab Ende Oktober geerntet werden. Da die Pflanze immer wieder neu austreibt, können den ganzen Winter über einzelne Blätter abgezupft werden.

Barbarakraut

TIPP! Im Winter genießen

Winterkresse schmeckt nur im Winter wirklich gut! Wer von dieser Pflanze im Sommer nascht, wird enttäuscht feststellen, dass sie nicht mundet.

Alternativ:
Bärlauch (*Allium ursinum*)

Kräutervater Johann Künzle nennt den Bärlauch „eine der gewaltigsten Medizinen in des Herrgotts Apotheke"! Bärlauch reinigt die Därme und das Blut. Sogar die Römer schätzten diese Pflanze sehr, weswegen Bärlauch mit dem Beinamen „Roman-Salat" bedacht wurde.

Die Kultur ist einfach. An einem schattigen, leicht feuchten, kalkhaltigen Platz im Garten werden die Zwiebeln des Bärlauchs gesteckt, am besten zu Gruppen von drei bis vier Zwiebeln und mit einem Abstand von 30 x 30 cm. Wenn die Zwiebeln früh genug im Herbst gesteckt werden, treibt der Bärlauch im darauffolgenden Frühjahr bereits aus. Bärlauchpflanzen bilden mit den Jahren einen dichten Blätterteppich, von dem ab März geerntet werden kann. Die Erntezeit erstreckt sich bis zur Blüte. Im Handel ist auch Topfware erhältlich. Jedoch ist die Kultur mit Topfware schwieriger und zeitaufwendiger.

TIPP! Bärlauchpesto

Konservieren Sie das unvergleichliche Aroma auf simple Weise in einem Pesto.

An schattigen Plätzen im Garten gedeiht Bärlauch besonders gut.

BLUMENKOHL (KARFIOL) & ROMANESCO (TÜRMCHENBLUMENKOHL)

(*Brassica oleracea* var. *botrytis* & *Brassica oleracea* convar. *botrytis* var. *botrytis*)

Steckbrief: Blumenkohl & Romanesco

Botanik: Blumenkohl und Romanesco gehören zur formenreichen Pflanzenart Gemüsekohl in der Familie der Kreuzblütlergewächse (Brassicaceae).

Arbeitsaufwand: Hoch

Eignung für Erstanbauer: Ja. Die Pflanzen entwickeln sich recht zügig.

Optimale Lichtverhältnisse: Vollsonniger, geschützter Standort

Optimale Bodenverhältnisse: Nährstoffreicher, mittelschwerer Lehmboden

Vorkultur: Im Freiland oder in Kästen

Günstiger Aussaatzeitpunkt: Juli/August, je nach Sorte

Auspflanzen ins Freiland/umpflanzen: Mitte August bis Ende August

Platzbedarf: 50 x 40 cm

Pflegeanspruch: Hoch

Düngung: Regelmäßig mit Pflanzenjauchen gießen

Gießen: Regelmäßig

Winterpflege: Erforderlich

Ernte: Sobald die Blume die gewünschte Größe erreicht hat.

Ernteertrag: Pro 10 m² etwa 15 kg

Kosten/Nutzen: Hoch

Schädlinge: Kohlweißling, Kleine Kohlfliege, Nager

Wissenswertes

Ursprünglich soll der Blumenkohl in Asien beheimatet gewesen sein, von wo aus er vor ca. 300 Jahren nach Italien gelangte und kultiviert wurde. Dananch eroberte das Gemüse über Süddeutschland ganz Deutschland. Der Name stammt von der Blüte – die weiße (es gibt neben der klassischen weißen Färbung noch zahlreiche farbige Varietäten – in Italien sogar Sorten in Grün!) Verdickung dieser Kohlvariante, analog der Verdickung des Brokkolis, die jedoch schneller aufblüht, und des Romanesco. Der Geschmack ist sehr mild. Blumenkohl wird als Feingemüse eingestuft, allerdings müssen die „Blumen" weiß, fest und ohne unangenehmen Geruch, verursacht durch Fäulnis, sein.

Gesundheitliche Bedeutung

Blumenkohl und Romanesco sind arm an Kohlenhydraten, enthalten jedoch reichlich Mineralien und Vitamine. Da durch den Verzehr keine Blähungen verursacht werden, kann Blumenkohl sowohl von empfindlichen Personen als auch von kleinen Kindern bedenkenlos verzehrt werden.

HINWEIS! Kohlrabi

Auch der Genuss von Kohlrabi verursacht keine Blähungen!

Gut entwickelte Blume des Winterblumenkohls

Kultur und Pflege

Der Anbau von Blumenkohl und Romanesco ist relativ einfach. Wie alle Kohlsorten geht der Samen bei der richtigen Feuchtigkeit im Boden und einer optimalen Temperatur binnen einer Woche auf. Blumenkohlkultur verursacht jedoch ein Mehr an Arbeitsaufwand, da nicht nur regelmäßig gegossen werden muss, sondern auch der Boden oft behackt und die Pflanzen angehäufelt werden müssen.

TIPP! Senf säen

Säen Sie ruhig immer ein paar Samen Senf mit in das Kohlbeet! Dadurch wird der Erdfloh auf Distanz gehalten.

Sorten, die nur eine geringe Fähigkeit zum Selbstdecken haben – beinahe allen samenfesten Sorten fehlt diese Fähigkeit – bedürfen noch einer gesonderten Behandlung, da diese nicht selbstständig die weiße „Blume“ mit Blättern vor der schädlichen Einwirkung des Sonnenlichts schützen. Bei der Verwendung derartiger Sorten müssen von Hand Blätter über die Blumen gebogen werden.

TIPP! Blumen schützen

Die Blume des weißen Blumenkohls sollte unter Blättern vor der Einwirkung des Sonnenlichts geschützt werden, da sie sonst verfärbt und minderwertig im Geschmack wird!

Winterblumenkohl – aus dem Fachhandel – wird Anfang bis Mitte Juli ausgesät. Da der Samen verhältnismäßig teuer und die Blumenkohlpflanzen auch nicht vollkommen winterhart (max. –12 °C) sind, kann, um Kosten zu sparen, auch normaler Blumenkohl verwendet werden.

Ein bisschen Schnee schadet dem Winterblumenkohl nicht. Die Pflanze bildet kräftige Blätter und schützt damit die empfindliche Blume. Bis –10 °C hält der Winterblumenkohl locker aus, dann jedoch sollte er vorm Erfrieren geschützt werden.

Dann ist die Kultur jedoch eine andere. Wenn Sie handelsübliches Saatgut aus dem Fachhandel verwenden, sollten Sie darauf achten, dass es sich um kleinwüchsige Sorten handelt (beispielsweise 'Erfurter Zwerg') und dass diese für den Früh- oder Herbstanbau geeignet sind (ist auf der Samentüte vermerkt). Der Aussaatzeitpunkt ist im Juli oder August. Gesät wird in ein gut vorbereitetes Saatbeet an einem geschützten, sonnigen Platz.

Bauen Sie Winterblumenkohl aus dem Fachhandel nach der Empfehlung des Züchters an! Bei tieferen Temperaturen bzw. Nachtfrösten können Abdeckungen die Pflanzen vorm Ausfrieren schützen.

TIPP! Mais als Schutz

Ein guter Windschutz für empfindliche Kulturen ist das Anpflanzen von Mais um die zu schützende Kultur. Bei der Planung des Wintergartens rechtzeitig den Platz der schutzbedürftigen Saaten bzw. Setzlinge bedenken und Mais in großzügigem Abstand rundherum säen. Auch wenn Sie die Maiskolben abernten, können die Pflanzen im Garten belassen werden. Die trockenen Maispflanzen werden nicht vor Ende des Winters oder dem Abernten der Beetfläche gerodet.

TIPP! Richtig gießen

Der Hochsommer ist oft geprägt von großer Hitze und wenig Niederschlag. Jungpflanzen sollten regelmäßig mit abgestandenem Wasser begossen werden. Gießen Sie am Abend, dann zieht die Feuchtigkeit gut ein und verdunstet nicht so rasch!

Mitte September weist diese rotblumige und gut entwickelte kleinwüchsige Pflanze bereits den Ansatz zur Blumenbildung auf.

Sobald die Jungpflanzen eine respektable Größe erreicht haben, empfiehlt sich eine regelmäßige Versorgung mit nahrhaften Pflanzenjauchen. Unter optimalen Bedingungen stehen bereits Ende Oktober stattliche Jungpflanzen auf dem Beet, bei denen die Blumenbildung begonnen hat.

TIPP! Wirsing

Die Kultur von Winterwirsing verläuft analog der des Blumenkohls! Einziger Unterschied, die Setzlinge werden auf die freien Beetflächen gesetzt (siehe auch unter „Weiß-, Rotkohl und Wirsing“, S. 157).

Bevor die Nachtfröste einsetzen, wird ein Kalter Kasten zur Aufnahme der jungen Blumenkohlpflanzen errichtet. Die Blumenkohlpflanzen werden aus dem Beet gegraben und in den Kalten Kasten gepflanzt, der höher sein muss, als die Blätter der Pflanze hoch sind. Mit Fensterglas wird bedeckt. Denken Sie daran, dass die Pflanzen langsam, aber stetig wachsen werden – schlagen Sie diese also nicht so dicht beieinander ein!

TIPP! Schattenwurf beachten

Achten Sie bei der Ausrichtung des Kalten Kastens auf die Himmelsrichtung, um optimale Lichtverhältnisse zu schaffen, und auf Schattenwurf von Gebäuden oder Bäumen.

Halten Sie bei erheblichen Minusgraden die Fenster geschlossen. Wird es draußen sehr kalt, schütten Sie zusätzlich von außen Erde an den Kastenaufsatz und legen Sie bei Nacht Decken oder Ähnliches über das Glas. In den nächsten Wochen werden sich die Blumen entwickeln. In milden Gegenden kann der Blumenkohl ohne Weiteres auf dem Beet belassen werden.

Kohlmiete

HINWEIS! Winterverhältnisse berücksichtigen

Der Wuchs der Gemüsekulturen im Winter ist nicht identisch mit dem des Sommers! Säen und pflanzen Sie dichter.

TIPP! Blumenkohl in der Kohlmiete

Ähnlich dem Kohl weist auch der Winterblumenkohl sehr gute Lagereigenschaften auf. Reicht das Platzangebot in Ihrer Kohlmiete aus, können Sie durchaus auch den Blumenkohl hinzufügen.

Alternativ:
Brunnenkresse (*Nasturtium officinale*)

Die Echte Brunnenkresse ist eine wintergrüne Pflanze, die ausgesprochen aromatisch und gesund und herrlich einfach als Wintergemüse zu ziehen ist. Kräuterpfarrer Künzle schreibt der Brunnenkresse gute Eigenschaften bei der „Reinigung“ des Körpers zu. Ein reger Verzehr soll die Därme, den Magen und die Lungen reinigen. Ihre harntreibende Wirkung ist natürlich auch gut für Herz und Kreislauf.

Die Kultur im Garten ist ohne große Probleme möglich, wenn fließendes, sauberes Wasser und eine Solarpumpe vorhanden sind! Wer die Möglichkeiten hat, kann einen kleinen „Bachlauf“ in seinen Nutzgarten integrieren. Ich verwende alte Dachziegeln als Bachsohle, um ein rasches Versickern des Wassers zu verhindern und habe eine defekte Dachrinne als „Wasserspender“ gewählt. Nur wenn tagelang kein Regen fällt, sorge ich für zusätzliche Nässe. Optimal ist ein (kleiner) Teich, in welchen der Bach mündet. Vögel und Insekten profitieren ebenfalls davon. Gartenbesitzer, die eine Quelle im Garten oder in unmittelbarer Nähe haben, können die Setzlinge mittelbar in den Uferbereich pflanzen.

TIPP! Brunnenkresse benötigt Wasser

Brunnenkresse bevorzugt langsam fließendes, kaltes Wasser und gelangt auf den Tisch, wenn die Natur nur wenig frische, grüne Kräuter zur Verfügung stellt. Haben Sie im Garten ein sehr nasses Beet, das für andere Kulturen schlecht geeignet ist, versuchen Sie es mit Brunnenkresse!

Frischverzehr empfohlen!

Die beste Pflanzzeit liegt im August. Ein nahrhafter, humoser Boden sichert einen hohen Ernteertrag. Der Boden, in welchen die Setzlinge gesteckt werden, kann mit organischem Dünger (Kuhdung) frisch gedüngt worden sein. Die Setzlinge werden in Abständen von 15 x 15 cm gesteckt. Sie werden Ausläufer bilden und bald die Fläche des Brunnenkressebeetes bedeckt haben. Sobald alle Setzlinge gesteckt worden sind, wird der Bach „geflutet". Das Wasser sollte zu Beginn der Kultur nur flach überstehen.

In den folgenden Tagen richten sich die Setzlinge auf. Das ist die richtige Zeit, um den Wasserspiegel zu erhöhen. Beobachtet man das „Verhalten" der Brunnenkresse in der freien Natur, fällt auf, dass sie sehr üppig am mittelbaren Übergang vom Wasser zum Ufer gedeiht.

Ein Schlammbeet bauen

Pflanzen Sie die Brunnenkressesetzlinge in ein „Schlammbeet"! Die Anlage eines solchen ist einfach, zumal im Herbst oft reichlich Niederschlag fällt und die Sonne kaum die nötige Kraft zum Austrocknen aufbringt. Am besten baut man ein derartiges Beet in Wassernähe (Wasserleitung, Dachrinne, Regenrinne etc.).

Eine entsprechend tiefe Grube ausheben; da größtenteils die tieferen Bodenschichten kaum Humus enthalten, sollte nahrhafter und frisch gedüngter Boden die Sohle der Grube bilden. Den Erdaushub schichten Sie rings um die Grube und streichen diesen glatt. Die „Böschung" schützt die Brunnenkresse vor kalten Winden und begünstigt deren Entwicklung. Bevor Sie die Grube unter Wasser setzen, pflanzen Sie die Setzlinge auf die Sohle. Brunnenkresse mag kaltes Wasser! Setzen Sie die Grube nach der Pflanzung unter Wasser, jedoch nur so tief, dass die Pflanzen noch aus dem Wasser herausragen. Wichtig ist: Das Schlammbeet darf nicht austrocknen. Die Pflanzen sind aber auch keine Wasserpflanzen, wie wir sie aus Bachläufen kennen! Sie brauchen zur Entwicklung nicht komplett unter Wasser stehen.

CHICORÉE & RADICCHIO

(*Cichorium intybus* var. *foliosum*)

Steckbrief: Chicorée & Radicchio

Botanik: Familie der Korbblütler (Asteraceae)
Arbeitsaufwand: Mittel
Eignung für Erstanbauer: + +
Optimale Lichtverhältnisse: Vollsonniger Standort zur Voranzucht, spätere Kultur ohne Lichteinwirkung
Optimale Bodenverhältnisse: Nährstoffreicher, mittelschwerer Lehmboden
Vorkultur: Freiland
Günstiger Aussaatzeitpunkt – Chicorée: Mitte Mai bis Anfang Juni
Günstiger Aussaatzeitpunkt – Radicchio: Juni/Juli
Umpflanzen in den Keller/abgedunkelten Kasten: Spätherbst
Platzbedarf: 10 x 40 cm
Pflegeanspruch: Gering
Düngung: Während der Freilandkultur
Gießen: Während Trockenperioden
Winterpflege – Chicorée: Bei Temperaturen unter –5 bis –7 °C
Winterpflege – Radicchio: Bei Temperaturen unter –7 °C
Ernte: Ab November
Ernteertrag: 3–4 kg pro m^2
Kosten/Nutzen: 1,5 g Samen auf 10 m^2
Schädlinge: Nacktschnecken
Pflanzengesundheit: Eventuell kann Rost auftreten.

Wissenswertes

Als Chicorée bezeichnet man die im Winter austreibenden Blütenknospen der Wurzelzichorien, die als Salat sehr begehrt sind. Heute geschieht das industrielle Treiben der Wurzeln auf Wasserbasis (Nährstofflösung). Auch ohne Nährstofflösung ist es dem Selbstversorger möglich, sich der alten Praktik zu bedienen und die Wurzeln unter Lichtabschluss im Keller oder Mistbeet zu treiben.

Die „Ursprungspflanzen" im Garten anzubauen bedarf keines gärtnerischen Könnens. Wurzelzichorien gehen sehr gut auf, entwickeln sich zügig und sie überstehen ungeschützt im Wintergemüsegarten sogar ein paar Minusgrade unbeschadet.

Die Blätter der ausgetriebenen Zichorien können wie Salat bereitet oder blanchiert verwendet werden. Sie weisen Bitterstoffe auf und werden wie Endivien behandelt (siehe „Endivie", S. 86). Das Besondere an den Zichorien ist, dass die Wurzeln zum Treiben an einen warmen und dunklen Ort verbracht werden können und wir dort ohne große Mühe oder Kosten die goldgelben Herzen des Zichoriensalates (Chicorée) pro-

Im Fachhandel sind mittlerweile auch farbige Sorten erhältlich.

duzieren können. Der Vorteil: Die gebleichten Zichorien sind weniger bitter!

Auch der Radicchio gehört zur Familie der Zichorien! Er bildet allerdings einen Kopf ähnlich dem Kopfsalat. Es gibt viele Spezialitäten, die farblich stark differenzieren. Radicchio kommt in Farbnuancen von Grün bis Gelb und Rot vor. Die Blätter können ein- und mehrfarbig sein.

Gesundheitliche Bedeutung

Chicorée und Radicchio sind besonders vitamin- und mineralstoffreich. Beide enthalten Bitterstoffe, C- und B-Vitamine sowie Mineralstoffe wie Kalium und Calcium. Chicorée ist auch sehr ballaststoffreich. Radicchio enthält zusätzlich Anthocyane, sekundäre Pflanzenstoffe, die zellschützend wirkend.

Kultur und Pflege

Chicorée bzw. Wurzelzichorie wird Mitte Mai bis Anfang Juni mit einem Reihenabstand von 40 cm (10 cm zwischen den Pflanzen) direkt in ein gut mit Kompost versorgtes Beet gesät. Bis zum Herbst entwickelt die Pflanze eine kräftige, 3–5 cm dicke und ca. 15 cm lange Wurzel. Die Ernte der Wurzeln erfolgt Ende Oktober bis Ende November je nach Witterung.

Die Blätter werden bis auf 2 cm eingekürzt. Gelagert werden die Wurzeln in einem Kalten Kasten oder in einem kalten, aber frostfreien Raum, wo sie Knospen austreiben – den Chicorée (siehe unter „Bleichen“).

Radicchiosalate werden vorzugsweise in den Sommermonaten (Anfang bis Mitte Juli, in kühleren Gebieten auch schon Ende Juni) ausgesät. Geerntet wird ab Dezember bis in den April (bei entsprechender Frostabdeckung). Bei starken Frösten sollten die Pflanzen durch das Stecken von Reisig und einer Lage Stroh geschützt werden. Die Frostfestigkeit von Radicchio ist bis –7 °C gegeben. Radicchio entwickelt sich beständig und lockt kaum Schädlinge an! Radicchiosalate sind Erstanbauern und Ein-

Unter diesen Salaten gibt es auch eine Spezialität mit dem Namen „Orchideensalat“. Dieser Salat ist eine Augenweide!

steigern in die Wintergemüsekultur sehr zu empfehlen!

TIPP! Verschiedene Sorten probieren

Die Samen weisen eine relativ lange Haltbarkeit auf. Deswegen rate ich Ihnen, kaufen Sie gleich mehrere Sorten und säen Sie dann von jeder Sorte einige aus! Da die Salate auch blanchiert verwendet werden können, brauchen Sie kaum Furcht vor einer „Überproduktion“ zu haben!

Chicorée bleichen

Eine wunderbare Delikatesse, die man sich leicht selbst heranzüchten kann, ist gebleichte Chicorée. Man braucht dazu eigentlich nur einen völlig dunklen, temperierten Raum mit der Möglichkeit, die Wurzeln der Zichorien feucht einzuschlagen.

Die Wurzeln der Zichorien werden vor Wintereinbruch – je nach Bedarf in einem Abstand von zwei bis drei Wochen – ausgegraben

Besonders gut entwickelte Wurzeln – etwa Pastinaken – gräbt man am besten aus, indem man vor der zu erntenden Wurzel die Erde entfernt. Setzen Sie den Spaten nicht zu dicht an das Wurzelgemüse!

und bis auf die Herzblätter von sämtlichen Grünteilen befreit. Danach werden sie in Behältnisse, die mit Sand gefüllt wurden, mit dem Herzblatt nach oben weisend gesteckt und der Sand wird mit Wasser befeuchtet. Durch die Einwirkung der Wärme und der Feuchtigkeit werden die Wurzeln zum erneuten Austreiben angeregt. Die optimale Treibtemperatur beträgt über +15–20 °C und es sollte im Treibraum völlig dunkel sein.

TIPP! Wurzelzichorien ernten

Das Ernten der stattlichen Wurzeln geschieht am besten mit einer Grabegabel. Ich grabe entlang der Zichorienreihe einen Spatenstich breit auf und kippe danach die Wurzeln mit der Grabegabel in die Richtung der aufgegrabenen Erde. Auf diese Weise gewährleiste ich, dass die Wurzeln unbeschadet geerntet werden.

Nach ca. zwei bis drei Wochen sind die frisch ausgetriebenen Blätter erntereif. Durch den Lichtentzug (Bleiche) sind diese Blätter gelb gefärbt und enthalten deutlich weniger Bitterstoffe, wodurch sie zu einem wunderbar zarten Gemüse heranwachsen.

TIPP! Löwenzahn & Hirschhornwegerich

Neben den Wurzeln der Zichorien können auch die Wurzeln des Hirschhornwegerichs und des Kulturlöwenzahns verwendet werden. Da diese Pflanzen jedoch eine gute Kältetoleranz aufweisen, können sie auch erst in den Keller verbracht werden, wenn die Zichorien bereits verbraucht worden sind.

Beim Fehlen eines Kellers können die Wurzeln jedoch auch beispielsweise in einer

Gebleichter Hirschhornwegerich

Gebleichte Endivie

Garage oder in einem Schuppen getrieben werden – sofern es darin dunkel ist (notfalls zudecken) –, allerdings braucht es auch hierzu eine Temperatur, die über 15 °C liegt. Sollten Sie extra heizen müssen, um Chicorée bleichen zu können, dann überlegen Sie, ob nicht die Anlage eines Bleichbeetes sinnvoll wäre, um Kosten zu sparen. Ein Bleichbeet ist dem durch Pferdemist erwärmten Mistbeet recht ähnlich.

Für der Konstruktion eines Beetes zum Bleichen in einem Schuppen oder einer Garage braucht es nicht viel: vier Bretter, einige Pfosten zum Fixieren der Bretter, Pferdemist, Sand und eine Abdeckung über den Wurzeln, damit die Wärme am Entweichen gehindert wird. Diese Abdeckung kann aus einem kostengünstigen Lattengerüst, das mit Dachpappe versehen worden ist, bestehen, wenn zusätzlich noch vor Licht schützende Materialien darüber ausgebreitet werden oder die Fenster verdunkelt werden können.

TIPP! Abdeckungen verwenden

Falls Sie Lust bekommen haben und das Bleichen einmal ausprobieren wollen, rate ich, zum Einstieg in das Bleichen vorhandene Gefäße zu verwenden. Diese haben den Vorteil, dass eine Konstruktion entfällt, wenn die Gefäße in einem Raum aufgestellt werden, der die Anforderungen an die Temperatur erfüllt. Der Lichtentzug kann dann einfach durch das Überstülpen eines Kartons gewährleistet werden.

ENDIVIE

(*Cichorium endivia*)

Steckbrief: Endivie

Botanik: Familie der Korbblütler (Asteraceae)
Arbeitsaufwand: Mittel
Eignung für Erstanbauer: + + +
Optimale Lichtverhältnisse: Sonnig bis halbschattig
Optimale Bodenverhältnisse: Lockerer, humoser Boden
Vorkultur: -
Günstiger Aussaatzeitpunkt: Bis Ende Juli; ins Mistbeet bis Ende August, im September in den Kalten Kasten
Auspflanzen ins Freiland/umpflanzen: Im Juli
Platzbedarf: Reihenabstand von ca. 20 cm oder breitwürfig säen
Pflegeanspruch: Gering
Düngung: Nicht erforderlich
Gießen: Nur während Trockenperioden
Winterpflege: Unter –5 °C abdecken
Ernte: Ab Oktober
Ernteertrag: 15–20 kg pro 10 m²
Kosten/Nutzen: 1 g Samen pro 10 m²
Schädlinge: Nacktschnecken
Pflanzengesundheit: -

Wissenswertes

Endivien sind typische, mehr oder minder bittere Salate, die keinen festen Kopf bilden und die in der kalten Jahreszeit Saison haben. Sie kommen sehr farb- und formenreich vor. Es gibt sie mit glatten Blättern (Eskariol) oder gekraust (Frisée). Die glattblättrigen Sorten sind für den Anbau im Winter gut geeignet. Insgesamt ist die Sortenvielfalt sehr groß.

Bereits in der Capitulare Karls des Großen wird die Endivie unter dem Namen „intubas" erwähnt. In den Kräuterbüchern des 16. Jahrhunderts wird die Endivie im Zusammenhang mit der Wegwarte (*Cichorium intybus*) mit dem Beinamen „die Zahme". genannt. Was man in Anbetracht der blauen Blüten auch gern glaubt.

Endivien verbindet mit Zichorien, Chicorée und Radicchio die lateinische Bezeichnung *Cichorium*, womit gesagt ist, dass sie ihren Ursprung in der Wildpflanze der in Italien beheimateten „Wilden Endivie" – *Chichorium endivia* – haben und das Ergebnis jahrhundertelanger Bemühungen europäischer Züchter darstellen.

Gesundheitliche Bedeutung

Die Endivie ist ein Vitaminlieferant während der kalten Jahreszeit. Zudem sind viel

Ein wenig Schnee und einige Minusgrade überstehen Endivien, ohne Schaden zu nehmen.

Nachdem der Schnee getaut ist, wachsen Endivien weiter. Sobald es warm wird, bilden sie allerdings einen wunderschönen, blaublühenden „Strauch".

Calcium, Phosphor und Vitamine enthalten – vor allem Vitamine der B-Gruppe. Dank den Bitterstoffen ist sie besonders gut für die Verdauung, wie schon der Volksmund sagte: „Was bitter im Mund, ist dem Magen gesund."

Löwenzahn ist ebenfalls richtig schön bitter, Chicorée auch, ebenso andere Zichorienarten. Leider wurden die Gemüse, die im Handel erhältlich sind, entbittert und sind relativ „mundfreundlich" gezüchtet worden. Bitterstoffe sind für einen gesunden Stoffwechsel jedoch unverzichtbar und sollten täglich verzehrt werden.

HINWEIS! Bitter gegen Hunger

Übrigens: Der bittere Geschmack wirkt im Körper wie eine Appetitbremse. Bitterstoffe neutralisieren den Zuckerhunger und können so das Verlangen nach Süßem reduzieren und ein schnelleres Sättigungsgefühl einleiten. Dadurch nehmen wir automatisch kleinere Portionen zu uns. Die Lust auf Zucker und Co. verschwindet und die Pfunde purzeln.

Kultur und Pflege

Als eine ideale Nachfrucht kann die Endivie den Erbsen, Bohnen, Frühkartoffeln oder Freilandgurken folgen. Das abgeerntete Beet muss jedoch gründlich vorbereitet werden. Man kann direkt in das Saatbeet säen oder bereits an einem anderen Ort im Garten Endivien vorgezogen haben, die nach dem Abernten des Beetes umgepflanzt werden können. Die Aussaat erfolgt bis Ende Juli. Spätere Aussaaten können noch bis Ende August in ein Mistbeet erfolgen.

In der Regel sind die glattblättrigen Endivien winterhart bis max. –10 °C. Allerdings sollten bei Temperaturen jenseits der –5-°C-Marke die Wurzeln vor dem Ausfrieren durch Abdecken des Bodens – etwa wie bei den Erdbeeren mit Stroh vor der Ernte – geschützt werden. Folgesaaten in einem 14-tägigen Turnus sind sinnvoll. Von der Aussaat bis zur Ernte vergehen etwa zwei bis drei Monate.

TIPP! Dicht säen

Dicht säen und sobald die jungen Pflanzen das sechste Blatt ausgebildet haben, an den zukünftigen Standort verpflanzen.

Junge Endivienpflanzen auf einem Beet

Es ist erstaunlich, wie problemlos die bitteren Salate keimen und sich entwickeln! Das mag daran liegen, dass wenig Schädlinge – ich habe noch keinen Befall beobachten können – den jungen Pflanzen Schaden zufügen. Lediglich im Herbst, wenn das Nahrungsangebot schwindet, werden die Endivien und Co. von den Nacktschnecken befressen. Zusätzlich nutzen die Schnecken die bodendeckenden Blätter als Kälteschutz.

Endivien können roh und gegart verzehrt werden. Sie werden unter fließendem Wasser gründlich abgespült und dann in der Regel in Streifen zerteilt. Wer es nicht ganz so bitter mag, entfernt vor dem Zerteilen die äußeren Blätter der Endivien, die Blattspitzen und den Strunk. Falls diese Behandlung nicht ausreicht, kann man Endivien in lauwarmes Wasser legen, wodurch die Bitterstoffe ausgeschwemmt werden.

Eine andere Methode ist das Bleichen der Endivienherzen. Die auf diese Weise gewonnenen gelben Blätter sind nicht nur besonders zart, sondern sie weisen deutlich weniger Bitterstoffe auf. Die Blattrosette einer gut entwickelten, glattblättrigen und gesunden Endivie wird dazu einfach zusammengefasst und mit einem Strick oder Band fest, aber nicht einschneidend umwunden. Danach wird es zu einer Schleife verknotet. Nach drei bis vier Wochen ist das Herz der Endivie goldgelb und absolut delikat.

Das Bleichen der Endivienherzen

Eine gut entwickelte, gesunde Endivie auswählen.

Sämtliche Blätter zusammenfassen und mit einem nicht zu dünnen Band zusammenbinden.

Gut gebundene Endivie – der untere, nicht eingebundene Blätterkranz dient zur Abwehr von Schädlingen.

Das Band sollte fest zusammengezogen werden, jedoch nicht die Blätter verletzen.

Knackig zarte und köstliche Endivienherzblätter

Alternativ:
Ewiger Kohl
(*Brassica oleracea* var. *ramosa*)

Ewiger Kohl ist eine mehrjährige, wintergrüne, absolut winterharte Pflanze, die das ganze Jahr über Blätter liefert. Diese Sorte bildet jedoch keinen Kopf und keine Blume. Bei starken Minusgraden verhindert ein Pflanzenschutz (Reisig etc.), dass die Pflanze in eine Winterstarre fällt. Mehrere Pflanzen können den Bedarf einer vierköpfigen Familie in der Regel decken. Bei guter Versorgung mit Pflanzenjauchen bildet eine Pflanze viele Äste, an denen sich viele zarte Blätter bilden.

Ewiger Kohl ist wie alle Kohlpflanzen (siehe S. 77, 94, 157) zu behandeln. Der Pflanzabstand beträgt 60 x 40 cm. Vermehrt wird ewiger Kohl über Triebstecklinge, da er nicht blüht und auch keine Samen bildet. Gelegentliche Humusgaben oder/und gießen mit Pflanzenjauchen steigert den Ertrag. Der manchmal auftretende Kohlweißling wird am besten mit Wermuttee bekämpft! Ewiger Kohl ist roh und gegart zu verwenden.

Ewiger Kohl entwickelt ein stattliches Ausmaß.

Reisigruten um eine Pflanze gesteckt, die vor dem Frost geschützt werden soll.

FELDSALAT (VOGERLSALAT)

(Valerianella locusta)

Steckbrief: Feldsalat

Botanik: Familie der Geißblattgewächse (Caprifoliaceae); auch Familie der Baldriangewächse (Valerianaceae)
Arbeitsaufwand: Gering
Eignung für Erstanbauer: + + +
Optimale Lichtverhältnisse: Sonnig bis halbschattig
Optimale Bodenverhältnisse: Humoser Standort mit guten Feuchthalteeigenschaften
Vorkultur: -
Günstiger Aussaatzeitpunkt: Ab Juli mehrere Aussaaten
Auspflanzen ins Freiland/umpflanzen: -
Platzbedarf: 30 x 30 cm
Pflegeanspruch: Gering
Düngung: Als Folgekultur nach Hülsenfrüchten nicht erforderlich
Gießen: Nur während Trockenperioden
Winterpflege: Nicht erforderlich
Ernte: Je nach Aussaat ab Dezember bis in den März
Ernteertrag: Hoch
Kosten/Nutzen: 1–2 g Samen pro 1 m^2
Schädlinge: -
Pflanzengesundheit: Eventuell Mehltau oder Grauschimmel bei übermäßiger Feuchtigkeit

Wissenswertes

Es überrascht bestimmt, dass die unscheinbare wintergrüne Pflanze – bevorzugt werden kleinblättrige, dunkelgrüne Sorten – zu den Baldriangewächsen gehört.

Die Winterhärte, der vortreffliche Geschmack und die Unkompliziertheit bei der Zubereitung beförderten den „Nüsslisalat“, wie die Salatpflanze auch genannt wird, im Ranking weit vorn unter die beliebtesten Wintersalate. Der Gewöhnliche Feldsalat stammt aus einer Wildform, die höchstwahrscheinlich von unseren Vorfahren verzehrt worden ist – jedenfalls finden sich Samenspuren bei archäologischen Ausgrabungen.

Feldsalat übersteht ohne Probleme den normalen Winter.

Ende des 16. Jahrhunderts gingen schließlich einige Wildsammler dazu über, die wilden Salatpflanzen im Spätsommer auszugraben und in den Garten zu pflanzen. Die Idee der Gartenkultur des Feldsalates, der seinen Namen dem Sammelort verdankt und nicht der Kulturform, war geboren. Dadurch war die Gefahr, in der kalten Jahreszeit hungrigen Wildtieren beim Salatsammeln zu begegnen, deutlich gemindert worden. Wahrscheinlich waren die Möglichkeit, Feldsalat nahe des Wohnhauses vorrätig zu haben, ohne ihn konservieren zu müssen, und die einfache Kultur die entscheidenden Kriterien für die „In-Garten-Nahme“ dieser Pflanze.

Gesundheitliche Bedeutung

Feldsalat ist sehr einfach im Wintergemüsegarten anzubauen und der Wintersalat schlechthin. Frisch aus dem Garten im Winter versorgt er den Körper vor allem mit rauen Mengen an Vitamin C sowie mit Karotin, Folsäure und Eisen.

Kultur und Pflege

Feldsalat kann sowohl unter Folie oder Glas als auch im Garten in der Winterkultur angebaut werden. Die erste Kulturvariante ist arbeitsintensiver als die Gartenkultur und im Grunde nur wirklich sinnvoll, wenn Sie sehr viel Feldsalat in kurzer Zeit benötigen.

Beginnen Sie mit der Aussaat ab Juli. Der Reihenabstand kann unter 10 cm liegen und sollte innerhalb der Reihe etwa 5 cm betragen, so dass etwa 200 Salatpflanzen pro m² stehen. Der Saatgutbedarf richtet sich nach der Korngröße und schwankt zwischen 7–15 g pro 10 m².

Säen Sie nicht zu viel auf einmal, besser ist es, ab Juli/August bis September/Oktober kontinuierlich zu säen, um den ganzen Winter über Feldsalat ernten zu können. Die erntereifen Salatpflanzen können auch bei niedrigeren Temperaturen im Freien überwintern. Es empfehlen sich Folgeaussaaten in 14-tägigem Rhythmus. Die späten Aussaaten im Oktober können durchaus auch in den Kalten Kasten oder in ein Gewächshaus erfolgen.

Spätere Saaten im September oder Oktober bringen erste Ernten im März.

TIPP! Samengröße beachten

Achten Sie bei der Aussaat auf die unterschiedlich großen Samen der verschiedenen Sorten! Wenn Sie ungeübt in der Handhabung von Samen beim Aussäen sind, legen Sie alle 2 cm einen von den größeren Samen, die kleinen lassen Sie einfach aus dem Spalt einer wenig geöffneten Samentüte rieseln.

TIPP! Aussaattermin beachten

Wer über den gesamten Winter Feldsalat ernten möchte, beginnt mit der Aussaat bereits ab Mitte Juli bis Ende August. In der Regel ist der Salat dann bereits im Dezember erntefähig. Wer im September oder Oktober sät, erntet erst im März.

Diese jungen Feldsalatpflanzen können in diesem Stadium verpflanzt werden. Sie sind groß genug, um den Winter unbeschadet zu überstehen.

Nicht geernteter Feldsalat geht je nach Aussaatzeitpunkt etwa ab April in die Blühphase über. In diesem Stadium kann er nicht mehr verzehrt werden. Sie können aber ruhig ein paar Pflanzen bis zur Samenreife stehen lassen. Der Feldsalat keimt dann im nächsten Herbst wieder.

In Blüte stehender Feldsalat

GRÜNKOHL (FEDERKOHL)

(*Brassica oleracea* var. *sabellica*)

Steckbrief: Grünkohl (Federkohl)

Botanik: Familie der Kreuzblütlergewächse (Brassicaceae)
Arbeitsaufwand: Gering
Eignung für Erstanbauer: + + +
Optimale Lichtverhältnisse: Sonnig bis halbschattig
Optimale Bodenverhältnisse: Nahrhafter und tiefgründiger, humoser Boden
Vorkultur: Als Jungpflanzen ins Beet
Günstiger Aussaatzeitpunkt: Mai/Juni
Auspflanzen ins Freiland/umpflanzen: Aussäen im Mai/Juni, umpflanzen der Jungpflanzen bis August
Platzbedarf: Etwa 50 cm zwischen den einzelnen Pflanzen
Pflegeanspruch: Wie andere Kohlgemüse
Düngung: Regelmäßig mit Pflanzenjauchen gießen
Gießen: Mäßig
Winterpflege: Nicht erforderlich
Ernte: Am besten nach Frosteinwirkung; bei Reife rasch ernten
Ernteertrag: Gut
Kosten/Nutzen: Gut
Schädlinge: Kohlweißling, Kohlfliege
Pflanzengesundheit: Gut

Wissenswertes

Bereits die Römer kannten und schätzten den Grünkohl seiner zahlreichen Vorzüge wegen und in das Kräuterbuch (1543) des Leonhard Fuchs wurde ein Holzschnitt eingefügt, auf dem eindeutig ein „Grünkohl" zu erkennen ist. Nur die Blüte, die der Künstler der Pflanze beigegeben hat, entspricht nicht der Realität: Blühender Grünkohl erreicht eine Höhe von mindestens 1,5 m.

Gut entwickelte Wirsingpflanze

Der Name „Federkohl" ist der Tatsache geschuldet, dass die mehr oder minder stark gekrausten Blätter einem Büschel „Federn" gleichen. Diese Federblätter verdoppeln nahezu die Blattoberfläche. Eingehend betrachtet kommt Grünkohl einem „Überlebenskünstler" gleich, er zählt zu den kälteresistentesten Gemüsearten, die wir kennen.

Junge Palmkohlpflanzen

Diese Kohlvarietät bildet keinen Kopf und auch keine Blume. Man differenziert zwischen niedrigen, halbhohen und hohen Sorten. In Skandinavien und Norddeutschland hat der Grünkohl eine sehr lange Anbautradition.

Gesundheitliche Bedeutung

Der hohe Gehalt an Vitamin C kurbelt das Immunsystem in einer Zeit ordentlich an, in der es enorm gefordert wird. Auch Calcium ist in einer beachtlichen Menge vorhanden. Gerade während der tristen, kalten Tage kann der Verzehr nur angeraten werden, da die Sonnenenergie, die in den verwegen geformten Blättern gespeichert worden ist, aufhellende und stimmungsverbessernde Wirkung erzielen kann.

Kultur und Pflege

Die geringen Pflegeansprüche und die Winterhärte machen den Grünkohl zu einem Gemüse, das von jedem einfach angebaut werden kann. Ausgesät wird im Mai oder Juni, je nach Region. Feinkrümelige Pflanzerde empfiehlt sich für ein problemloses Angehen.

Die jungen Pflanzen lassen sich leicht umsetzen und können so lange im Aussaatbeet bleiben, bis ein anderes Beet abgeerntet und für den Grünkohl vorbereitet wurde. Somit kann die Kultur des grünen Gemüses im Nutzgarten flexibel an das Platzangebot angepasst werden. Ich rate grundsätzlich dazu, dass das Umpflanzen in die späten Nachmittags- und/oder die frühen Abendstunden verlagert wird. Außerdem sollten Sie die Setzlinge gut angießen, anstatt sie festzudrücken.

HINWEIS! Gut eingießen

Das Festdrücken des Wurzelballens beim Umpflanzen ist nicht erforderlich, wenn mit einer Gießkanne kreisförmig um den Setzling aus einer Höhe von ca. 30 cm in kräftigem Strahl gegossen wird. Mit etwas Übung wird bei dieser Art des Gießens der Setzling vom Wasser fest eingespült und die Wurzeln können, da sie dadurch von feinsten Bodenbestandteilen umgeben werden, sofort lebenserhaltendes Wasser und Nährstoffe aufnehmen. Beim Festdrücken dagegen können die feinen Wurzeln a) beschädigt werden und b) werden die feinen Bodenbestandteile eventuell nicht in die Zwischenräume des Wurzelballens gespült, wodurch es zu einer unerwünschten Hohlraumbildung kommen kann, die das Anwachsen negativ beeinflusst.

Gepflanzt werden die Setzlinge je nach den Bedürfnissen der jeweiligen Sorte. Der Abstand zwischen den einzelnen Pflanzen beträgt etwa 0,5 m. Wird eine kleinere Sorte gewählt, reduziert sich der Pflanzabstand dementsprechend. Sorten mit niedrigerem Wuchs überwintern in kälteren Regionen auch deutlich besser!

Palmkohl im Wintergarten. Die Blätter können fortlaufend geerntet werden.

TIPP! Palmkohl

Der Palmkohl (*Brassica oleracea* var. *palmifolia*) ist ebenfalls vollkommen winterhart, wenngleich sich bei hartem Dauerfrost doch früher Absterbe- und Fäulniserscheinungen zeigen als beim Grünkohl. Es handelt sich dabei um eine großwüchsige, repräsentative Pflanze, die einen größeren Platzbedarf aufweist, jedoch in der Kultur die gleichen Ansprüche stellt wie der Grünkohl.

Alternativ: Guter Heinrich (*Chenopodium bonus-henricus*)

Der Gute Heinrich war als heimisches Wildgemüse früher weit verbreitet, ist aber inzwischen – völlig zu Unrecht – beinahe vergessen. Das Blattgemüse ist, wenn es erst einmal Fuß gefasst hat, recht anspruchslos, dankt aber gelegentliche Kompost- oder Mistgaben mit einem unbändigen Wuchs.

Die Aussaat ist während der gesamten Vegetationszeit möglich. Im Handel ist die Pflanze auch als Topfware erhältlich. Weiterhin kann die Pflanze über Staudenteilung vermehrt werden. Pro Pflanze ist mit ungefähr 30 x 30 cm Platzbedarf zu rechnen. Lässt man einige Pflanzen zur Samenreife gelangen, sät sich der Gute Heinrich auch selbst aus. Es kann laufend geerntet werden. Im Frühling eignen sich die jungen Triebspitzen auch sehr gut zum Bleichen (siehe unter „Chicorée" S. 84).

In der Küche findet der Gute Heinrich Verwendung als Salat oder Spinat, wobei die jungen Blätter etwas herber schmecken als Spinat. Die reifen Samen wurden früher auch im Brot verbacken oder ergaben, geröstet, Kaffee.

TIPP! Roh genießen

Wird das Blattmehl – es haftet unterhalb der Blätter – gründlich entfernt, können die jungen Blätter auch roh in einem Salat verzehrt werden.

Der unverwüstliche „Gute Heinrich" – eine vielseitige Gemüsepflanze

HAFERWURZEL & SCHWARZWURZEL

(*Tragopogon porrifolius* & *Scorzonera hispanica*)

Steckbrief: Haferwurzel und Schwarzwurzel

Botanik: Familie der Korbblütler (Asteraceae)
Arbeitsaufwand: Gering
Eignung für Erstanbauer: + + +
Optimale Lichtverhältnisse: Sonnig bis halbschattig
Optimale Bodenverhältnisse: Trockener, tiefgründiger und lockerer Boden
Vorkultur: -
Günstiger Aussaatzeitpunkt: März/April
Auspflanzen ins Freiland/umpflanzen: -
Platzbedarf: 25 x 20 cm
Pflegeanspruch: Gering
Düngung: -
Gießen: Keine Pflanzenjauchen mit ausbringen
Winterpflege: -
Ernte: Ab November; an frostfreien Tagen die Wurzeln ausgraben
Ernteertrag: 15–20 kg pro 10 m^2
Kosten/Nutzen: Gut
Schädlinge: Nager
Pflanzengesundheit: +

Wissenswertes

Auf den ersten Blick bemerkt man beim Betrachten einer **Haferwurzel** die Ähnlichkeit mit dem Wiesenbocksbart – *Tragopogon pratensis* –, mal abgesehen von den sich leicht einrollenden Blättern und den gelben Blüten.

Während der Wiesenbocksbart eine Wildpflanze ist, die auf Wiesen vorkommt, handelt es sich bei der Haferwurzel um ein respektables Gemüse, welches von unseren französischen Nachbarn mit dem Begriff „Auster" ausgezeichnet wurde. In der Tat, der Geschmack der Haferwurzel passt exzellent zu einem guten Champagner und ähnlich den Verzehrgewohnheiten beim Genuss einer Auster betonen ein paar Spritzer

Samenbildende zweijährige Haferwurzel

Rosette der Schwarzwurzel

Erntereife Wurzel der Haferwurzel

Zitrone und ein Hauch frisch vermahlener Pfeffer die feine Note der delikaten Wurzel geradezu perfekt. Wer es jedoch lieber bunt mag, der lasse ein paar Wurzeln im Boden. Im zweiten Jahr bilden diese ab Ende April eine Vielzahl herrlicher, an Gerbera erinnernde Blüten.

Auch die **Schwarzwurzel** ist ein beliebtes Wurzelgemüse mit nussigem Aroma, das auch als „Winterspargel“ bezeichnet wird. Schwarzwurzeln können in Suppen oder Eintöpfen, aber auch als Gemüsebeilage gegessen werden. Raspelt man die Wurzeln, können sie roh in einem Salat, beispielsweise mit Apfel und Karotte, genossen werden.

Gesundheitliche Bedeutung

Wurzelgemüse weisen oft ein anderes Mengenverhältnis an Mineralien und Vitaminen auf. Die Schwarzwurzel überzeugt mit einem ordentlichen Wert an Calcium, weshalb ältere Menschen zur Stärkung des Knochengerüstes regelmäßig Schwarz-, aber auch Haferwurzeln verzehren sollten. Das in den Wurzeln enthaltene Inulin ist ein Mehrfachzucker (Polysaccharin) und kann bei empfindlichen Personen Blähungen verursachen. Diabetiker profitieren vom Inulingehalt, da sie keine BE anrechnen brauchen.

Kultur und Pflege

Im April können bei trockener und warmer Witterung die Samen in den Boden gegeben werden. Da die Samen stäbchenförmig und relativ groß sind, kann das Wurzelgemüse ohne Probleme auch von ungeübten Personen gleichmäßig und nicht zu dicht ausgesät werden.

Die stäbchenförmigen Samen keimen gut. Eine Samenanzucht im Garten ist sowohl bei der Haferwurzel als auch bei der

TIPP! Blütenpracht und Samenernte

Blühende Pflanzen der Haferwurzel – im zweiten Standjahr – können bis zu 50 wundervolle, herrlich blattviolette Blüten entwickeln und gleichen dann einem blühenden Strauch, der durchaus einen Durchmesser von 1 m erreichen kann! Leider erblühen nicht alle Blüten gleichzeitig, jedoch wirken die langen Stängel, die von zipfelmützenartigen Blütenknospen gekrönt werden, sehr dekorativ. Da die Sorten samenfest sind, können die reifen Samen geerntet, trocken verwahrt und im nächsten Jahr ausgesät werden. Auch die Schwarzwurzel, die, ebenfalls im zweiten Standjahr, sonnenblumengelb blüht, bildet Samen.

TIPP! Samen gewinnen

Falls Sie einmal Samen gewinnen möchten, sollten Sie wie ein Züchter vorgehen und die Pflanze, von der Sie Samen gewinnen wollen, sehr sorgfältig auswählen: Wählen Sie eine typische und gesunde Pflanze aus. Die anderen dürfen natürlich den Gemüsegarten zur Rabatte erheben.

Samen der Haferwurzel

Schwarzwurzel problemlos möglich. An einer Pflanze erscheinen sehr viele Blüten, die viele Samen reifen lassen. Aufgrund der Samenfestigkeit können Sie ohne Probleme die Samen für die Anzucht neuer Pflanzen verwenden.

Da die Pflanzen sich relativ langsam entwickeln, können in die Saatreihen frohwüchsige Gemüsesorten gesät werden. Salate und Kohlrabi, schnellwüchsige, kleine Möhren ('Pariser Markt'), Radieschen, Dicke Bohne oder Buschbohnen eignen sich gut. Auf Beikrautdruck reagieren die Wurzelgemüse kaum. Damit die Wurzelgemüse eine gesunde, tief in den Boden reichende Wurzel ausbilden, benötigen sowohl Haferwurzel als auch Schwarzwurzel kaum Gießwasser.

Experiment: Sparsam gießen

Bei meinen Gießexperimenten stellte ich fest, dass Gemüse, welches regelmäßig mit Gießwasser versorgt wird – ich verwende grundsätzlich abgestandenes Wasser –, eine andere Wurzeldynamik aufweist als Gemüse, das kaum oder gar nicht gegossen wird. So bilden Wurzelgemüse, die nicht künstlich mit Wasser versorgt werden, längere und geradere Wurzeln als die mit Wasser versorgten. Ein Radieschen von der Größe einer Haselnuss weist, wenn es nicht gegossen wird, eine Pfahlwurzel von knapp 10 cm Länge auf. Das Gleiche gilt für einen Kohlrabi. Und wer sich einmal ganz genau das Wurzelgeflecht einer Maispflanze angeschaut hat, weiß, dass Pflanzen eine Strategie entwickelt haben, dank derer sie Trockenzeiten überleben.

Diese Pflanzen sind vital und gesund – ich vergleiche sie mit Athleten. Die Wurzel der Radieschen, welche ich grundsätzlich nicht zusätzlich mit Gießwasser versorge,

gräbt sich binnen weniger Tage – das Radieschen auf dem Bild unten ist gerade einmal vor drei Wochen ausgesät worden – tief in das Erdreich und reichert die Nährstoffe in der knackigen Wurzelverdickung an. Selbst gezogene Radieschen sind deutlich aromatischer als die Handelsware!

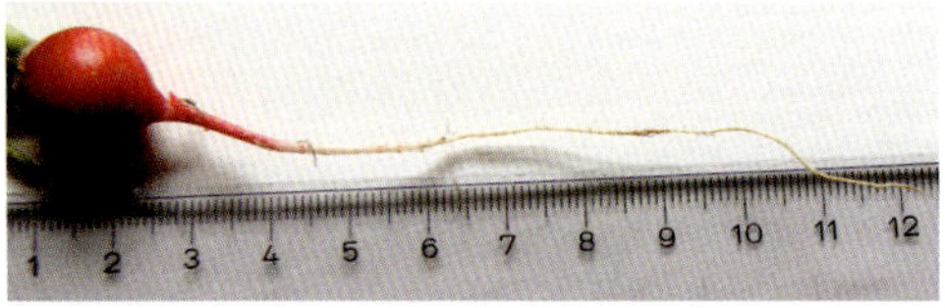

Durch wenig Gießarbeit wird die Wurzelbildung erheblich angeregt.

Sobald die Wurzelgemüse eine ordentliche Blattrosette bilden, sollten sie vereinzelt werden. Schöne Exemplare können in dieser Größe noch umgepflanzt werden. Diese sollten, damit sie auch gut anwachsen, ein paar Tage lang möglichst in den Abendstunden begossen werden. Gießen Sie nach Möglichkeit wenig Wasser auf die Blätter, sondern befeuchten Sie den Boden um die Wurzel herum.

Die Ernte dieser beiden Wurzelgemüse beginnt meist im November, wenn die Blätter abzusterben beginnen. Eine Winterpflege ist bei der Haferwurzel nicht erforderlich, sie ist absolut frostfest. Schwarzwurzeln sollten jedoch frostfrei überwintert werden. Falls sie draußen bleiben und es sehr kalt wird, können Sie den Boden vorm Durchfrieren durch Abdecken mit Laub oder Stroh bedecken. Da eine Ernte bei einem knochenhart gefrorenen Erdboden nicht möglich ist, sollten Sie einen Vorrat im Kalten Kasten, im Keller oder in der Miete lagern. Solange der Boden offen und nicht gefroren ist, können Sie auch im Garten ernten, dazu werden die Wurzeln aber immer ausgegraben und nicht, wie etwa Karotten, einfach herausgezogen.

Haferwurzeln punkten nicht nur mit ihrer Winterfestigkeit, sondern auch damit, dass sie nicht geschält werden müssen. Nach der Ernte werden die Wurzeln einfach gesäubert, die Nebenwurzeln werden entfernt und im Anschluss daran werden die schönen, eierschalenfarbenen Wurzeln in etwas Wasser gegart (siehe auch Rezeptidee, S. 196).

Im Gegensatz zu Haferwurzeln müssen Schwarzwurzeln geschält werden. Beim Schälen sollten Sie Gummihandschuhe tragen, da der austretende Pflanzensaft die Hände verfärbt. Um die geschälten Wurzeln vor dem Braunwerden zu bewahren, können Sie sie mit Zitronensaft beträufeln. Anschließend können Schwarzwurzeln wie Haferwurzeln gegart werden.

Haferwurzelpflanzen im Wintergarten

KAROTTE (MÖHRE)

(*Daucus carota* ssp. *sativus*)

Steckbrief: Karotte

Botanik: Familie der Doldenblütler (Apiaceae); im zweiten Jahr wird in der Regel die Blüte gebildet.
Arbeitsaufwand: Gering
Eignung für Erstanbauer: + + +
Optimale Lichtverhältnisse: Sonnig
Optimale Bodenverhältnisse: Trockener, nahrhafter Boden
Vorkultur: -
Günstiger Aussaatzeitpunkt: Für die Herbst-/Winterernte bis Mitte Juni; für die Ernte im Frühsommer im Januar/Februar eine Frühkultur aussäen
Auspflanzen ins Freiland/umpflanzen: -
Platzbedarf: Reihenabstand etwa 30 cm, innerhalb der Reihe vereinzeln
Pflegeanspruch: Beikrautdruck gering halten
Düngung: Nicht in frisch gedüngten Boden setzen
Gießen: Nur in Trockenperioden
Winterpflege: Bis –5 °C im Garten lassen, bei Frost mit schützenden Materialien abdecken
Ernte: Ab der gewünschten Größe
Ernteertrag: 30–40 kg pro 10 m²
Kosten/Nutzen: 2 g Samen pro 10 m²
Schädlinge: Nager, Nacktschnecken, Drahtwürmer
Pflanzengesundheit: Eventuell Rost

Wissenswertes

In Mitteleuropa trifft man auf Wiesen, Magerrasen und entlang von Wegrändern auf die „Wilde Möhre". Eine historische Betrachtung gestaltet sich wegen der Namensvielfalt bzw. der Namensverwirrung schwierig. In der „Capitulare" (um 800) Karls des Großen heißt sie vermutlich „carvitas". In der „Physika" der hl. Hildegard „Morkrut". Ende des 16. Jahrhunderts gelangte die Möhre höchstwahrscheinlich von Frankreich (oder England) nach Deutschland. Saatgut gelangte in dieser Zeit von vielen Handelsleuten über zahlreiche Routen in

Erntefrische Möhren aus dem Selbstversorgergarten

Voll entwickelte Blüte einer Möhre

die Gärten und wurde fleißig getestet. In den Niederlanden sollen die carotinhaltigen, orangefarbenen Möhren zuerst aufgetaucht und Ende des 17. Jahrhunderts züchterisch bearbeitet worden sein.

Friedrich Georg Christoph Alefeld (1820–1872), ein deutscher Arzt und Botaniker, der die Nutzpflanzen systematisch bearbeitete, nannte 1866 neun Möhrensorten, die er nach Farbe und Wuchsform unterschied. Das Farbspektrum seiner Systematisierung reichte von Weiß bis Violett und die Form von lang bis rund.

Gesundheitliche Bedeutung

Der Genuss der orangefarbenen Wurzeln ist roh und gegart sehr empfehlenswert. In den Wurzeln stecken unter anderem zahlreiche Vitamine, Farbstoffe, Mineralien, Öle, Eiweiß und Zucker. Der Verzehr kann verdauungsfördernd wirken, den nervösen Magen beruhigen und den Cholesterinspiegel senken. Durch die B-Vitamine kann ein reger Verzehr das Hautbild verbessern.

Äußerlich angewendet kann ein Brei aus rohen Karotten bei Verbrennungen oder Verbrühungen rasche Linderung bewirken.

Kultur und Pflege

Die Kultur der Karotte ist im Freiland und im Frühbeet (Treibmöhre) möglich. Möhrensamen keimt in der Regel bereits bei einer Temperatur von über 3 °C. Sobald dieser Wert erreicht ist, kann eine frühe Treibmöhre (eine bewährte Sorte ist 'Gonsenheimer Treibmöhre') direkt in den offenen Boden ausgesät werden. Ein Reihenabstand von etwa 30 cm ist einzuhalten.

Die Frühkultur

Karotten eignen sich ausgesprochen gut zur Frühkultur (beispielsweise die Sorte 'Pariser Markt') und sollten erntereif sein, wenn die ersten Erbsen erntefrisch in die Küche gelangen. Für die Kultur der Treib-

Junge Möhren im Beet. Die Ringelblumen halten Nager fern.

möhre hat sich insbesondere der Kalte Kasten bewährt, da darin je nach Witterung die Temperatur durch Anschichten von wärmenden Materialien von außen reguliert werden kann. Da Karotten aber hinsichtlich der Temperaturen recht anspruchslos sind, genügt ein halbwarmer Kalter Kasten. Sollten die Temperaturen für einige Tage plötzlich stark sinken, wie es immer wieder einmal vorkommen kann, sollte die Kultur zusätzlich für diesen Zeitraum mit wärmenden Materialien geschützt werden. Als besonders erwärmend erweist sich Pferdemist! Dieser lässt, an die Bretter geschichtet und mit Erde bedeckt, den Kalten Kasten beinah zu einem Mistbeet werden, ohne dass die Möhren mit dem Dung in direkten Kontakt gelangen.

TIPP! Samen gewinnen

Bei einer Aussaat in den Kalten Kasten im Februar kann die erste Ernte unter optimalen Bedingungen bereits im Mai (oder Juni) erfolgen.

Ausgesät wird – je nach Witterung – bereits in den Monaten Januar und Februar. Die Samen werden in den Kasten gestreut und dünn mit Erde bedeckt. Die Fenster werden aufgelegt und es ist dafür zu sorgen, dass die Temperatur im Inneren des Kastens nicht zu starken Schwankungen unterworfen ist. Sobald sich die Pflänzchen entwickelt haben, werden diese vereinzelt. Ein Abstand von 5–8 cm ist ausreichend.

Bei direkter Sonneneinstrahlung ist die Temperatur im Kasten zu reduzieren – sonst würden die Karotten „ins Kraut schießen" und keine Wurzeln bilden. Gegossen wird mit lauwarmem Wasser. Der Boden sollte während der Kulturdauer nicht austrocknen. Sobald es die Temperaturen erlauben – etwa ab März – sollte der Kasten während der Tagesstunden geöffnet werden.

Neben dem Anbau im Kalten Kasten können Karotten auch im Gewächshaus kultiviert werden. In diesem Fall empfiehlt sich ein Anbau im Oktober des Vorjahres. Als Erntezeitpunkt ist der Zeitraum zwischen Mai und Juni realistisch.

Der Arbeitsaufwand ist bei beiden Anbaumethoden recht hoch und verlangt Sorgsamkeit im Umgang mit den Pflanzen. Nur durch ein fachlich kompetentes Niveau wird eine angemessene Ernte erzielt.

Die Herbst- und Winterernte

Für die Kultur der Freilandmöhre für die Herbst- und Winterernte bzw. als Lagerkarotten empfiehlt sich eine Aussaat bis Mitte Juni direkt ins feinkrümelig vorbereitete Beet. Ein tiefgründiges, trockenes Saatbeet ist Garant für das Gelingen des Freilandanbaues von Möhren, die es in vielen Sorten gibt. Je nach Vorliebe ist die Sortenauswahl zu treffen. Beachten Sie auch die Angaben zu den jeweiligen Sorten auf den Samenpäckchen.

TIPP! Verschiedene Sorten

Bauen Sie mehrere Sorten Freilandmöhren (frühe, mittelfrühe und späte) an, die, je nach Entwicklungsstufe, zu unterschiedlichen Zeiten geerntet werden können! Benötigt werden etwa 2 g Samen für 10 m^2 Beetfläche! Gut geeignet für die Winterkultur sind die Sorten, die groß werden (Riesen).

Für die Aussaat ziehen Sie eine nicht zu tiefe Furche – ein Rillenzieher, bei dem die Abstände zwischen den Reihen im Vorfeld eingestellt werden können, leistet hierbei gute Dienste. Der Reihenabstand beträgt etwa 30 cm. Die Samen werden dünn und gleichmäßig eingestreut. Am sichersten nimmt man etwas Samen in die Hand und langt mit den Fingerspitzen der Sähand in die Samen, die man dann ähnlich wie Salz, welches auf das Frühstücksei gestreut wird, in die Furche gleiten lässt. Da der Samen leicht ist, kann er vom Wind verweht werden. Säen Sie, wenn die Windverhältnisse dies erlauben.

Ist die Aussaat des Möhrensamens erfolgt, nehmen Sie Radieschen- und/oder Kopfsalatsamen und streuen auch diese gleichmäßig in die Reihen, in denen bereits die Möhrensamen enthalten sind. Danach bedecken Sie die Samen mit Erde. Radieschen und Salat keimen bereits einige Tage nach der Aussaat und markieren so den Verlauf der Möhrenreihen.

TIPP! Mischkultur

Drei Reihen Möhren folgen zwei Reihen Steckzwiebeln.

Die Entwicklung der Radieschen geht sehr schnell vonstatten, bereits vier Wochen nach der Aussaat muss geerntet werden, das bedeutet, dass die kräftigen und von Erdflöhen perforierten Blätter der „unverwüstlichen" Pflanze vier Wochen lang ein schützendes Dach über den zarten Möhrenpflänzchen gebildet hatten. Durch die Ernte der Radieschen bekommen die Möhrenpflänzchen nun mehr Platz, mehr Licht und haben weniger Konkurrenzdruck.

Der Kopfsalat übernimmt nicht so stark die schützende Funktion. Außerdem braucht er bis zur Ernte beinah die doppelte Zeitspanne. Er sollte mit dem Abernten der Radieschen aber ebenfalls aus den Möhrenbeeten entfernt und umgepflanzt werden. Lediglich dort, wo eine Möhrenpflanze fehlt, kann der Salat weiterhin bis zur Ernte gedeihen.

Mischkultur im Selbstversorgergarten garantiert auch Einsteigern optimale Ernten.

Das Gießen der Möhrenpflänzchen ist in der Regel nur bei langanhaltender Trockenheit erforderlich. Sie finden heraus, ob Sie gießen müssen oder nicht, indem Sie mit der Spitze der leichten Hacke an einer freien Stelle in das Beet schlagen und die Erde umwenden. Wenn der Erdboden unter der abgetrockneten und hellen Fläche dunkel

Vereinzelte, gesunde Möhren der Sorte 'Pariser Markt'

und feucht erscheint, brauchen Sie nicht zu gießen!

Für den Herbst- und Winteranbau empfehlen sich gut lagerbare Möhrensorten! Diese sind relativ kältetolerant und können bei Temperaturen bis –5 °C im Garten verbleiben. Bedecken Sie die Beetfläche jedoch mit schützenden Materialien und achten Sie auf Schädlingsbefall durch Nager.

Die Lagerung der Möhren geschieht im Keller, im Erdkegel, im Kalten Kasten oder in einer Miete. Die Miete ist relativ problemlos herzurichten. Bedenken Sie, dass diese Miete bei jedem Wetter gut erreicht werden kann. Die Wurzeln sollten trocken gelagert werden, darum sollte über das Strohdach eine Folie gelegt werden, die jedoch die Miete nicht hermetisch abschirmt.

HINWEIS! Lagerung in alten Zelten

Aus alten landwirtschaftlichen Lehrbüchern erfahren wir, dass früher die beinah scheunengroßen Mieten, in denen die Runkelrüben für das Vieh gelagert wurden, zusätzlich mit Tonrohren, ähnlich Schornsteinen, versehen worden sind, durch welche der Gasaustausch stattfinden konnte.

Selbstversorger, die größere Mengen Gemüse produzieren, sehen sich oft mit dem Problem konfrontiert, schadhafte Gemüse (die viel zu schade zum Kompostieren sind) oder zu kleine Gemüse sinnvoll zu verarbeiten. Ein Beispiel, wie dem zu begegnen ist, finden Sie im Rezeptteil (s. S. 197).

Verschiedene Sorten bringen Abwechslung: eine 'Nantaise' und eine 'Guèrande' (Oxheart) wurden zusammen auf eine Beetfläche ausgesät.

KARTOFFEL

(*Solanum tuberosum*)

Steckbrief: Kartoffel

Botanik: Familie der Nachtschattengewächse (Solanaceae)
Arbeitsaufwand: Mittel
Eignung für Erstanbauer: + + +
Optimale Lichtverhältnisse: Vollsonnig
Optimale Bodenverhältnisse: Trockener, sandiger Boden ist von Vorteil; gedeihen aber auch in Lehm- oder Tonböden
Vorkultur: -; vorkeimen erweist sich als kulturfördernd, gerade bei Frühkartoffeln.
Günstiger Aussaatzeitpunkt: -
Auspflanzen ins Freiland/umpflanzen – Frühkartoffeln: ab Ende März
Auspflanzen ins Freiland/umpflanzen – Spätkartoffeln: bis Mitte Juni
Platzbedarf: 40 x 40 cm
Pflegeanspruch: Mittel
Düngung: -
Gießen: -
Winterpflege: -
Ernte: Sobald das Kraut abstirbt.
Ernteertrag: Frühkartoffeln erreichen einen geringeren Ernteertrag als späte Sorten – etwa 20 kg pro 10 m^2.
Kosten/Nutzen: + +
Schädlinge: Nager, Kartoffelkäfer; Nacktschnecken befallen mitunter die Knollen, die aus dem Boden ragen.
Pflanzengesundheit: Krautfäule

Wissenswertes

Die Kartoffel stammt ursprünglich aus Südamerika und ist regional auch unter dem Namen Erdapfel und anderen regionalen Bezeichnungen bekannt. Noch vor etwa 200 Jahren gab es hierzulande über 2000 Kartoffelsorten. Viele Sorten sind nicht mehr erhältlich. Salonfähig hatte die Knolle der „Alte Fritz" (Friedrich II) mit seinem „Kartoffelbefehl" (1746) gemacht, der bei den Betroffenen jedoch nicht auf Gegenliebe stieß und saftige Strafen nach sich zog. Grund für die Kulturverweigerung war ein hartnäckiges Misstrauen der Landbevölkerung gegenüber der Kartoffel aus Mangel an Aufklärung; es wurden schwerwiegende Fehler im Umgang mit dem toxischen Nachtschattengewächs begangen (dessen frühere Kulturform selbst in qualitativ hochwertigen Knollen gefährlich hohe Giftwerte aufwies, wodurch nach einem reichlichen Verzehr Vergiftungszustände auftraten). Sogar das Kartoffelkraut wurde an das Vieh verfüttert, welches daraufhin qualvoll verendete. Erst nach und nach begann die Kartoffel ihren Siegeszug in Europa und löste

Werden mehrere Sorten gepflanzt, sichert dies den Erfolg und bringt Abwechslung in den Garten und auf den Tisch!

mit der Zeit den Anbau der Pastinake ab, die bis zu diesem Zeitpunkt als Grundnahrungsmittel verwendet wurde.

Kartoffeln sind einjährige, krautige Pflanzen, die aus Samen, meist aber aus geeigneten Knollen vermehrt werden. Nachdem die Pflanzen aufgegangen sind, entwickeln sie etwa fünf bis sieben Stängel, die eine Höhe von etwa knapp 1 m erreichen können und die im Spätsommer Blütendolden bilden. Die Blütenfarben variieren innerhalb der Sorten von Weiß bis Dunkelviolett. Die Kartoffel ist ein Nachtschattengewächs, welches das Gift Solanin bildet. Beim Kochvorgang wird dieses Gift jedoch abgebaut. Kartoffeln sind nicht winterhart und müssen deshalb vor dem Winter, möglichst bei sonnigem, trockenem Wetter geerntet und eingelagert werden.

Gesundheitliche Bedeutung

Kartoffeln sind eine optimale diätetische Ergänzung im Kampf gegen überflüssige Pfunde. Pro 100 g enthalten sie lediglich 70 kcal. Zudem sind sie besonders reich an Kalium, Magnesium und Vitamin C. In der Volksgesundheitslehre werden aus heißen, gegarten Pellkartoffeln Umschläge bei Gliederschmerzen und bei Halsschmerzen verwendet. Das Kochwasser der Pellkartoffeln kann zum Gurgeln bei Halsschmerz benutzt werden. Gekochte Kartoffeln sind auch für den Magen eine Wohltat.

Kultur und Pflege

Die Kultur der Kartoffel ist relativ einfach, wenn drei Grundregeln beachtet werden:

- Trockener Boden
- Warme Witterung
- Nicht frisch gedüngter Boden

Der Boden zur Kartoffelkultur sollte tiefgründig gelockert sein. Pflanzen Sie Kartoffeln nicht in einen nassen und kalten Boden! Bei schweren Böden (Lehm oder Ton) besteht die Gefahr, dass der Boden

Bei einem feinkrümeligen, gut aufgelockerten Boden bereitet das Ziehen der Furchen keine Probleme. Sie sollten mindestens 15 cm tief sein.

Ein „Häufler“ ist bei mehreren Gemüsen einsetzbar.

einerseits schlecht austrocknet und sich andererseits nur schwer erwärmt. Bei derartigen Böden empfiehlt sich ein mehrmaliges Ziehen einer tiefen Furche (15–20 cm) mehrere Tage vorm Legen der Saatknollen, wodurch der Erdboden trocknet und sich erwärmt.

Bodenverbesserungsmaßnahmen einleiten!

TIPP! Eigene Erfahrungen

Als ich das Pflanzen der Kartoffel erlernte, hing vom Erfolg des Anbaus das Wohlergehen von einer Familie und deren Viehbestand ab. Mein Vater war nicht nur ein strenger, sondern auch ein guter Lehrmeister: Ich pflanze jedes Jahr erfolgreich und seit über 40 Jahren diverse Kartoffelsorten auf den unterschiedlichsten Bodenarten unter unterschiedlichsten Bedingungen an. Mein Fazit: Die Bodenart ist für den Erfolg relativ unerheblich, solange Kartoffeln nur bei warmer Witterung in einen lockeren, trockenen und nicht frisch gedüngten Boden gesetzt werden.

Das Pflanzen (Legen oder Setzen) der Kartoffeln bzw. Knollen sollte grundsätzlich bei milden Temperaturen und an Sonnentagen geschehen. Gießen Sie Kartoffeln nicht an – die Knollen weisen in der Regel knapp 80 % Feuchtigkeit auf. Zuerst ziehen Sie mit einer schweren Hacke oder einem Häufelpflug eine Furche. Bevor Sie mit dem Legen der Saatkartoffeln beginnen, lassen Sie die Furche mindestens eine Stunde von der Sonne erwärmen und auch noch etwas

Die Abstände zwischen den Kartoffeln sollten 25 cm nicht unterschreiten (Ausnahme sogenannte „Hörnlekartoffeln“).

Die Saatkartoffeln können noch eine Weile vom Sonnenlicht erwärmt werden, bevor sie mit Erde bedeckt (gehäufelt) werden. Achten Sie darauf, dass die Keime nicht durch Unachtsamkeit abbrechen!

abtrocknen. Die Saatkartoffeln lüften während dieser Zeit ebenfalls im Sonnenlicht ab. Anschließend werden sie in einem Abstand von etwa 30 cm in die Furche gelegt. Werden die Samen der Dicken Bohne oder der Puffbohne noch mit in die Reihen beigefügt, sollten die Abstände marginal vergrößert werden.

TIPP! Sonnig und trocken

Ein sonniger Tag und ein ordentlich abgetrockneter Erdboden garantieren den Anbauerfolg.

Das darauffolgende Häufeln geschieht auf folgende Weise: Die Erde rechts und links entlang der Furche wird mit einer schweren Hacke zu einem Damm aufgeworfen, der ähnlich einer Spargelanlage ist. Wem der Häufler für diese Arbeit zu schwer ist, der kann eine schwere Hacke dafür benutzen. Wenn Sie unsicher sind, wie hoch die Dämme werden müssen, stellen Sie sich vor, Sie legen acht bis zehn unterschiedlich große Kartoffeln auf einen Haufen. Das ist in etwa der Raum, den die Kartoffeln während ihrer Entwicklung benötigen und dieser Raum muss – um eine Grünfärbung durch Lichteinwirkung zu vermeiden – vollkommen mit Erde bedeckt sein, demzufolge sollten die Kartoffeldämme in etwa ein Ausmaß annehmen, welches 15–20 Kartoffeln aufnehmen kann.

Werden Kartoffeln nicht richtig gehäufelt, gelangen die Knollen ans Licht und verfärben sich grünlich. Das Grüne der Kartoffel ist grundsätzlich giftig! Es handelt sich um ein Alkaloid (Chaconin und Solanin). Nicht zum Verzehr geeignet!

TIPP! Vorkeimen

Saatkartoffeln können bei milderer Witterung oder in einem erwärmten Raum vorgekeimt werden! Nicht in die pralle Sonne stellen, nicht in einem trockenen Heizungskeller über längere Zeit lagern! Ich packe meine Saatkartoffeln in luftige Stiegen, die ich mit Stroh gefüllt habe. Diese stelle ich an warmen Tagen, etwa ab Ende März, gelegentlich für ein paar Stunden ins Freie. Kartoffeln mit Keimen einer Länge von mind. 1 cm bis max. 5 cm sind optimal vorgekeimt.

Gesunde Saatkartoffeln verwenden

Saatkartoffeln sollten gesund und unbeschädigt sein! Falls die Kartoffeln bereits welk sind (verschrumpelt), aber noch gesunde Keime aufweisen, können diese ebenfalls verwendet werden. Übrigens wurden in den Nachkriegsjahren erfolgreich die Kartoffelschalen oder geviertelte Knollen gepflanzt! Ausschlaggebend für das Gelingen ist, dass die Kartoffelteile „Augen“ aufweisen, aus denen schließlich die Keime brechen.

Selbstverständlich verlangt auch eine Kartoffelpflanze Pflege. Sobald die Pflanzen durch die Dämme brechen, ist auf Schädlingsbefall (Kartoffelkäfer) zu achten. Beikrautregulierung ist ebenfalls erforderlich. Kartoffeln zählen zu den „Hackfrüchten“.

Ausgewachsener Kartoffelkäfer

Die Dämme werden gelegentlich und ausschließlich bei trockener Witterung mit einer Hacke nur oberflächlich gelockert. Mitte Juni etwa sind alle Stängel aus den Dämmen herausgewachsen. Das ist die richtige Zeit, um die Dämme links und rechts von den Pflanzen herunterzuhacken. Hierzu wird mit einer schweren Hacke der Damm zwischen zwei benachbarten Pflanzen weitestgehend eingeebnet. Es ist bei dieser Tätigkeit jedoch darauf zu achten, dass ausreichend Erde um die jeweiligen Pflanzen verbleibt und dass die Kartoffelpflanzen nicht beschädigt werden. Das Herunterhacken dient der Durchlüftung des Bodens und dessen Auflockerung, wovon letztendlich die „guten" Mikroorganismen im Erdreich profitieren, die wiederum die Pflanzengesundheit fördern.

Vor dem Einsetzen der Blühphase werden die Pflanzen erneut ordentlich angehäufelt. Dieses Anwerfen von Erdreich ist der letzte Arbeitsgang vor der Ernte – es sei denn, Kartoffelkäfer haben sich auf den Pflanzen niedergelassen. Ab der Kartoffelblüte werden Kartoffeln nicht mehr bearbeitet.

TIPP! Richtig einlagern

Die Ernte der Knollen zur Einlagerung geschieht an einem sonnigen Tag! Sind die Knollen oder der Gartenboden sehr feucht, bleiben die Kartoffeln im Freien, bis sie abgetrocknet sind. Kartoffeln werden vor der Einlagerung nicht gewaschen!

KARTOFFELN PFLANZEN

1. Boden gründlich lockern, abtrocknen lassen
2. Furchen ziehen – etwa 15 cm tief
3. Furchen erwärmen lassen – etwa 1–2 Stunden lang in der Sonne
4. Knollen legen
5. Knollen erwärmen lassen – etwa 1 Stunde
6. Furchen häufeln – etwa 20 cm hoch und am Fuß 25 cm breit

Frühkartoffelkultur

Es ist möglich, Frühkartoffeln bereits ab Ende März (je nach Region) zu pflanzen. Wichtig ist auch hierbei, die Kartoffeln in einen trockenen Boden und an einem sonnigen, warmen Tag zu pflanzen. Das Pflanzen der Frühkartoffeln geschieht gleich wie das der Kartoffeln, die ab Anfang Mai gepflanzt werden. Allerdings wird die Frühkartoffelkultur vor Kälteeinwirkung (und Staunässe) mit einer Folie geschützt.

Spätkartoffelkultur

Kartoffeln können auch verspätet – bis Mitte Juni – gepflanzt werden. Allerdings empfiehlt sich die Verwendung von robusten und frohwüchsigen Sorten. Die beste Erfahrung habe ich mit den Kartoffeln aus den nordischen Nachbarländern gemacht. Allen voran begeisterte mich die Sorte 'Blue Kongo', die auch bei herbstlich kühlen Temperaturen einen ordentlichen Ernteertrag erbrachte.

Nach altem Volksglauben trägt die Konstellation der Gestirne zum Ernteerfolg bei. Es heißt: Bei Neumond oder zunehmendem Mond gesteckte Kartoffeln wachsen ins Kraut, während die im Steinbock gesteckten Probleme beim Garen bereiten. Auch das Tierkreiszeichen des Krebses eignet sich nicht: Die Knollen werden krank (Krebs), und wer sie im Zeichen der Fische steckt, erntet wässrige Knollen. Wichtig ist beim Pflanzen auch der Blick in den Himmel, denn wenn große, schwere Wolken am Himmel stehen, verspricht dieses Omen eine reiche Ernte großer Kartoffeln.

Saatkartoffelgewinnung

Um die Kosten für die Kartoffelanpflanzung zu reduzieren, ist es möglich, von der Kartoffelernte Saatkartoffeln für das kommende Jahr zu entnehmen. Hierzu werden die Kartoffeln bei trockenem Wetter relativ spät geerntet. Pellkartoffelgroße – oder etwas kleinere – gesunde, einwandfreie, typisch geformte und unbeschädigte Knollen werden in luftigen Stiegen an einem kühlen, nicht zu trockenen Ort (kein Heizungskeller) überwintert. Vor der Einlagerung sollten die Pflanzknollen grundsätzlich an einem luftigen, schattigen Ort abtrocknen!

WICHTIG! Zu beachten

Die selbst gezogenen Saatkartoffeln dürfen nicht aus einer kranken Kultur (Braunfäule) entnommen werden!

Die Saatkartoffeln dürfen auch nicht mit einem Mittel gegen das Keimen behandelt worden sein und sollten auch nicht gewaschen werden!

KNOLLENFENCHEL

(*Foeniculum vulgare*)

Steckbrief: Knollenfenchel

Botanik: Familie der Doldenblütler (Apiaceae)
Arbeitsaufwand: + +
Eignung für Erstanbauer: + + +
Optimale Lichtverhältnisse: Sonnig
Optimale Bodenverhältnisse: Trockener, feinkrümeliger und warmer Boden
Vorkultur: Kann problemlos vorgezogen und verpflanzt werden.
Günstiger Aussaatzeitpunkt: Juli/August; am besten in eine Furche
Auspflanzen ins Freiland/umpflanzen: Zum Umpflanzen gut geeignet
Platzbedarf: 40 x 20 cm
Pflegeanspruch: + +
Düngung: Pflanzenjauchen
Gießen: Regelmäßig
Winterpflege: +
Ernte: Ab Oktober
Ernteertrag: 12–15 kg pro 10 m²
Kosten/Nutzen: Selbstanzucht problemlos möglich; gut
Schädlinge: Kaum
Pflanzengesundheit: Gut

Wissenswertes

Bereits im Altertum war der wild wachsende Fenchel bei den Chinesen, den Indern, den Griechen und den Römern bekannt. Sie schätzten seine Heilwirkung. Die Griechen glaubten, dass der Genuss Übergewicht verhindere und sich überdies positiv auf die Potenz auswirke. Seinen Ursprung hat der Knollenfenchel im Mittelmeerraum.

Knollchenfenchel erstmalig angehäufelt

Gesundheitliche Bedeutung

Obwohl das Gemüse einen aromatisch süßen Geschmack aufweist, hält sich der Nährwert in Grenzen: nicht einmal 30 kcal pro 100 g! Dank dem hohen Anteil an Kalium unterstützt der regelmäßige Verzehr des Gemüses die Herzfunktion, kann den Blutdruck senken und regulierend auf den Wasserhaushalt wirken.

TIPP! Gut für Salzliebhaber

Personen, die gern und viel Salz verzehren, weisen einen höheren Kaliumbedarf auf als Personen, die sich salzarm ernähren! Knollenfenchel ist ein ideales Gemüse zum Ausgleich.

Kultur und Pflege

Die Kultur ist relativ einfach – gesät wird in einen trockenen, feinkrümeligen und warmen Boden. Der günstigste Aussaatzeitpunkt für die Winterkultur reicht von Ende Juli bis Anfang August. Sät man ihn früher, kommt es meist zu keiner Knollenbildung, er wächst aus und erzeugt Blüten und Samen. Hochsommerliche Temperaturen und längere Trockenzeiten können dazu führen, dass die Knollen in die Länge schießen.

TIPP! In Furchen säen

Säen Sie den Knollenfenchel in eine Furche (auch wenn andere Ratgeber etwas anderes empfehlen)!

Knollenfenchel wird idealerweise in eine Furche gesät. Diese wird jedoch nach der Aussaat nicht mit Erde gefüllt, sondern der Samen wird lediglich 1 cm stark mit Boden bedeckt und bei Bedarf angegossen. Bereits nach einigen Tagen gehen die Pflanzen auf und entwickeln sich zügig. Knollenfenchel eignet sich gut zum Umpflanzen. Pflanzen Sie die Jungpflanzen ebenfalls in eine Furche.

Mit der Ausbildung der Knolle wird die Furche analog des Wuchses mit Erde befüllt, die Knolle also stetig von Erde bedeckt. Das zusätzliche Häufeln verhindert die direkte Sonneneinstrahlung und die Knolle bleibt zart und aromatisch. Außerdem hält sich die Feuchtigkeit besser im Damm. Bei Trockenheit sollte gelegentlich gegossen werden.

In ihrem sorgfältig angehäufelten „Erdmantel“ hält die Knolle Temperaturen bis –10 °C eine Weile stand und kann faktisch, je nach Region, bis Weihnachten und darüber hinaus laufend frisch aus dem Garten geerntet werden. Es empfiehlt sich jedoch, sobald das Thermometer stark zu sinken beginnt, zusätzliche Erde an die Knollen anzuhäufeln und darüber noch eine lockere Schicht Stroh oder Laub auszubreiten, um ein Gefrieren des Erdbodens zu verhindern.

TIPP! Erntezeit

Wird Knollenfenchel Anfang August ausgepflanzt, ist mit einer Ernte ab Ende Oktober zu rechnen!

Knollenfenchel kann auch im Kalten Kasten ohne Probleme überwintert werden. Das hat den Vorteil, dass das Beet anderweitig genutzt werden kann – zum Beispiel kann man es mit frühen Möhren bestellen, die ab Februar getrieben werden können. Dazu werden die Karotten im September ins Beet gesät. Die junge Kultur überwintert dann unter einer Abdeckung aus Stroh oder Laub.

Außerdem bleibt der Fenchel in seinem Winterquartier erntefrisch. Ernten Sie für eine Überwinterung im Kalten Kasten den Fenchel und entfernen Sie lediglich die äußeren Blätter, bevor Sie die Knollen in die Erde einschlagen.

Pflanzholz selbst herstellen

Ein Pflanzholz ist in einem Nutzgarten unentbehrlich. Man kann ein solches Werkzeug beinahe in jedem Gartencenter käuflich erwerben. Die Preise schwanken zwischen luxuriös und billig.

Welcher richtige Selbstversorger möchte sein Pflanzholz nicht selber machen? Darum an dieser Stelle eine kurze Anleitung, wie ein ganz einfaches Werkzeug hergestellt werden kann:

Ein etwa 5 cm starkes und 40 cm langes, gerade gewachsenes und bereits trockenes Stück Holz von einer Esche, Haselnuss oder Silberweide ist optimal für diesen Zweck geeignet. Dieses Holz wird mit einem scharfen Messer an einem Ende angespitzt und am anderen Ende abgerundet. Dieser Bereich wird mehrfach mit Rollenpflaster oder Isolierband umwunden, bis das „Pflanzholz" gut in der Hand liegt und beim Benutzen keine Blasen an den Handinnenseiten verursacht.

Im Hochsommer können steigende Temperaturen eine frühzeitige Blüte bewirken. Pflanzen Sie den Knollenfenchel auf einen Platz, der von der Mittagssonne nicht erreicht wird – Schattenwurf berücksichtigen!

Alternativ: Hirschhornwegerich (*Plantago coronopus*)

Diese Pflanze ist eine alte und fast restlos in Vergessenheit geratene Gemüsepflanze, die, wie der Name vermuten lässt, mit dem häufig auf Wegen und Wiesen anzutreffenden Wegericharten verwandt ist.

Wer die grünen Blätter verzehren mag, sollte die zarten Blätter aus den Pflanzenherzen zum Rohverzehr verwenden. Da die Pflanze absolut winterhart ist, kann auch im Winter von diesem vitalen und vielseitigen Gemüse geerntet werden.

Hirschhornwegerich lässt sich auch sehr gut bleichen, ähnlich dem Löwenzahn (siehe auch S. 118). Diese Methode hat den Vorteil, dass der Wuchs angeregt wird und die Ernte frühzeitig erfolgen kann.

TIPP! Schöne Exemplare bleichen

Bevor man den Wegerich bleichen kann, ist es ratsam, die Pflanzen durch eine optimale Pflege zu stattlichen Exemplaren gedeihen zu lassen.

Zum **Bleichen** benötigt man:

- Pferdedung oder Laub
- Stroh
- Schwarze Folie

Für eine Ernte gebleichter Pflanzen im selben Jahr sollte bereits ab Ende März, sofern es die Witterung erlaubt, der Samen in ein feinkrümeliges und nahrhaftes Saatbeet gesät werden. Der Reihenabstand beträgt etwa 20 cm. Sind die Samen aufgegangen und haben mehrere Blätter zu einer kleinen Rosette geschoben, wird vereinzelt. Der Abstand innerhalb der Reihe sollte ungefähr 20 cm betragen. Hirschhornwegerich ist anspruchslos, Beikrautdruck kein Problem, dennoch sollte die Kultur durch Gießen mit Pflanzenjauchen im Wuchs gefördert werden. Ziel ist es, analog dem Löwenzahn, Pflanzen mit einer stattlichen Wurzel zu erzielen.

Im September/Oktober kann mit dem Treiben bzw. Bleichen begonnen werden. Zuerst wird eine Grube ausgehoben. In diese wird ein Gemisch aus Laub und Pferdemist gefüllt. Auf dieses Gemisch wird die ausgehobene Erde gegeben. Das Stroh wird dünn auf der Erde ausgebreitet und mit einer Gießkanne mit Brause gut befeuchtet. Jetzt ist es an der Zeit, eine gewünschte Anzahl Pflanzen mit einer Grabegabel aus dem Boden zu heben, die Erde kann dabei ruhig abfallen. Die Blätter werden mit einem scharfen Messer zweifingerbreit über der Wurzel abgetrennt.

Die derart vorbereiteten Pflanzen werden so auf dem Stroh ausgebreitet, dass die Wurzeln in eine Richtung weisen. Zum Schluss wird das Treibbeet mit der lichtundurchlässigen Folie abgedeckt. Je nach Witterung können die gebleichten Blätter etwa nach acht

Auf dem Beet weist Hirschhornwegerich eine gute Beikrauttoleranz auf.

Vereinzelter Hirschhornwegerich

Hirschhornwegerich bildet im Lauf der Saison eine kräftige Blattrosette.

Wochen geerntet werden. Diese sind sehr zart und weisen ein nussiges Aroma auf.

Für die Winterernte von grünem Hirschhornwegerich sät man den ersten Satz Anfang September aus. Eine spezielle Düngung ist nicht erforderlich, da die Restnährstoffe von der Vorkultur meist ausreichend sind. Der erste Schnitt von grünen Blättern ist dann meist ab Ende Oktober bis Anfang November möglich.

Alternativ: Knollenziest (*Stachys affinis*)

Oft sind es die einfachen Dinge, die das Leben schön und lebenswert machen! Neben der Topinambur, die uns, ohne dass wir viel tun müssen, delikate Gerichte liefert, ist der Knollenziest ein wirkliches Geschenk. Eine Delikatesse, welche wir unseren französischen Nachbarn zu verdanken haben!

Die „Chinesische Artischocke" oder „Japanische Kartoffel" (regional ist der Knollenziest auch als „Stachy" bekannt bzw. bekannt gewesen) gedeiht ohne Probleme auf einem Boden, der auch Kartoffeln wachsen lässt. Gepflanzt wird im Frühjahr von März bis April. Man kann die Rhizome in Löcher legen und diese bedecken oder analog der Kartoffel in eine Furche. Das Furchen-Verfahren hat den Vorteil, dass man den Überblick behält und auf Schädlingsbefall (Nager) besser reagieren kann.

Zum Bleichen vorbereitete Hirschhornwegerichpflanze. Die gekürzten Blätter (ohne die Herzblätter zu beschädigen) und eine einwandfreie Wurzel sorgen für den Erfolg.

Knollenziest

Eine Knollenziestknolle, samt Keim

Pflanzen Sie die Rhizome ungefähr 5–10 cm tief in einen lockeren, gut mit Humus versorgten Boden. Ähnlich der Topinambur ist – sofern nicht Nager die Rhizome vernichten – ein einmaliges Pflanzen für die nächsten Jahre ausreichend.

Winterpflege ist nicht erforderlich, Beikrautregulierung nur, wenn die Kultur „unterzugehen“ droht. Eine wirkliche Beikrautgefahr stellen lediglich Quecken dar. Diese bohren sich mit ihren drahtigen Wurzeln durch die zarten Rhizome, wodurch diese unbrauchbar werden können.

TIPP! Quecken nutzen

Quecken (*Elymus repens*) gelten zwar als „schreckliches Unkraut“, sind jedoch ein wahrer Segen für den, der mit der Pflanze etwas anzufangen weiß. Aus den getrockneten Wurzeln wurde früher für Kranke und Schwache ein Tee bereitet, der eine enorm vitalisierende und regenerative Wirkung ausgeübt hat. In Anbetracht der Kraft, die Queckenwurzeln entwickeln, kein Wunder!

Die Ernte des Knollenziests erfolgt bei Bedarf. Knollenziest brauchen Sie nicht zu schälen – gründliches Reinigen ist ausreichend – und die Rhizome können sowohl roh als auch gedünstet, in einem Wok beispielsweise, verzehrt werden. Raspeln Sie die kleinen, 3–8 cm langen und ungefähr 2 cm dicken Gebilde über Ihre Pasta und genießen Sie die Frische!

Alternativ:
Löwenzahn (*Taraxacum officinale*)

Die „Kuh- oder Pusteblume“ gedeiht beinah überall. Im Garten wird die Pflanze jedoch stiefmütterlich behandelt, obwohl ihr Verzehr sehr gesund ist und sie eine nahrhafte Jauche ergibt, die, bei regelmäßigem Einsatz, Kohlköpfe rund und fest macht.

Eine Löwenzahnkultur ist denkbar einfach. Alles, was Sie benötigen, ist ein Beet in warmer Lage und mit einem tiefgründigen, humosen Boden. Aus dem Fachhandel kann der Samen besorgt werden. Kultur-Löwenzahn kann frisch von November bis März in einem warmen Mistbeet getrieben (dafür am besten schon ältere Pflanzen mit schön ausgebildeter Pfahlwurzel verwenden) oder ab April direkt ins Freie gesät werden. Im Mai ist jedoch die beste Zeit für die Aussaat. Säen Sie ihn in ein gut aufgelockertes und ordentlich mit Humus versorgtes Saatbeet. Nach dem Aufgehen können die Pflanzen auf 10 cm vereinzelt werden, was die Entwicklung einer gut ausgeprägten Pfahlwurzel begünstigt. Während der Entwicklungszeit sollten die Pflanzen mit Beinwelljauche zu mehr Wachstum angeregt werden.

Die jungen, zarten Blätter können in der Küche verarbeitet werden. Lässt man die Pflanzen auf dem Beet jedoch länger stehen, werden die Blätter ledrig und sehr bitter. Allerdings kann man ihn bleichen, um die Bitterstoffe abzumildern. Den robusten Löwenzahn zu bleichen ist einfach.

Sieht dem Löwenzahn frappierend ähnlich: Eine Zichorie im Schnee

Gießen nicht nötig

Die Wurzel des Löwenzahns (Pfahlwurzel) ragt mitunter mehr als 30 cm tief in den Boden. Dank dieser Ausdehnung ist Gießen nicht erforderlich.

Im Oktober erfolgt der nächste Schritt, für den Sie in weiterer Folge eine schwarze, lichtundurchlässige Folie benötigen, die groß genug ist, die Löwenzahnkultur vollkommen abzudecken. Im Verlauf einer Schönwetterphase werden die Pflanzen im Herbst knapp 3 cm über dem Boden mit einem scharfen Messer abgetrennt.

TIPP! Löwenzahn als Regenwurmnahrung

Die grünen Pflanzenteile können Sie auf ein zu bearbeitendes Beet geben und als Futter für den Regenwurm einmulchen!

Nachdem die Blätter aller Pflanzen heruntergeschnitten worden sind, lüften Sie den Boden mit einer leichten Hacke gründlich auf. Sobald er trocken und feinkrümelig ist, können Sie die Pflanzen beiderseits entlang der Saatreihe anhäufeln. Bevor Sie häufeln, vergewissern Sie sich, dass sich in den „Herzen“ der Pflanzen keine Nacktschnecken versteckt haben.

TIPP! Schnecken entfernen

Sammeln Sie alle Nacktschnecken sorgfältig auf und bringen Sie diese aus dem Garten!

Im nächsten Arbeitsgang wird die Folie über den Löwenzahnpflanzen ausgebreitet. Sie

Gebleichter Löwenzahn sollte zeitnah nach dem Abdecken geerntet werden, da durch das Tageslicht die Chlorophyllproduktion gestartet wird und das Zarte sich verliert.

muss komplett auf dem Boden liegen. Damit sie nicht von Herbststürmen verweht werden kann, sollte sie beschwert werden. Ich verwende zum Beschweren meine „mobilen" Gehwegplatten!

Die Pflanzen wachsen unter der Folie, deshalb sollte diese nicht zu stark drücken.

Ab März kann die Folie nach Bedarf entfernt und die goldgelben Löwenzahnpflanzen können geerntet werden. Sie ergeben einen vorzüglichen Salat, der vor allem mit leicht süßen Marinaden köstlich schmeckt! Der Vorteil dieser Methode ist, dass Sie bereits sehr früh im Jahr frischen und überdies sehr zarten Löwenzahn ernten können, der viel milder schmeckt als Löwenzahn von der Wiese.

Löwenzahn kann aber auch in einem warmen Raum gezielt getrieben werden, ähnlich dem Chicorée. Dazu eignen sich die kräftigen Pfahlwurzeln von zweijährigen Pflanzen am besten, die man einfach im Winter an frostfreien Tagen ausgräbt. Diese Pfahlwurzeln werden nun stehend in Töpfe oder Kübel mit wenige Zentimeter hochstehendem Wasser eingeschlichtet und in einen dunklen Raum gebracht. Bei Zimmertemperatur sind nach wenigen Tagen die ersten bleichen Blätter zu sehen. Diese Blätter erntet man dann zügig, damit sich keine Fäulnis an ihnen bildet. Diese frisch getriebenen Blätter schmecken ausgezeichnet fein.

TIPP! Löwenzahn und Gesundheit

Löwenzahn ist ein Gemüse, dessen reger Verzehr verjüngend auf den Körper wirken kann! Regelmäßiger Konsum kann vor vielen Krankheiten schützen.

KNOLLENSELLERIE & BLEICHSELLERIE

(*Apium graveolens* var. *rapaceum*)

Steckbrief: Knollensellerie & Bleichsellerie

Botanik: Sellerie gehört zur Familie der Doldengewächse und ist eine zweijährige Pflanze.
Arbeitsaufwand: Mittel
Eignung für Erstanbauer: -
Optimale Lichtverhältnisse: Sonniger Standort mit gutem Feuchthaltevermögen
Optimale Bodenverhältnisse: Nährstoffreicher, mittelschwerer Lehmboden
Vorkultur: Erforderlich
Günstiger Aussaatzeitpunkt: Ende Februar – Fensterbank/warmes Frühbeet
Auspflanzen ins Freiland/umpflanzen: Nach den Eisheiligen, Mitte/Ende Mai
Platzbedarf: 45 x 30 cm
Pflegeanspruch: Mittel
Düngung: Gelegentlich Pflanzenjauchegaben
Gießen: Regelmäßig
Winterpflege: Abdecken bei etwa –5 °C
Ernte: September bis März
Ernteertrag: Knollensellerie: 15 kg per 10 m²
Bleichsellerie: 5 kg per 10 m²
Kosten/Nutzen: Gut
Schädlinge: Selleriefliege, Nager
Pflanzengesundheit: Eventuell Sellerieschorf

Wissenswertes

Die Wildform des Selleries – Gemeiner Eppich (*Apium gravolens*) – gedeiht ausschließlich auf den salzigen Böden entlang der Meeresküsten und in den salzhaltigen Regionen des Binnenlandes.

Der Name des Selleries leitet sich aus dem griechischen Wort für Sellerie – „sélino“ – ab; den Griechen war und ist dieses Gemüse nicht nur zur Zeit der Nemeischen Spiele ungemein bedeutungsvoll (historische Erwähnung ab dem Jahr 573 v. Chr), sondern auch heute noch wird es bei ihnen viel und oft verwendet – man glaubt, dass die antioxidativen Stoffe ein gutes prophylaktisches Mittel gegen Krebs darstellen. Die antiken Griechen schätzten die Vorzüge des aromatisch duftenden Gemüses so sehr, dass sie die Häupter der Sieger mit Kränzen aus dem schön glänzenden Sellerielaub zierten.

Aus unseren Breiten verrät ein Blick in die Capitulare Karls des Großen, dass Sellerie bereits im Jahr 820 kultiviert wurde. In den Klostergärten zu Sankt Gallen wurde zu dieser Zeit ein ganzes Beet mit „apium“ bepflanzt. Ab jener Zeit mangelt es nicht an historischen Nennungen, jedoch wird

Sellerie aus dem eigenen Anbau entwickelt bei vernünftiger Düngung mittelgroße Knollen, die kaum hohl werden.

seit dem Mittelalter der „Eppich" „Apium" genannt und zur Kategorie der Heilpflanzen gezählt.

Erst im 17. Jahrhundert gelangte der Sellerie in die allgemeinen Gemüsegärten; alle Pflanzenteile wurden verzehrt; die Samen wurden ebenfalls verwendet, ihnen wird eine medizinische Wirksamkeit zugesprochen (ähnlich den Samen der Pastinake). Erst ab dieser Zeit setzte die Züchtung ein und es bildeten sich die heutigen und uns bekannten Varietäten heraus, wobei in England und Frankreich bereits das Augenmerk auf den Staudensellerie gelegt wurde.

Im 19. Jahrhundert war Sellerie (Knollen- und Bleichsellerie) auch hierzulande ein populäres Gemüse und die Voranzucht der Selleriepflänzchen wurde ähnlich aufwendig betrieben wie die Anzucht der Tomaten und Paprikasetzlinge, die auf einer Fensterbank in einem warmen Raum betrieben wurde.

HINWEIS! Mischkulturen

Gute Nachbarn des Selleries sind Bohnen.

Mischkultur

Pflanzenschutz fängt bei der Gartengestaltung an. Eine Mischkultur im weiteren Sinn bietet einen ausgesprochen guten Pflanzenschutz, Monokultur vereinfacht den Schädlingen den Befall. Säen Sie an unterschiedlichen Stellen im Garten unterschiedliche Gemüse, halten Sie auf den Beeten „keine" Ordnung.

Ringelblumen, Tagetes, Mohn und Kapuzinerkresse, Lavendel, Zwiebeln und Knoblauch sollten hier und da und dort im Garten gedeihen.

Entfernen Sie auch nicht alle Unkräuter aus dem Garten! Viele „Unkräuter" bieten vielen nützlichen Insektenarten einen Lebensraum. Nur wenn ein Gleichgewicht erreicht wurde, kann ein Gemüsegarten optimal bewirtschaftet werden und kommt weitestgehend ohne Einsatz chemischer Hilfsmittel aus.

Gesundheitliche Bedeutung

Es stimmt nicht, dass der Verzehr die Potenz steigert, aber reger Konsum hebt das Wohlgefühl, entgiftet, verjüngt und steigert die Vitalität – man könnte also sagen, dass im Grunde doch ein bisschen Wahrheit an dem alten Mythos der Potenzsteigerung haftet! Außerdem weist Sellerie so etwas wie Antikalorien auf! Das bedeutet: Es wird beim Verzehr mehr Energie verbraucht, als hin-

Im Sommer kann ein naturnaher Garten, in welchem Mischkultur betrieben wird, schon einmal einem Dschungel gleichen.

zugefügt, so dass quasi nur die wertvollen Inhaltsstoffe im Körper zu Buche schlagen und nicht die Fettzellen vermehrt werden!

Wertvolle Inhaltsstoffe weist Sellerie (besonders der Staudensellerie) ganz besonders auf und aus diesem Grund avanciert das grüne Gemüse zu den Power-Food-Gemüsen! Seine positiven Wirkungen sind sehr vielfältig. So kann ein reger Selleriekonsum Müdigkeit entgegenwirken, nach einem langen Tag im Büro den Geist frisch und klar machen, Verstopfungen beheben, außerdem kann man durch den Verzehr Nervosität und Schlaflosigkeit mindern. Verantwortlich für die vielseitigen positiven Wirkungen auf den menschlichen Körper sind die wertvollen Inhaltsstoffe, vor allem eine Vielzahl von Mineralien – insbesondere Kalium, Natrium, Magnesium und Kalzium –, ätherischen Ölen und sekundären Pflanzenstoffen. Die Kombination kann positiv auf den gesamten Stoffwechsel wirken.

Sellerie sollte täglich verzehrt werden. Am besten konsumiert man den Staudensellerie zusammen mit anderen Gemüsen als Smoothie. Ein Hinweis an Allergiker: Birkenpollen- und Beifußpollenallergiker sollten Vorsicht im Umgang mit Bleichsellerie und Staudensellerie walten lassen.

Sellerie in der Küche

Knollensellerie ist sehr vielseitig in der Verwendung: Man kann ihn roh oder gedünstet verzehren. Neben der traditionellen Verwendung als Suppengemüse – die meiner Meinung nach nicht die optimale Variante darstellt – können aus der Knolle Salat, Püree, Rohkost und „Schnitzel“ bereitet werden.

Der Selleriegeschmack für die Suppe entsteht, wenn das Kochwasser einer Knolle, die einen Salat ergeben soll, als Fond verwendet wird. Falls in diesem Fall ein paar Würzelchen im Fond schwimmen, legen Sie einfach einen Kaffeefilter in ein Sieb ein und filtern Sie den Fond für die Suppenbereitung. Auf diese Weise erhalten Sie gleich zwei Gerichte: Salat und Suppenfond.

Auch die Rohkost und das Püree, bei denen ich den Sellerie schäle, ergeben zwei Gerichte: Rohkost/Püree und Suppenfond. Und so funktioniert es: Reinigen Sie vor dem Schälen die Knolle gründlich. Die Schalen werden in einen Topf gegeben und zusammen mit den anderen Zutaten Ihrer Suppe zum Kochen gebracht. Entfernen Sie die Schalen, bevor diese zu weich geworden sind und auseinanderzubrechen drohen. Das Püree bzw. die Rohkost bereiten Sie wie gewohnt zu.

Wassermangel stellt für die erfolgreiche Kultur des Selleries ein Problem dar.

Soll aus der Knolle ein „Schnitzel" bereitet werden, reinigen Sie die Knolle gründlich und geben Sie diese ganz oder halbiert in einen Topf. Etwas Salz- und Knoblauchzugabe verfeinert den späteren Geschmack. Kochen Sie den Sellerie lediglich bissfest und nehmen Sie ihn aus dem Gemüsesud!

Nach dem Abkühlen wird die Schale dünn abgeschält und die Knolle in fingerstarke Streifen zerteilt. Diese werden nach Geschmack gewürzt, mit Ei bestrichen und in Semmelbröseln gewälzt.

In einem guten Öl braun braten und noch heiß mit geriebenem Käse bestreuen oder mit einer Balsamico-Creme beträufeln. Dazu kann ein Kräuterquark gereicht werden.

Kultur und Pflege

Der Anbau von Sellerie in allen Kulturformen ist relativ einfach. Man kann ihn auf zweierlei Art in den Garten integrieren:

- Der Fachhandel führt im Frühjahr ein ordentliches Sortiment an geeignetem Pflanzmaterial.
- Im Mistbeet oder auf der Fensterbank eines gut temperierten Raumes ist die Anzucht aus Samen problemlos möglich.

Die zweite Vorgehensweise ist die preiswerteste. Sie empfiehlt sich den Einsteigern in den Gemüseanbau, da auf dieser kleinen Fläche die Entwicklung der Pflanzen gut beobachtet werden kann. Die Aussaat erfolgt Anfang März in den vorgewärmten Boden im Mistbeet oder auf der Fensterbank. Eine flache Riefe ziehen und dort hinein, dünn und gleichmäßig, die Samen streuen.

Selleriesamen sollten nur flach mit Boden bedeckt werden und nachdem alle Samen bedeckt wurden, befeuchten Sie mit lauwarmem Wasser die Erde. Bedienen Sie sich

Selleriesamen sind besonders fein.

hier ruhig eines Warmwassergerätes, da die Kraft der Sonne im März die Regenwassertonnen noch nicht so weit aufgeheizt hat.

TIPP! Samen leichter säen

Die Samen sind recht klein. Falls Sie keine Übung in der Aussaat haben, können Sie die Samen mit etwas Sand vermengen und dieses Gemisch aussäen. Gießen Sie jedoch kein kaltes Wasser auf die Samen oder den Erdboden!

Die aufgegangenen Pflanzen sollten im Verlauf ihrer Entwicklung „abgehärtet“ werden. Decken Sie deswegen tagsüber das Mistbeet ein paar Stunden ab bzw. öffnen Sie das Fenster. Zu dicht gesäter Sellerie sollte pikiert werden. Bereiten Sie hierfür eine entsprechende Anzahl Töpfchen vor, wärmen Sie diese ebenfalls im Mistbeet an und pflanzen Sie vorsichtig die zu eng stehenden Exemplare in diese Töpfe. Mitte bis Ende Mai ist Zeit zum Auspflanzen.

Sellerie mag einen kühlen Standort und verträgt frisch gedüngten Boden. Gute Böden für die Kultur sind gut gedüngte Lehm- und Tonböden. Bei Wassermangel kümmert die Pflanze und es kann zu Ernteausfällen kommen, deswegen sollte immer für einen feuchten Boden gesorgt werden.

TIPP! Winterschutz

Die Sortenwahl ist bei der Winterkultur unerheblich, allerdings lassen sich kurzlaubige Sorten einfacher vor Frosteinwirkung schützen. Sellerie ist zwar nicht winterhart, allerdings ausgesprochen gut lagerfähig.

Große Knollen erzielt man, indem die Selleriepflanzen des Knollenselleries in etwa 5 cm tiefe Furchen gepflanzt werden. Diese Furchen werden mit der Entwicklung der Pflanzen mit Erde aufgefüllt. Bei trockener Witterung kann im September die Erde vorsichtig um die Knollen entfernt und es können die oberen Fadenwurzeln mit einem scharfen Messer an der Knolle abgetrennt werden. Danach wird die Sellerieknolle mit einem Wolltuch gründlich abgerieben und wieder mit Erde bedeckt. Im Ergebnis entstehen auf diese Weise makellose Knollen.

Die Knollen sind, wie gesagt, nicht winterhart. Das heißt: Sellerie muss frostfrei (kalt) überwintert werden.

Die Ernte beginnt ab etwa Ende Oktober. Je nach Witterung kann Sellerie auch noch länger im Beet verbleiben. Aber Achtung: Nagerbefall ist während dieser Zeit möglich! Schützen Sie die Knollen vor den ersten Frösten mit einer Abdeckung aus trockenem Stroh oder Laub.

Ernten Sie nach Möglichkeit bei trockener Witterung und behandeln Sie das grüne Laub vorsichtig: Es kann ein vorzügliches „Selleriesalz“ ergeben. Die Knollen des Selleries sind reich an Wurzeln. Diese werden nach der

Ernte mit einem scharfen Messer bis knapp an die Knolle abgetrennt. Das Laub wird ebenfalls entfernt, ähnlich dem Entfernen des Laubes der Roten Bete oder der Möhre. Schneiden Sie die Blätter konisch ab, sodass die Herzblätter weitestgehend erhalten bleiben. Ich überwintere meinen Knollensellerie im Keller und schichte ihn in einer Holzstiege, deren Boden ich mit sauberem Stroh (Bio-Qualität) belegt habe. Auch der Kalte Kasten eignet sich hervorragend zur Lagerung.

TIPP! Sellerie trocknen

Knollensellerie lässt sich hervorragend trocknen! Gerade als Beilage für Suppen sind getrocknete Gemüse eine echte Alternative! Auch Möhren und Karotten eignen sich ausgesprochen gut. Beim Trocknen von Kräutern – auch des Sellerielaubes – fiel mir auf, dass ein Aromaverlust mit der Trocknung einhergeht. Ich empfehle deshalb auch die Konservierung in Salz. Bevor Sie jedoch dörren oder trocknen, waschen Sie die grünen Teile ordentlich und trocknen Sie diese mit Küchenpapier gut ab, bevor sie geschnitten und gehackt in Salz eingelegt werden.

Besondere Knollenwurzelgemüse vereint: Von links nach rechts: Sellerie, Haferwurzel, Rapontica (Nachtkerze)

Der Staudensellerie (Bleichsellerie)

Die Kultur unterscheidet sich ab dem Zeitpunkt des Auspflanzens: Staudensellerie wird in eine Furche gepflanzt. Die Abstände entsprechen denen der Kartoffel (siehe S. 106). Die Arbeitsweise unterscheidet sich jedoch von der Kartoffelkultur grundlegend.

Als Erstes wird, kurz bevor man die Selleriepflanzen auspflanzen möchte, eine tiefe Furche in einen gut gedüngten Boden (organischer Dünger) gezogen. Es schadet der Entwicklung der Pflanzen nicht, wenn der Furchenboden ebenfalls gut gedüngt und aufgelockert wurde. Im Abstand von 30 cm werden die Pflanzen gesteckt. Die Furche bleibt offen. Es sollte im Verlauf der Kultur darauf geachtet werden, dass keine Erde in die Furchen gelangt. Regelmäßig gießen!

Im Spätsommer und nur bei trockener Witterung werden die Blätter der mittlerweile gut entwickelten Pflanzen zusammengebunden. Dies geschieht beinahe auf die gleiche Weise, mit welcher der Bindesalat (siehe Seite 88) zusammengebunden wurde, nur dass die Schnüre beim Bleichsellerie wieder entfernt werden müssen! Binden Sie die Pflanzen eher weiter oben und nicht zu fest zusammen, damit der Faden keinen Schaden anrichtet. Nachdem alle Pflanzen gebunden wurden – die Stängel ergeben quasi danach ein lockeres Bündel –, wird die Furche mit Erde vollgefüllt. Es dürfen lediglich die Blätter herausschauen, die Stängel sind nun von der Erde verdeckt. Die Bänder werden jetzt vorsichtig entfernt.

Ab Mitte Oktober etwa kann die erste Ernte erfolgen. Bis dahin sollte gelegentlich kontrolliert werden, ob mit der Kultur alles in Ordnung ist. Die Erde sollte ständig die Stängel bedecken (vor dem Tageslicht schützen), damit diese gelb und zart werden. Geerntet wird bei Bedarf.

TIPP! Frost abwarten

Bleichsellerie schmeckt nach den ersten Frösten – ähnlich dem Grünkohl oder der Pastinake – erst richtig gut! Allerdings sollte auch der Bleichsellerie vor starken und lang anhaltenden Frösten – ab etwa –8 °C – durch eine Abdeckung aus lockerem, trockenem Stroh geschützt werden. Schützen Sie hierbei nicht nur das Laub, sondern auch die Dämme. Gerade die Dämme lassen sich optimal mithilfe von Reisigruten und Stroh vor Frosteinwirkung schützen. Stecken Sie, bevor der Boden tief gefriert, Reisigruten in einem Abstand von einigen Zentimetern am Damm entlang und füllen Sie später den Zwischenraum mit Stroh oder trockenem Laub auf.

HINWEIS! Schädling

Selleriefliege (*Euleia heraclei*)
Die Larven dieser einer kleinen ameisenähnlichen Schmeißfliege ähnelnden Fliege fressen in den Stängeln und Blättern und richten Schaden dadurch an, dass die Ernährung der Pflanzenteile unterbrochen wird und diese dann vertrocknen. Gut erkennbar ist der Befall an den silbrig glänzenden Gängen (Anfangsstadium). Ist der Befall noch nicht zu stark, können diese Teile von den Pflanzen entfernt und verbrannt werden.

Die Puppen überwintern im Boden, wodurch bei Befall eine Abdeckung mit Pflanzenschutznetzen wenig Aussicht auf Hilfe verspricht, allerdings würde diese Abdeckung eine erneute Eiablage unterbinden, so dass im folgenden Jahr der Befall eingedämmt wäre.

Selleriefliegen befallen auch andere Doldenblütler, wie etwa die Pastinake. Im Fachhandel gibt es geeignete Mittel. Informieren Sie sich bitte.

KOHLRÜBE (STECKRÜBE)

(*Brassica napus* ssp. *rapifera*)

Steckbrief: Kohlrübe

Botanik: Familie der Kreuzblütler (Brassicaceae)
Arbeitsaufwand: Gering bis mittel
Eignung für Erstanbauer: + +
Optimale Lichtverhältnisse: Sonnige Lagen
Optimale Bodenverhältnisse: Lehmige Sandböden
Vorkultur: -
Günstiger Aussaatzeitpunkt: Mai/Juni
Auspflanzen ins Freiland/umpflanzen: -
Platzbedarf: 40 x 35 cm
Pflegeanspruch: Mittel
Düngung: Nicht in frisch gedüngte Böden setzen
Gießen: In Trockenperioden
Winterpflege: Bei starken Frösten abdecken
Ernte: Ab November
Ernteertrag: 25–30 kg pro 10 m^2
Kosten/Nutzen: 2 g Samen pro 10 m^2
Schädlinge: Nacktschnecken, Nager, Kohlweißling bei frühzeitiger Aussaat
Pflanzengesundheit: Kohlhernie, Kleine Kohlfliege

Wissenswertes

Die Herkunft der Kohlrüben ist nicht genau bestimmbar, allerdings vermutet man den Mittelmeerraum. Raps und Kohl- oder Speiserüben weisen dieselbe Stammpflanze auf, vermutlich eine Kreuzung aus Kohlrabi und Herbstrübe.

Im „Herbarium“ des Otto Brunfels aus dem 16. Jahrhundert ist eine „Rübe“ dargestellt, die in der Form den heutigen gleicht. Auch wird darin darauf verwiesen, dass sie täglich gekocht werden. Rüben waren den Römern und Griechen bekannt. Beispielsweise soll die geschichtliche Erwähnung der Steckrübe bis in das 1. Jahrhundert n. Chr. zurückreichen. Wegen des hohen Nährstoffgehaltes zählte sie bis zur Einbürgerung

Kohlrüben entwickeln kleinere Knollen, werden sie nicht frühzeitig ausgesät.

Herbstrüben entwickeln sich rasant. Anders als Kohlrüben können sie auch roh verzehrt werden.

der Kartoffel mit zu den Grundnahrungsmitteln.

HINWEIS! Chinakohl

Auch der Chinakohl, der, wie der Name vermuten lässt, tatsächlich schon sehr lange in China konsumiert wurde, gehört auch ohne Rübenbildung mit in diese Familie.

Gesundheitliche Bedeutung

Besonders in der Diätetik ist die Kohlrübe von Bedeutung, auch für die Kindernahrung sind die Rüben äußerst interessant, da sie kaum mit Nitraten belastet sind. Ferner enthalten Rüben „Betain", eine Substanz, die neben ihren mild reinigenden Eigenschaften in der Kosmetik auch die Leber entgiften und so vor den Folgen schädlicher Umwelteinflüsse schützen soll. Menschen, die ungern auf Alkohol verzichten, sei der regelmäßige Genuss der Speiserüben angeraten. Da Speiserüben schwer verdaulich sind, sollten empfindliche Menschen den Verzehr der Rüben in rohem Zustand vermeiden.

Kultur und Pflege

Kohlrüben sind anspruchslos und für Erstanbauer geeignet. Egal, ob früh oder spät gesät – die Rübe verträgt kaltes, unfreundliches Wetter, allerdings sollte grundsätzlich nur in ein trockenes Saatbeet gesät werden. Bei nasskalter Witterung treten vermehrt Schädlinge auf.

TIPP! Schlechtwetter bei Aussaat vermeiden

Schlechtwetterlagen eignen sich bei keiner Gemüseaussaat! Mehrere Sprichwörter weisen darauf hin. So soll man beispielsweise (während des Säens) barfuß im Garten gehen oder zuvor mit barem Hinterteil im Garten gesessen haben. Nur wenn man dabei keine kalten Füße bzw. keinen kalten Po bekommt, ist es der richtige Zeitpunkt zur Aussaat.

Kohlrüben können in ein abgeerntetes Beet (nach Erbsen beispielsweise) gesät werden, was die Kapazität eines kleinen Gartens ungemein erhöht. Kohlrüben werden nicht tief gesät und können auch breitwürfig gestreut werden.

Ziehen Sie 3 cm tiefe Reihen im Abstand von 40 cm und säen Sie dünn ein. Alle paar Zentimeter einen Senfsamen hinzufügen nicht vergessen!

Nachdem Sie die feinkrümelige Erde auf die Samen gezogen haben, drücken Sie mit der Rückseite Ihres Rechens die Erde fest. Die Kohlrüben werden bis Wintereinbruch im Beet belassen.

Sie sind gut im Keller und in der Miete lagerbar. Die besten Kohlrüben erzielen Sie durch eine Aussaat im Juni und durch fleißiges Gießen. Ab November können die Rüben dann geerntet werden.

TIPP! Gegen Schädlinge

Gegen Erdflöhe in Kohl und Rüben säe man Senf mit in das Beet. Das hält die Flöhe fern!

Herbstrüben

Im Wintergemüsegarten können die kleinen, weißen Herbstrüben bei Minusgraden bis ins neue Jahr im Beet belassen werden. Sie sind relativ kälteunempfindlich. Lediglich bei arktischen Temperatureinbrüchen sollten sie durch Abdecken geschützt werden. Die Rüben, die bis zum Frühling noch im Garten verblieben sind, bilden eine Vielzahl Blüten.

Eine imposante Höhe von knapp 2 m können blühende Rüben erreichen.

MANGOLD

(*Beta vulgaris* subsp. *vulgaris*)

Steckbrief: Mangold

Botanik: Mangold gehört zur Familie der Gänsefußgewächse und ist mit den Rüben eng verwandt.
Arbeitsaufwand: Gering
Eignung für Erstanbauer: + + +
Optimale Lichtverhältnisse: Vollsonniger, geschützter Standort
Optimale Bodenverhältnisse: Nährstoffreicher, mittelschwerer Lehmboden
Vorkultur: Nicht erforderlich
Günstiger Aussaatzeitpunkt: August/Mitte September
Auspflanzen ins Freiland/umpflanzen: -
Platzbedarf: 35 x 30 cm
Pflegeanspruch: Gering; anspruchslose Pflanze
Düngung: Gelegentlich Pflanzenjauchegaben
Gießen: Nur in Trockenzeiten
Winterpflege: Zudecken bei unter etwa –5 °C
Ernte: Dezember bis März
Ernteertrag: 5 kg per 10 m²
Kosten/Nutzen: Gut
Schädlinge: Nager
Pflanzengesundheit: Mehltau- und rostanfällig

Wissenswertes

Wie Runkel-, Zucker- und Rote Rüben (Rote Bete) auch gehört Mangold zu den Gänsefußgewächsen (Chenopodiaceae). Früher nannte man den wildwachsenden und noch nicht durch Züchtung veränderten Mangold „Meerstrandrübe“. Meerstrandrüben wurden bereits von den alten Griechen und Ägyptern gern verwendet; allerdings stammten diese Pflanzen aus der Wildsammlung. Der Name der Pflanze geht, wie häufig üblich, nicht auf den lateinischen Namen zurück. Sprachforscher vermuten, dass der Mangold sich von dem althochdeutschen Männernamen „Managolt“ ableitet, jedoch herrscht bis heute keine Klar-

Blattmangold: Anders als beim Stielmangold steht der Ertrag an Blattmasse im Vordergrund.

Farbige Mangoldsorten wirken im Selbstversorgergarten sehr dekorativ.

heit über die Herkunft des ungewöhnlichen Namens. Mangold ist übrigens auch unter dem Namen „Krautstiel“ oder im französischen Sprachraum unter „côtes de bette“ bekannt.

Im frühen Mittelalter gelangte die begehrte Gemüsepflanze in den Küchengarten, wurde dort kultiviert – vor allem ein Verdienst Karls des Großen – und veredelt und erreichte ein paar hundert Jahre später eine Popularität, die den Bekanntheitsgrad des bis dato beliebten Spinats in den Schatten stellte.

Das Sortenspektrum des Mangolds ist seit den Anfängen der Veredelung im frühen Mittelalter züchterisch erheblich erweitert worden. Neben farbigen Sorten können Sorten, die unterschiedliche Blattmassen und Stiele aufweisen und die speziell für unterschiedliche Verwendungsmöglichkeiten gezüchtet wurden, Abwechslung in Garten und Küche bringen. Es gibt Sorten, bei denen das Blatt zur traditionellen Spinatbereitung im Vordergrund steht, und Sorten, bei denen die Ausbildung eines kräftigen Stiels erwünscht ist. Der Stiel wird als eine andere Form des „Spargels“ – wie etwa die Stängel des Spargelsalats – kulinarisch verwendet. Neben der traditionellen Zubereitung der Stiele mit einer Sauce Hollandaise können sie auch einen köstlichen Salat ergeben. Bei der Verwendung der Blätter zu Spinatgerichten empfiehlt es sich, kleinere Blätter zu verwenden, da diese milder im Geschmack sind.

Gesundheitliche Bedeutung

Dank der Vielzahl wertvoller, der Gesundheit zuträglicher Inhaltsstoffe, Mineralstoffe und Vitamine der B-Gruppe – z. B. Asparagin, Betain, Calcium, Eisen, Jod – empfiehlt sich für jede Person ein regelmäßiger Verzehr von Mangold. Doch auch bei nervösen Menschen und bei Magen- und Darmbeschwerden kann der Verzehr der Pflanze sich als äußerst hilfreich erweisen.

Roter Mangold

Junge Mangoldpflanzen lassen die Verwandtschaft zu den Rübengewächsen deutlich erkennen.

Und zu guter Letzt: Mangoldgenuss regt die Fettverdauung an. Mangold kann sowohl gedünstet als auch roh verzehrt werden.

Kultur und Pflege

Mangold ist anspruchslos. Der Anbau ist einfach, jedoch verlangt die Pflanze einen tiefgründig aufgelockerten, nahrhaften Boden. Lehm- und Ton- oder Mergelböden sind hervorragend geeignet. Die Kultur auf sehr sandigen Böden ist schwierig. Die Pflanze verlangt auch nicht zu viele Pflegemaßnahmen, wodurch auch Personen, die nicht viel Zeit in die Gartenpflege investieren können, eine gesunde und schmackhafte Gemüsevariante in den Küchengarten integrieren können.

TIPP! Mehrmals aussäen

Durch eine mehrmalige Kultur kann laufend zarter Mangold zur Verfügung stehen!

Frühe Aussaaten sind ab etwa Ende März möglich. Folgeaussaaten können bis etwa Mitte September (Winterkultur) erfolgen. Säen Sie Mangold, der im Herbst geerntet werden soll, auf Beete, auf denen die Luft gut zirkulieren kann und die nicht in Schattenbereichen liegen, dann reduziert sich die Gefahr des Auftretens von Rost oder Mehltau.

Mangold überwintert in der Regel recht gut. Allerdings kann durch die Einwirkung der Kälte die Blütenbildung angeregt werden, sodass im Frühjahr die Blattbildung von der Pflanze vernachlässigt wird und stattdessen ein kräftiger und über 1 m hoher Blütenstängel gebildet wird. Für die Winterkultur sollten darum schosstolerante Sorten verwendet werden. Ich habe die besten Erfahrungen im Herbstanbau zur Überwinterung mit der Sorte 'Lukullus' gemacht. Diese Sorte liefert jedoch nicht die begehrten Stängel in der wünschenswerten Qualität, sondern ist mehr ein Blattmangold und liefert im zeitigen Frühjahr ausreichend Chlorophyll.

HINWEIS! Chlorophyll in der Nahrung

Die Aufnahme von ausreichend chlorophyllhaltiger Nahrung ist wichtig für die Gesunderhaltung des Körpers, da das Chlorophyll als „grünes Sonnenlicht“ zu verstehen ist! Chlorophyllhaltiger Nahrung werden blutreinigende, vitalisierende und reinigende Wirkungen zugeschrieben. Der Verzehr von reichlich grünem Gemüse verschafft ebenso einen angenehmen Körpergeruch, wodurch sich die Verwendung von Kosmetika erheblich eindämmen lässt.

Säen Sie etwa Ende August bis Mitte September den Mangold in einen Kalten Kasten oder an einen Platz, auf welchem problemlos – bei einsetzendem Frost – ein schützender Kalter Kasten oder ein Folientunnel über den Mangold gesetzt werden kann.

Auch eine Aussaat in das Gewächshaus ist empfehlenswert. Denken Sie jedoch an das Lichtbedürfnis der Pflanzen, damit sie den Winter gesund überstehen und sich im zeitigen Frühjahr optimal entwickeln!

WICHTIG! Düngung

Mangold sollte nicht auf frisch gedüngten Boden gesät werden! Der Wuchs kann jedoch während Trockenzeiten mit gelegentlichen Gaben von Pflanzenjauchen angeregt werden. Vorsicht bei Düngung mit Nitraten! Diese können im Gemüse angereichert werden.

Mangold im Winter

Wir unterscheiden zwischen Mangold, der bis Sommer (Juli/August) ausgesät worden ist und für den Erntezeitraum bis etwa Weihnachten zur Verfügung stehen soll, und Mangold, der etwa Mitte September ausgesät worden ist und der im zeitigen Frühjahr – etwa ab Ende März – erste Ernten liefern soll.

Die Aussaat im Herbst hat den Vorteil, dass die Pflanzen, wenn die Fröste einsetzen, relativ wenig Blattmasse gebildet haben und leicht vor starker Kälte zu schützen sind und darüber hinaus bereits im zeitigen Frühjahr frisch zur Verfügung stehen, wenn im Garten noch nicht viel gewachsen ist. Für diese Pflanzen reicht eine etwa 5 cm hohe Abdeckung mit trockenem Stroh vollkommen aus, damit die Kultur die ersten stärkeren Nachtfröste (ab etwa –7 °C) übersteht.

Wollen Sie Mangold schützen, der kräftiger entwickelt ist (Sommerkultur), ernten Sie am besten die größeren Blätter ab, damit nichts herausragt. Ist dies nicht möglich, können Reisiggerüste (siehe Seite 90) konstruiert und mit Stroh umhüllt werden. So können auch stattliche Pflanzen vor Frosteinwirkung geschützt werden, wodurch frischer Mangold noch für eine Ernte um die Weihnachtszeit zur Verfügung steht.

Nach Schneefall kann das Gemüse einige Tage unter der Schneedecke problemlos überwintern, ohne dadurch unter der Schneedecke zu ersticken. Besonders die im Spätherbst gesäte Kultur profitiert von der Schneedecke sogar besonders. Bei älteren Exemplaren färben sich die Blätter nach einer längeren Zeit gelb. Geben Sie diese einfach auf den Kompost und verwenden Sie die gesunden, grünen Blätter. Sobald die Temperaturen moderater werden, kann der Schnee von der Kultur vorsichtig entfernt werden (am besten mit der Hand

Geringe Minustemperaturen schaden dem Mangold nicht. Allerdings bewirkt die Kälteeinwirkung während der Wintertage im folgenden Frühjahr die frühzeitige Blütenbildung.

– Handschuhe tragen), damit Licht an die Pflanzen dringen kann. Denken Sie daran, dass die Ernte der stattlichen Pflanzen in der Mittagszeit und nur bei geringen Minusgraden erfolgen sollte, weil dadurch die Frostschädigung am geringsten ausfällt. Lediglich wenn die Pflanzen restlos beerntet und aus dem Beet geräumt werden sollen, kann die Ernte auch bei kräftigen Minusgraden erfolgen.

TIPP! Kälteschutz

Wenn es knackig kalt werden sollte: Bedecken Sie auch den Erdboden um die Pflanzen weiträumig, um ein tieferes Gefrieren des Bodens und ein „Verdursten" der Kultur zu verhindern.

Achten Sie auf jeden Fall auf Nagerbefall! Die Rüben werden gern verzehrt.

Alternativ:
Guter Heinrich

Siehe Seite 96.

PASTINAKE

(*Pastinaca sativa*)

Steckbrief: Pastinake

Botanik: Familie der Doldenblütler (Apiaceae)
Arbeitsaufwand: Gering
Eignung für Erstanbauer: + + +
Optimale Lichtverhältnisse: Sonnig
Optimale Bodenverhältnisse: Trockener, nahrhafter, nicht frisch gedüngter Boden
Vorkultur: -
Günstiger Aussaatzeitpunkt: Ab März
Auspflanzen ins Freiland/umpflanzen: -
Platzbedarf: 40 x 40 cm
Pflegeanspruch: Gering
Düngung: -
Gießen: Bewässerung während anhaltender Trockenheit
Winterpflege: Auf Nagerbefall achten
Ernte: Nach den ersten Frösten
Ernteertrag: 40 kg pro 10 m²
Kosten/Nutzen: Gut
Schädlinge: Nager, Drahtwürmer
Pflanzengesundheit: Gut

Wissenswertes

Aus dem Mittelmeerraum wurden Pastinaken in unsere Breiten eingeführt. Sie kommen noch heute häufig in ihrer Wildform auf Wiesen und entlang von Feldwegen vor. Eine genaue geschichtliche Betrachtung ist jedoch schwierig, da die Pflanze oft mit der Zuckerwurz (*Sium sisarum*) und der Möhre (*Daucus carota*) verwechselt wurde.

Gesäuberte Pastinaken brauchen für eine Verwendung in der Küche nach dem Bürsten nicht mehr zusätzlich geschält werden. Eventuelle schadhafte Stellen sind jedoch zu entfernen.

Erst mit dem Erscheinen von Grafiken in den Büchern – etwa des Abdrucks des Holzschnittes aus dem Kräuterbuch von Joachim Camerarius (1586) – endet die Verwirrung und die Pastinake ist an ihrem typischen Erscheinungsbild zweifelsfrei zu erkennen. Pastinaken wurden vor der Einführung der

Je nach Witterung erscheinen knapp drei Wochen nach der Aussaat die ersten Pflänzchen auf dem Beet. Diese werden – auch bei zu dichter Aussaat – noch nicht bearbeitet!

Kartoffel als Grundnahrungsmittel verstanden. Es gab Sorten für die Grundversorgung und welche für das Vieh.

Die Wurzeln der Pastinaken sind absolut frostfest. Sie sind also ein ideales Wintergemüse. Darüber hinaus sind sie auch für Anfänger ein unkompliziertes Gemüse.

TIPP! Für Anfänger geeignet

Pastinakenkultur empfiehlt sich gerade für Personen, die
- kaum Zeit für Gemüseanbau,
- keine Kenntnisse und
- keinen „grünen Daumen"

haben!

Gesundheitliche Bedeutung

Bei Magenschmerzen und/oder Verdauungsproblemen, bei Schlafstörungen oder Appetitmangel und bei Neigung zu Depressionen leisten Pastinaken gute Dienste. Gerade für kleine Kinder, die oft unter Magenkrämpfen leiden und schlecht einschlafen, ist ein reger Verzehr sehr empfehlenswert. Ebenso sollten Diabetiker sich dieses Gemüses bedienen, da das in der Wurzel enthaltene Inulin insulinunabhängig verstoffwechselt wird. Das bedeutet, dass keine Einheiten berechnet werden müssen.

TIPP! Samen verwenden

Die reifen Samen der Pastinake ergeben einen Tee, der bei Verdauungsbeschwerden hilft. Außerdem können die Samen gut verwahrt als Gewürz verwendet werden.

Kultur und Pflege

Die Direktsaat für die Winternutzung erfolgt ab Mitte März in einen tiefgründigen, nicht frisch gedüngten Boden. Der Reihenabstand beträgt 40 cm. Achten Sie beim Kauf auf die Wuchsform (es gibt lange und kurze Sorten!) – die Ernte kann ziemlich schweißtreibend sein, wenn man die langen Wurzeln Ende Dezember oder Anfang Januar unbeschadet aus einem gefrorenen, lehmigen Boden graben will!

Vor der Wurzel einen Keil aus dem Boden stechen, rundherum lockern, erst dann die Wurzel vorsichtig herausziehen.

Pflanzen vereinzeln

Ich vereinzele jedes Gemüse auf die gleiche Weise: Zuerst warte ich die Entwicklung ab – Erdflöhe, Schnecken, die Pfoten meines Hundes oder die Wetterunbilden im Frühjahr (wie Hagel) richten jedes Jahr mehr oder weniger Schaden im Garten an. Da ich Pflanzen eng beieinander stehen lasse, schützen diese sich gegenseitig. Ab Mitte Mai arbeite ich im Garten genauer, wobei ich jedoch nie sämtliche Beikräuter aus den Beeten entferne. Auch die Beikräuter müssen blühen, damit diese sich vermehren können!

Während anhaltender Trockenzeiten sollten Pastinaken bewässert werden. Ansonsten bereitet das Wurzelgemüse keine Arbeit mehr, es sei denn; Wühlmäuse haben sich im Garten eingenistet.

Ringelblume gegen Wühlmaus

Jene Gemüsebeete, auf denen viele Ringelblumen durch Selbstaussaat aufgegangen waren, wurden nicht von den Wühlmäusen aufgesucht.

Ringelblumen sind nicht nur schön anzuschauen, sondern auch besonders vielseitig verwendbar.

TIPP! Vielseitiges Pastinakenlaub

Das Laub der Pastinake ist nicht nur besonders üppig, sondern auch bis –10 °C wintergrün. Es kann durchaus an Kaninchen und/oder Meerschweinchen verfüttert werden! Ich habe Pastinaken zusammen mit Artischocken auf ein Beet gepflanzt und das grüne Laub dann, mit gutem Erfolg, zu einem Winterschutz für die Artischocken umfunktioniert. Die dichte, grüne Blätterdecke reichte ebenfalls aus, dass der Boden darunter nicht gefror.

Das dichte Laub der Pastinake bedeckt den Boden und verhindert ein frühzeitiges Durchfrieren.

Selbstversorgung ist Nahrungssicherheit auf höchstem Niveau

Im Januar dieses Jahres schreckte eine Studie, die ich auf der Seite des NDR fand, die Konsumenten von Kräutertees auf. Das Ergebnis ist erschreckend. In diversen Kräutertees sind hohe Mengen an Pyrrolizidinalkaloiden enthalten. Der Toxikologe Prof. Edmund Maser von der Christian-Albrechts-Universität zu Kiel forderte, dass alle Lebensmittel frei von Pyrrolizidinalkaloiden sein sollten, da diese Gifte krebserregend seien. Die Pyrrolizidinalkaloide sind giftige Substanzen, die einige Pflanzen bilden und anreichern, um sich vor etwaigen Fraßfeinden zu schützen. Unter industriellen Erntemethoden gelangen diese Beikräuter unbemerkt mit in die Produktion.

PORREE (LAUCH)

(*Allium porrum*)

Steckbrief: Porree

Botanik: Familie der Amaryllisgewächse (Amaryllidaceae)
Arbeitsaufwand: Hoch
Eignung für Erstanbauer: +
Optimale Lichtverhältnisse: Sonniger Standort
Optimale Bodenverhältnisse: Tiefgründiger und humusreicher Boden mit gutem Feuchthaltevermögen
Vorkultur: +
Günstiger Aussaatzeitpunkt: Mai
Auspflanzen ins Freiland/umpflanzen: Ende Juli/Anfang August
Platzbedarf: Aussaat Ende Juli: 30 x 30 cm; Aussaat Mitte August: 20 x 20 cm
Pflegeanspruch: + +
Düngung: -
Gießen: Bis zur Entwicklung kräftiger Jungpflanzen regelmäßig
Winterpflege: -
Ernte: Ab dem Spätherbst bis zur Blütenbildung ab etwa April
Ernteertrag: 15 kg pro 10 m²
Kosten/Nutzen: 1 g Samen pro 10 m²
Schädlinge: Minierfliege
Pflanzengesundheit: +

Wissenswertes

Wir können den Porree unter der Bezeichnung „porrum" oder „porros" bis in die Capitulare Carls des Großen zurückverfolgen. Die heilige Hildegard unterscheidet zwischen Lauch und Porrum. Jedoch beschreibt sie in der Physika beide Pflanzen mit röhrigen Blättern. Die ältesten Nachweise stammen aus Ägypten. Die Pflanzenreste wurden in Gräbern gefunden, die lange vor Christi Geburt angelegt worden waren.

Als Wildpflanze gibt es Porree nicht. Wahrscheinlich gelangte die Pflanze, die eng mit dem Sommerlauch (nicht winterharte Sorten) verwandt ist, zusammen mit den Römern aus Italien in unsere Breiten.

TIPP! Zweitverwertung Porree

Trennen Sie die Wurzel vom Porree gleich nach der Ernte ab und pflanzen Sie diese sofort in den Garten. Gut angießen. Die Wurzel wird (mit ein wenig Glück) erneut austreiben und im kommenden Jahr eine Blüte bilden. Diese Blüte ist essbar!

Gesundheitliche Bedeutung

Lauchgenuss wirkt harntreibend und appetitanregend. Der Verzehr regt den Stoffwechsel an. Äußerlich lassen sich die zerquetschten Blätter gegen Insektenstiche verwenden. Hierfür wird einfach das Stück eines Blattes zwischen den Fingern zerrieben und auf die gerötete Stelle aufgelegt. Auch bei rheumatischen Beschwerden soll das Auflegen auf die betroffenen Gelenke Erleichterung bringen. Lauch ist eine gute Calcium-Quelle!

Bei der Verwendung in der Küche ist darauf zu achten, dass Porree nicht zu lange im Wasser liegt, da seine wertvollen Inhaltsstoffe (wasserlösliche Saponine) schnell ins Wasser übergehen. Am besten spült man das Gemüse aus dem Garten einfach nur ab. Dadurch werden die Inhaltsstoffe geschont.

Angehäufelter Porree. Der weiße Teil der Schäfte ist bereits vollkommen im Erdboden verschwunden. In den nächsten Wochen werden kleine Dämme aufgeschüttet. Etwa Anfang bis Mitte Oktober werden die lang überhängenden Blätter erneut mit einem scharfen Messer oder einer Haushaltsschere eingekürzt. Beschädigen Sie dabei nicht die Herzblätter der Pflanze.

Kultur und Pflege

Anfang bis Ende Mai werden die Samen für den Winterporree in den Garten gesät. Sollten Sie Pflanzen aus dem Fachhandel erwerben, achten Sie darauf, dass es sich dabei um eine Sorte speziell für den Winteranbau handelt (zum Beispiel 'Blaugrüner Winterporree'). Winterporree unterscheidet sich vom frostempfindlichen, hellen Sommerporree durch seine dunkelgrün oder bläulich bereiften Blätter mit aufrechter Blattstellung.

Für 10 m^2 zu bepflanzende Fläche benötigen Sie etwa 1 g Samen. Säen Sie dicht! Nach etwa acht Wochen sind die jungen Pflanzen aufgegangen, Ende Juli sollten sie so weit entwickelt sein, dass sie verpflanzt werden können. Denken Sie bei der Standortwahl daran, dass Sie im Herbst/Winter das Beet auch bei Eisglätte und Schnee erreichen wollen!
So pflanzen Sie am besten um: Mit einer Hacke oder Pflanzkelle entnehmen Sie die Pflanzen (gleich mehrere) aus der Aussaatreihe. Die langen, zwirnfadenstarken, weißen Wurzeln werden bei jeder einzelnen Pflanze ganz individuell mit einer Haushaltsschere auf etwa 1–2 cm Länge eingekürzt. Ich benutze für diese Arbeit grundsätzlich die Fingernägel – wenn Sie also ohne Handschuhe im Garten arbeiten, benötigen Sie keine Haushaltsschere. Ebenso wird der obere Teil der Spitze des Setzlings entfernt.

TIPP! In den Abendstunden pflanzen

Pflanzen Sie die Setzlinge aus dem Garten nicht in den Mittagsstunden! Abends ist die beste Zeit, um die eigene Anzucht zu pflanzen.

Porreewurzel. Vor dem Auspflanzen sollte die Wurzel etwas eingekürzt werden.

Nach diesem Prozedere gelangt der Setzling in ein gut vorbereitetes, feinkrümeliges Beet, dessen Reihen bereits vorgezogen sind und einen Abstand von etwa 40 cm aufweisen. Setzen Sie den Setzling in ein Loch, das weder zu groß noch zu klein sein sollte, füllen Sie etwas Erde an und gießen Sie mit einer Gießkanne – ohne dabei die Brause zu verwenden – auf den Boden im Kreis um die Pflanze herum. Danach füllen Sie das Loch vollkommen auf und wiederholen das Begießen des Bodens um den Schaft des Setzlings. Abgestandenes Gießwasser verwenden!

TIPP! Eng pflanzen

Unsicheren Personen rate ich, dicht zu saen und eng zu pflanzen. Das enge Pflanzen von Setzlingen hat den Vorteil, dass (beispielsweise bei Lauch) Pflanzen zur frühzeitigen Verwendung dem Beet entnommen werden können und dass, falls eine Pflanze unsachgemäß behandelt worden ist und nicht wächst, keine Fehlstelle entsteht.

In den nächsten Tagen benötigen die jungen Setzlinge noch etwas Pflege, besonders wenn es heiß und trocken ist. Gießen Sie am Abend. Nach etwa einer Woche – je nach Witterung – sollten die Setzlinge angewachsen sein. Dies erkennen Sie gut an den Herzblättern, die zu diesem Zeitpunkt bereits die Länge der Außenblätter erreicht haben sollten (an den helleren „Narbenrändern" gut zu erkennen).

Nun können Sie den Porree wachsen lassen. Die Wintersorten sind absolut winterhart. Sind sehr starke Fröste zu befürchten, können Sie den Porree ganz einfach anhäufeln. Sie können den Porree aber auch noch während seiner Entwicklungszeit anhäufeln, was bereits für deutlich längere weiße Stangen sorgt. Ab dem Spätherbst kann begonnen werden, den Porree durch Ausstechen zu ernten. Sie können den ganzen Winter hindurch frischen Porree aus dem Garten holen.

Minierfliegen fernhalten

Gleich den Zwiebeln kann auch Porree von der Minierfliege befallen werden. Sobald sich die Blätter auffällig kräuseln, sollten sie kurz abgetrennt und verbrannt werden. Ein guter Nachbar ist die Zitronenmelisse, die recht unproblematisch angebaut werden kann (wer diese Pflanze bereits in seinem Garten angesiedelt hat, kennt ihre invasive Art, den Garten zu erobern). Samen ist im Handel erhältlich. Ein paar Pflanzen im Zwiebel- und Porreebeet können den Schädling effektiv abwehren.

Porree bleichen

Porree kann auch gebleicht werden! Hierfür wird eine lichtundurchlässige Folie über den beinahe erntereifen Pflanzen ausgebreitet. Achten Sie darauf, dass die grünen

TIPP! Weiße Stangen verlängern

Während der mehrwöchigen Entwicklungszeit kann der Porree analog seinem Wachstum angehäufelt werden. Durch das Anhäufeln wird der weiße Teil des Porrees vermehrt.

Blätter nicht abbrechen. Dazu errichten Sie am besten aus einer Lattenkonstruktion ein Gerüst, auf dem die Plane, die über den Pflanzen ausgebreitet und am unteren Ende mit Erde fixiert wird, ruhen kann.

Im zweiten Standjahr blüht der Porree. Wird die Blüte rechtzeitig entfernt, kann die Wurzel, ähnlich dem Knoblauch, viele kleine Zehen bilden.

Gut eingekürzter Porree

Einkürzen der Wurzel und des Laubes bei Porree beim Umpflanzen

Beete mehrmals nutzen

Oft ist die Gemüsefläche in einem Garten sehr begrenzt. Deswegen ist es mitunter sinnvoll, die Beete doppelt und dreifach auszulasten. So eignet sich zum Beispiel das bei der Neuanlage eines Erdbeerbeets im August zurückgebliebene abgeerntete Beet zum Bepflanzen mit Porree.

ROSENKOHL (KOHLSPROSSEN)

(*Brassica oleracea* var. *gemmifera*)

Steckbrief: Rosenkohl

Botanik: Familie der Kreuzblütler (Brassicaceae)
Arbeitsaufwand: Mittel
Eignung für Erstanbauer: +
Optimale Lichtverhältnisse: Sonnig bis halbschattig
Optimale Bodenverhältnisse: Lockerer, mittelschwerer, feuchter und gut mit Kompost versorgter Boden
Vorkultur: Ja
Günstiger Aussaatzeitpunkt: Ab Anfang April ins Mistbeet
Auspflanzen ins Freiland/umpflanzen: Ende Mai
Platzbedarf: Reihenabstand bei der Pflanzung: 60 x 60 cm
Pflegeanspruch: + +
Düngung: Pflanzenjauchegaben
Gießen: +
Winterpflege: -
Ernte: Ab November
Ernteertrag: 5–7 kg ungeputzt
Kosten/Nutzen: 2 g Samen pro 100 m²
Schädlinge: Kohlweißling, Kleine Kohlfliege
Pflanzengesundheit: Kohlhernie

Wissenswertes

„Brüsseler Sprossen" wird der Rosenkohl liebevoll von Kennern genannt, da er ursprünglich in Belgien beheimatet war. Dort wurde Rosenkohl 1785 erfolgreich aus Kohlvarietäten gezüchtet. Ob die Gemüsepflanze jedoch das Ergebnis einer Züchtung ist oder der Zufall seine Hand im Spiel hatte, konnte bisher nicht zweifelsfrei geklärt werden. Es ist durchaus möglich, dass der Rosenkohl eine Mutation aus einem Sprossenkohl darstellt.

Übrigens gibt es auch den Rosenkohl in zwei Färbungen (rot und grün). Die rote Rosenkohlsorte wurde im Jahr 1953 von einem niederländischen Züchter gezüchtet. Roter Rosenkohl ist unter dem Namen 'Rubine' erhältlich.

Gesundheitliche Bedeutung

Rosenkohl weist einen sehr hohen Mineralienwert auf, der noch über dem Gehalt der Roten Bete liegt. Außerdem punktet das Gemüse mit einem beträchtlichen Vitamin-C-Gehalt und reichert in den delikaten Röschen das lebensnotwendige Eisen in ausreichendem Maß an.

Durch die Einwirkung von Frost wird der Rosenkohl milder im Geschmack und deutlich zarter.

TIPP! Tipp für Vegetarier

Der Verzehr von Rosenkohl kann gerade Vegetariern und Veganern wärmstens empfohlen werden, da das Gemüse hohe Mengen an lebenswichtigem Eisen enthält!

Kultur und Pflege

Die Pflanze stellt an den Standort nicht allzu große Ansprüche und gedeiht auch im Halbschatten. Rosenkohl bevorzugt lockeren, mittelschweren Boden und verlangt nach reichlich Feuchtigkeit. Bewässern mit Pflanzenjauchen wirkt sich ertragssteigernd aus. Versuchen Sie eine regionale und zugleich späte Sorte.

Die Anzucht aus Samen dauert unter normalen Bedingungen etwa acht Wochen.

Auch der Grünkohl profitiert durch die Einwirkung von Kälte.

Durch das Vorziehen im Mistbeet reduziert sich diese Zeit um etwa zwei bis drei Wochen. Da Rosenkohl erst nach den Eisheiligen – etwa bis Mitte Juni – ausgepflanzt wird, eignet sich als Vorkultur in der Fruchtfolge Kopfsalat, Spinat oder Winterlauch.

Die Aussaat erfolgt ab Anfang April in ein warmes Mistbeet. Säen Sie ebenfalls Radieschen mit aus. Falls Erdflöhe bereits geschlüpft sind, befallen diese in der Regel zuerst die Radieschen. Ab der letzten Maiwoche werden die kräftigen und gut entwickelten Jungpflanzen in eine relativ tiefe Furche ausgepflanzt. Diese erleichtert das spätere Anhäufeln.

Der Pflanzabstand beträgt 60 x 60 cm, dazwischen lässt sich der Platz noch für Salat oder Buschbohnen nutzen, bis der Sprossenkohl einen dichteren Bestand gebildet hat. Das Beet wird so außerdem optimal genutzt. Rosenkohl und Buschbohnen vertragen sich zudem sehr gut und weisen in etwa die gleichen Kulturbedingungen auf. Bedenken Sie unbedingt, dass auch Buschbohnen angehäufelt werden sollten und dass diese ebenfalls gut mit Feuchtigkeit versorgt werden müssen, um einen optimalen Ertrag zu erbringen.

Da Rosenkohl zu den nährstoffhungrigen Kulturen zählt, sollte vor dem Auspflanzen das Beet ordentlich mit Kompost versorgt werden. Es ist darauf zu achten, dass der Boden nicht austrocknet. Er ist regelmäßig zu lockern.

TIPP! Anhäufeln

Pflanzen Sie Rosenkohl in eine Furche und häufeln Sie die Pflanze bei entsprechender Größe an. Das reduziert die Gießarbeit und verschafft den Rosenkohlpflanzen mehr Standfestigkeit.

Gut entwickelte Rosenkohlpflanzen können eine Höhe von etwa knapp 1 m und ein ordentliches Gewicht erreichen. Die vielen stattlichen Blätter, die sich vermehrt in der oberen Hälfte befinden, bieten den stürmischen herbstlichen Witterungsbedingungen reichlich „Angriffsfläche". Daher ist es empfehlenswert, die Rosenkohlpflanzen mit Stäben zu stützen.

Sobald sich die Röschen bilden – etwa Mitte September – wird die Endknospe ausgebrochen. Geerntet werden die Kohlröschen ab etwa November und bis in den März hinein.

Der Geschmack des Rosenkohls ändert sich durch Frosteinwirkung. Tendenziell schmeckt Rosenkohl nach einiger Zeit der Frosteinwirkung nussiger, milder und sehr angenehm.

Endknospen verwenden

Werfen Sie diese Endknospen nicht achtlos weg, sondern bereiten Sie daraus eine Suppe oder einen köstlichen Gemüsefond. Sehr gut können hierfür auch die abgetrennten Enden der Porreeblätter verwendet werden. Ein guter Gemüsefond ist schnell bereitet und kostet nur wenig.

TIPP! Kohlweißlinge fernhalten

Begießen Sie, sobald Ihnen die ersten Kohlweißlinge im Garten auffallen, auch den Rosenkohl mit einem erkalteten Tee aus Wermutkraut. Das hält die Plagegeister auf Distanz!

Die Keimblätter der gerade aus dem Erdboden brechenden Rosenkohlpflänzchen haben noch kein Chlorophyll anreichern können. Binnen weniger Stunden werden sie sich aufgerichtet und mit den Stoffwechselprozessen begonnen haben, wodurch die Grünfärbung in Gang kommt.

Die oberste „Rose" des Rosenkohls kann ebenfalls in der Küche verwendet werden.

HINWEIS! Schädling

Kleine Kohlfliege (*Delia radicum*)
Bevor die – der Stubenfliege ähnliche – Kohlfliege schlüpft, etwa zur Zeit der Rosskastanienblüte, hat sie in einem kleinen, braunen Panzer im Erdboden überwintert. Kaum flugfähig legt das Insekt seine Eier an den Wurzelhals einer Kohlpflanze (auch Radieschen und Rettich sind betroffen). Aus den Eiern entwickeln sich cremefarbene, ein wenig glasige, 2–3 mm lange Larven. Diese Larven bohren sich dann in die Wurzel ein und zerstören diese durch ihren unbändigen Appetit. Die betroffenen Pflanzen kümmern, welken und gehen schließlich ein. Auch die oberirdischen Kohlteile sind vor den Plagegeistern nicht sicher. Der Befall ist gut an den braunen, von Exkrementen gefärbten Fraßgängen zu erkennen.

Kohlfliegen können bis zu vier Generationen pro Jahr hervorbringen. Da die Eier bereits im Erdboden abgelegt worden sind und dort überwintert haben, verspricht das Ausbreiten spezieller „Schutznetze“ auf Aussaat und Jungpflanzen wenig Aussicht auf Erfolg. Was also tun im Fall eines Befalls?

Ein paar Maßnahmen möchte ich hier anführen:

- Die Bodengesundheit wieder herstellen bzw. bewahren
- Dichter pflanzen bzw. aussäen (um befallene Exemplare beseitigen zu können, ohne dass Lücken im Beet entstehen)
- „Irritationspflanzen“ im Gemüsegarten verteilt auspflanzen/aussäen
- Befallene Pflanzen unverzüglich entfernen und verbrennen – nicht auf den Kompost geben!

Alternativ:
Sauerampfer (*Rumex acetosa*)

Sauerampfer (auch Gartensauerampfer) ist recht anspruchslos, er verträgt Beikrautdruck und Trockenheit sowie Halbschatten. Aufgrund seiner hohen Kältefestigkeit wird Sauerampfer zu den winterharten Dauergemüsen gezählt werden. Er kann mehrere Jahre genutzt werden. Im Handel gibt es Topfware. Sauerampfer kann aber auch als Wildsammlung geerntet werden.

Die Aussaat erfolgt ab Mitte März. Bei frühzeitiger Aussaat ist die erste Ernte bereits im ersten Jahr möglich. Geerntet werden die jungen Blätter. Werden die Blütenstände regelmäßig entfernt, bildet die Pflanze auch laufend neue Blätter. Im Winter zieht sich die Pflanze ein. Deckt man sie zu oder stülpt transparente Kunststoffhauben über die Pflanzen, kann man das Einziehen hinauszögern und den Austrieb im nächsten Frühling verfrühen.

Sauerampfer enthält viel Vitamin C und Oxalsäure (auch als Kleesäure bekannt). Diese kann bei Überempfindlichkeit und/oder zu hohem Konsum zu Problemen mit dem Harnwegapparat und zu Nierensteinen führen.

Sauerampfer bildet im Frühjahr eine schöne Blattrosette. Ernten Sie laufend frische Blätter.

Alternativ: Wintersalat (*Lactuca sativa* var. *capitata*)

Es gibt im Handel einige winterharte Salatsorten zu kaufen. Diese werden nach den Angaben auf den Verpackungen angebaut. Grundsätzlich ist zu sagen, dass der Salat im Rosettenstadium kälteresistenter ist als in Erntereife.

Die folgenden Kopfsalatsorten baue ich immer wieder an:

- 'Maiwunder': Für den Frühanbau; eine sehr kälteresistente Sorte
- 'Maikönig': Für den Frühanbau/Herbstanbau; sehr frohwüchsig und gute Kopfbildung (gute Kälteresistenz)
- 'Brauner Winter': Dies ist ein Salat für den Herbstanbau; etwas bitter im Geschmack
- 'Winterbutterkopf': Diese Sorte ist am besten über das Internet zu beziehen; eine gut kälteresistente Sorte mit sehr gutem Geschmack

Der Herbstanbau sollte ab August/September erfolgen. Hierbei ist jedoch darauf zu achten, dass das Saatgut nicht unter zu großer Hitze leidet, da es sonst schlecht keimt. Wird früher angebaut, kann direkt ins Beet gepflanzt werden, bei späterer Aussaat sollte ins Gewächshaus oder in den Kalten Kasten gepflanzt werden. Diese Salate können ab dem Spätherbst geerntet werden.

Wird der Salat noch später für die Überwinterung gepflanzt – entweder ins Freie oder in den Kalten Kasten bzw. das Gewächshaus – erfolgt die Ernte erst im darauffolgenden Frühjahr. Ab November gepflanzte Salate wurzeln allerdings nicht mehr ausreichend an.

TIPP! Schwere Böden bevorzugen

Damit die Kultur gelingt und der Salat nicht ausfriert, muss der Boden sorgfältig gewählt werden. Wintersalat gedeiht auf schweren, lehmhaltigen Böden besser als auf sandigen, leichten!

Ein Salatmix aus verschiedenen Endivien bringt Abwechslung auf den Tisch.

Alternativ: Spargelsalat (*Lactuca sativa* var. *angustana*)

Spargelsalat – auch Chinesischer Salat – spielt in Asien eine große Rolle, bei uns ist er weniger bekannt. Er wird als Stängelgemüse verwendet. Die Zubereitung der Spargelsalatstangen erfolgt analog zum Spargel. Die Stangen werden dünn geschält und kurz in leicht gesalzenem Wasser gegart. Eine Sauce Hollandaise krönt das Gericht.

Die Kultur ist denkbar einfach. Bereiten Sie ein feinkrümeliges Saatbeet, in das Rillen von etwa 2 cm Tiefe gezogen werden. Um Samen zu sparen, werden in Abständen von 20 cm ein paar Samen gesät und mit Erde bedeckt. Damit an Weihnachten Stangen zu ernten sind, empfehlen sich mehrere Aussaaten in Folge, die von Ende März bis August möglich sind.

TIPP! Untersaat

Nutzen Sie den Platz im Garten optimal aus und säen Sie in die Abstände zwischen den Spargelsalatsamen kleinwüchsige Erbsen, Zuckererbsen, Sojabohnen oder Gurken.

Die Pflanzen werden groß – beinahe wie Tabak – und brauchen zur Entwicklung reichlich Platz. Es empfiehlt sich ein Reihen- und Pflanzenabstand von mindestens 40 x 40 cm. Zarte und brauchbare Stängel erreicht man durch häufiges Gießen mit nahrhaften Pflanzenjauchen.

Das Umpflanzen des Spargelsalates ist problemlos möglich. Jedoch weisen bereits die Jungpflanzen eine relativ lange Wurzel auf, sodass das Pflanzloch gründlich vorbereitet werden muss. Pflanzen Sie in ein feinkrümeliges Pflanzloch!

Geerntet werden die Stangen, sobald sich Blütenknospen bilden. Die Stangen werden mit einem scharfen Messer mittelbar über dem Erdboden abgetrennt. Aus der Wurzel schiebt keine neue Pflanze!

Wer Gemüse im Winter in seinem Garten belässt, lockt eine Vielzahl hungriger Tiere an. Denken Sie bitte auch an die Wildvögel und stellen Sie Futterhäuser auf oder lassen Sie die Grünteile Ihrer Wintergemüse an bestimmten Plätzen im Garten liegen, damit die Vögel sich dort bedienen können.

Das Ausbringen von Gemüseresten im weiteren Umfeld Ihres Gartens lockt die Tiere zu den von Ihnen angelegten „Fressplätzen“! Falls sich unerwünschte Nager einstellen, verlagern Sie nach Möglichkeit den Fressplatz an einen Ort, der von einem natürlichen Nagerfeind – Fuchs, Katze, Greifvogel – gut eingesehen und aufgesucht werden kann.

Spargelsalat (Quelle: wikimedia commons, David Ebro)

ROTE BETE (ROTE RÜBE)

(*Beta vulgaris* ssp. *vulgaris* var. *conditiva*)

Steckbrief: Rote Bete

Botanik: Fuchsschwanzgewächse (Amaranthaceae)
Arbeitsaufwand: Mittel
Eignung für Erstanbauer: +++
Optimale Lichtverhältnisse: Sonnig
Optimale Bodenverhältnisse: Humoser, tief gegrabener nährstoffreicher Boden mit gutem Feuchthaltevermögen
Vorkultur: Möglich
Günstiger Aussaatzeitpunkt: Juni bis August
Auspflanzen ins Freiland/umpflanzen: Möglich
Platzbedarf: 30 x 10 cm
Pflegeanspruch: Gering
Düngung: Nicht in frisch gedüngten Boden setzen; nicht düngen
Gießen: Regelmäßig
Winterpflege: Bei Minusgraden frostfrei lagern
Ernte: Bei gewünschter Größe
Ernteertrag: Gut
Kosten/Nutzen: Etwa 25 kg pro 10 m^2
Schädlinge: Erdfloh, Nager, Nacktschnecken
Pflanzengesundheit: Bormangel lässt die jungen Pflanzen rasch absterben.

Wissenswertes

Die Rote Bete ist die kleinste Rübe unter den Rüben und sollte am meisten in den Nutzgärten angebaut werden und häufig auf den Tisch gelangen. Sie kommt in den Farben Weiß, Gelb und Rot oder einem Farbwechsel aus roten und weißen Kreisen vor. Auch die Formen variieren – Rote Bete kommt in drei Formen vor. Sie kann eine zylindrische, spindelförmige oder eine runde Form aufweisen.

Die Anbautradition reicht bereits ein paar tausend Jahre zurück. In Syrien wurden etwa 200 n. Chr. weiße und rote Rüben angebaut. In Athen gilt gegen 400 v. Chr. die Rübe als „Marktware". Karl der Große hat in unseren Breitengraden bereits im 9. Jahrhundert in seiner Capitulare den Anbau befohlen. Bei den Rüben wurden im Mittelalter noch sämtliche Teile verzehrt (Blätter, Knolle, Stängel).

Rote Bete eignet sich ausgesprochen gut als Lagergemüse und kann sowohl im Keller als auch in der Miete frostfrei überwintern. Im Freien erleidet sie unter –4 bis –5 °C Frostschäden. Sie muss deshalb rechtzeitig geerntet oder unter einer dicken Stroh- oder Laubschicht geschützt werden. Die 'Ägyptische Plattrunde' eignet sich jedoch auch zu einem Anbau im Kalten Kasten – je nach Witterung bereits ab Ende Februar.

Rote Bete aus dem eigenen Anbau mundet viel besser als die gekaufte Ware. Die runden Sorten entwickeln sich langsamer als die zylindrischen!

Gesundheitliche Bedeutung

Der regelmäßige Verzehr von Roter Bete (und Mangold) hält den Körper gesund. Die Inhaltsstoffe kommen in einem ausgewogenen Verhältnis vor, allerdings erzielt die Rote Bete weder beim Eisen noch beim Calcium oder Magnesium einen „Rekordwert". Silizium ist dagegen reichlich vorhanden. Siliziummangel kann zu frühzeitigem Altern führen, die Begleiterscheinungen der Arthrose ungünstig beeinflussen und vieles mehr, die Rote Bete kann dem entgegenwirken.

TIPP! Selbst angebautes Gemüse

Rote Bete aus dem eigenen Garten ist die beste Wahl, wenn der Verzehr nicht nur kulinarische Zwecke erfüllen soll, sondern der Gesunderhaltung und dem Erhalt des Wohlbefindens dient. Ein gut versorgter Gartenboden gewährleistet in den erntefrischen Gemüsen grundsätzlich hohe Werte an den jeweiligen Inhaltsstoffen und macht sie zu etwas ganz Besonderem.

Der typische Geschmack Roter Rüben beruht auf dem ausgewogenen Verhältnis zwischen Zucker und organischen Säuren (Folsäure). Die rote Färbung verdankt die Rübe dem Betanin. Der Anteil daran kann durch gelegentliches Gießen mit leicht gesalzenem Wasser erhöht werden. Der Verzehr regt den Stoffwechsel an. Außerdem soll reger Genuss schädliches Aluminium aus dem Körper schleusen.

HINWEIS! Rotfärbung

Eine Rote-Bete-Kultur an nicht vollsonnigen Standorten bewirkt eine Schwächung der Rotfärbung infolge eines Missverhältnisses zwischen dem Fruchtzucker und den organischen Säuren, welches durch eine schwache Assimilation verursacht wird.

Kultur und Pflege

Die Kultur ist relativ einfach. Da die Jungpflanzen kälteempfindlich sind, sollte mit der Aussaat grundsätzlich nicht vor Ende April begonnen werden. Gesät wird in einen warmen, tiefgründig vorbereiteten, relativ trockenen Boden, der nicht frisch gedüngt

Junge Rote-Bete-Pflanzen – vier Tage nach dem Aufgehen

worden ist. Der Erdfloh befällt, gerade bei frühzeitiger Aussaat, auch die jungen Rote-Bete-Pflänzchen. Senfsaat oder Radieschen/Kohlrabi zwischen die Gemüsesamen zu geben, verhindert zu große Einbußen.

TIPP! Ausreichend Sonne

Rote Bete verlangt nach einem vollsonnigen Standort. „Schattenspender" eignen sich nicht zur Mischkultur mit Roter Bete.

Der günstigste Aussaatzeitpunkt für die Einlagerung als Wintergemüse ist etwa von Ende Juni bis Anfang August, allerdings sollte der späte Anbau in kälteren Regionen von der Wetterentwicklung abhängig gemacht werden. Der Reihenabstand beträgt 30 cm und innerhalb der Reihe variieren die Abstände je nach dem gewünschten Ergebnis. Wer große Rüben erzielen möchte, vereinzelt die Pflanzen auf etwa 10 cm, kleinere Knollen benötigen die Hälfte oder weniger.

Je größer die Knollen der Roten Bete werden, desto weniger zart sind sie!

TIPP! Blätter als Spinat

Falls Sie die Rote Bete zu dicht ausgesät haben, stellt dies auch kein Problem dar. Warten Sie mit dem Vereinzeln, bis die Pflanzen eine Höhe von etwa 10 cm erreicht haben, und verwenden Sie die Blätter wie Spinat.

Die Kulturzeit beträgt, je nach gewünschtem Resultat, circa drei Monate. Geerntet werden Rote Rüben, die gelagert werden sollen, sobald erste leichte Nachtfröste die Blätter geschädigt haben. Nach der Ernte werden die Blätter der Lagerrüben etwa 3 cm oberhalb der Knolle abgetrennt.

Lagerung in einer Erdmiete

Eine Erdmiete – etwa 0,5 m tief – mit reichlich Stroh auslegen (bitte vom Bio-Bauern) und dort die Rüben auflegen, gut mit Stroh bedecken und je nach Witterung frostfrei überwintern. Auf die Strohabdeckung kann Erde geworfen werden. Rote Bete kann aber auch im Keller gelagert werden.

TIPP! Selbst gezogene Samen

Ich verwende in der Regel meine selbst gezogenen Samen. Gerade Radieschen und Kohlgemüse lassen sich sehr einfach vermehren. Und eine Pflanze liefert bereits Unmengen Samen.

Auch wenn sie qualitativ nicht den Ansprüchen eines Nutzgartenbetreibers genügt, so keimen diese Samen, bilden Pflanzen. Diese Pflanzen „opfere" ich den Schädlingen, indem ich damit einen „Schneckenzaun" entlang der bevorzugten Aufenthaltsplätze säe oder in die Gemüsebeete pflanze, um Vögel zu irritieren. Auf diese einfache Weise halten sich meine Ausgaben für hochwertiges Saatgut in Grenzen.

SPINAT

(*Spinacia oleracea*)

Steckbrief: Spinat

Botanik: Familie der Gänsefußgewächse (Chenopodiaceae); diese wird manchmal auch zu den Fuchsschwanzgewächsen (Amaranthaceae) gezählt.
Arbeitsaufwand: Mittel; muss im Winter geschützt betrieben werden
Eignung für Erstanbauer: + +
Optimale Lichtverhältnisse: Geringe Ansprüche
Optimale Bodenverhältnisse: Geringe Ansprüche, aber ausreichend Feuchtigkeit
Vorkultur: -
Günstiger Aussaatzeitpunkt: Juli bis Oktober
Auspflanzen ins Freiland/umpflanzen: -
Platzbedarf: 20 x 20 cm
Pflegeanspruch: Beikrautregulierung
Düngung: -
Gießen: Feucht halten während der Entwicklung
Winterpflege: Im Winter regelmäßig gießen
Ernte: Herbstaussaat: September bis Dezember; Winteraussaat: ab Mitte März bis April des Folgejahres
Ernteertrag: 5–8 kg pro 10 m²
Kosten/Nutzen: 50–100 g pro 10 m²
Schädlinge: Nacktschnecken, Vögel
Pflanzengesundheit: +

Wissenswertes

Albertus Magnus (1200–1280) hat das Blattgemüse unter dem Namen „Spinachia" in seinem Buch De natura rerum beschrieben. In der „Beschreibenden Sortenliste 1997" des Bundessortenamtes werden mehr als 60 Sorten aufgelistet, die meisten davon sind Hybridsaatgut. Es wird zwischen rundsamigen und scharfsamigen Sorten unterschieden.

Spinat sollte jung beerntet werden. Die Blätter können dann auch in einen gemischten Salat gegeben und roh verzehrt werden.

Spinat weist eine gute Winterfestigkeit auf. Für den Winteranbau eignen sich insbesondere Sorten, die zu Beginn des Frühjahrs tüchtig Blattmasse bilden. Verschiedene Spinatsorten für den Herbst- und Winteranbau wurden in der Staatlichen Lehr- und Versuchsanstalt für Gartenbau (LVG) Heidelberg getestet. Mehrere Sorten eignen sich für einen Anbau während der kalten Jahreszeit. Für den Herbst-/Winteranbau sind jene Sorten geeignet, die aus stachligen, „gehörnten“ Samen kultiviert werden. Sorten mit runden Samen sind für die Winterkultur weniger geeignet.

Gesundheitliche Bedeutung

Spinat ist ein stark wasserhaltiges Gemüse. Der hohe Wert an Kalium, Calcium und Eisen erhebt das Gemüse zur Medizin. Reger Verzehr ist sehr empfehlenswert. Das Kalium sorgt im Körper für einen ausgeglichenen Wasserhaushalt, unterstützt die Herzfunktion und den Muskelaufbau.

Die Oxalsäure, die im Spinat steckt (halb so viel wie im Rhabarber!), kann für Rheumatiker bei einem übermäßigen Konsum problematisch werden. Durch Inhaltsstoffuntersuchungen des Bundessortenamtes wurde ermittelt, dass langsam wachsende Sorten einen höheren Wert aufweisen. Der Nitratgehalt variiert unerheblich.

Kultur und Pflege

Die erste Aussaat des Spinates erfolgt in der Regel, sobald es die Witterung erlaubt – etwa im Februar. Weitere Aussaaten folgen bis Ende März/Anfang April. Mit dem Steigen der Temperaturen steigt beim Spinat das Risiko, dass er frühzeitig „schießt“.

Nach der Ernte der Frühkartoffeln kann ab Ende Juni wieder Spinat ausgesät werden. Das Beet, auf dem diese gerodet wurden, wird gut durchgearbeitet und der Spinat (eine rundsamige Sorte) wird eingesät. Der

Junge Spinatpflanzen. In dieser Größe brauchen die Pflänzchen noch nicht vereinzelt werden.

Reihenabstand sollte gut 20 cm betragen (eventuell bis zu 30 cm; bei Winteranbau unter Glas etwas weniger). Der weitere Abstand erlaubt eine gute Zirkulation zwischen den Pflanzen, sodass die Gefahr einer Erkrankung des Bestandes an Falschem Mehltau minimiert wird. In der Saatreihe kann eine dichte Aussaat erfolgen, da Spinat sich sehr gut umpflanzen lässt. Das spätere Vereinzeln ist erforderlich.

TIPP! Resistente Sorten wählen

Ist bereits während der Sommermonate im Nutzgarten der Falsche Mehltau aufgetreten, sollte bei der Wahl des Winterspinates eine Sorte gewählt werden, die mehltauresistent gezüchtet worden ist.

Mit dem Abernten weiterer Gemüsebeete, wie Rote Bete, Buschbohnen, Gurken, entstehen weitere Flächen für eine Spinatkultur. Ab August/September sollten jedoch die speziellen Wintersorten ausgesät werden (beispielsweise die Sorten 'Winterriesen Verdil'/'Scharfsamiger Eichstetten'). Spinat ist eine Winterkultur, die auf das Nachlassen des Lichtes kaum mit einer Verringerung der Bildung von Blattmasse reagiert.

TIPP! Mehrmals ernten

Jede Pflanze kann mindestens zweimal beerntet werden! Damit die Pflanze erneut Blätter bildet, wird die ganze Pflanze mindestens 5 cm über dem Erdboden mit einem scharfen Messer abgetrennt. Das mehrmalige Beernten empfiehlt sich vor allem Nutzgartenbetreibern, die wenig Platz haben.

Ab September sollten Spinatpflanzen dichter gesät und gepflanzt werden, damit die Rosetten die Beete besser bedecken und dadurch ein Ausfrieren verhindert wird. Da die Pflanzen stärker unter den kalten Winden im Herbst und Winter leiden als unter den sinkenden Temperaturen, empfiehlt sich ein Windschutz. Wird es kälter, kann der mobile Kalte Kasten schützend über die Kultur aufgestellt werden. Auch Reisigruten können ins Beet gesteckt werden. Alternativ schützen Maispflanzen gegen Wind.

Spinatpflanzen in der Entwicklung

Zur Überwinterung eignen sich Pflanzen, die etwa zwei bis vier Blätter gebildet haben! Die Spinatsaaten sollten dafür von Anfang bis Mitte Oktober keimen. Sie entwickeln sich über den Winter und sind ab Februar erntereif.

Eine Gartenaussaat ist auch im November/Dezember möglich. Allerdings keimen die Samen erst, wenn die Witterung es erlaubt (ab Ende Februar etwa) und bis dahin bleibt der Samen „Vogelfutter“. Frühjahrsaussaaten sind bereits ab Januar/Februar in ein im Herbst vorbereitetes Beet im Garten möglich. Abdecken mit Reisig und Stroh empfiehlt sich auch hier bei starken Nachtfrösten.

Bei einer Gemüsegartenkultur werden die ersten Blätter stets von Hand gepflückt, sobald diese eine ausreichende Größe erreicht haben. Erst bei der nächsten Ernte wird die Pflanzenrosette 5 cm über dem Boden mit einem Messer abgetrennt. Soll die Pflanze nochmals treiben, muss in den nächsten Tagen für ausreichend Feuchtigkeit gesorgt werden.

TIPP! Blattgröße und Qualität

Je kleiner die Spinatblätter sind, desto besser sind Geschmack und Qualität! Wächst Spinat auf mageren Böden und wird er nur spärlich mit Wasser versorgt, bildet sich weniger Blattmasse, aber dafür mit deutlich besserer Qualität. Die Gefahr von Nitrateinlagerungen besteht dann ebenfalls nicht.

TOPINAMBUR
(*Helianthus tuberosus*)

Steckbrief: Topinambur
Botanik: Familie der Korbblütler (Asteraceae)
Arbeitsaufwand: Sehr gering
Eignung für Erstanbauer: Hoch
Optimale Lichtverhältnisse: Anspruchslos
Optimale Bodenverhältnisse: Anspruchslos
Vorkultur: -
Günstiger Aussaatzeitpunkt: Bis Juni
Auspflanzen ins Freiland/umpflanzen: -
Platzbedarf: 60 x 40 cm
Pflegeanspruch: Sehr gering
Düngung: -
Gießen: Nur während langer Trockenphasen
Winterpflege: -
Ernte: Den ganzen Winter hindurch
Ernteertrag: Gut
Kosten/Nutzen: Gut
Schädlinge: -
Pflanzengesundheit: Gut

Wissenswertes
Ohne Zweifel: Sie (oder er) ist eine sonnenanbetende Sonnenblume! Die Topinambur soll ihren Namen einem indianischen Eingeborenenstamm verdanken und durch Seefahrer im Jahre 1612 nach England gebracht worden sein. Die Eingeborenen hatten diese Pflanze bereits kultiviert! Wegen der dekorativen Blüten galt sie lange Zeit als Zierpflanze. Später wurde Topinambur in der Landwirtschaft als Viehfutter eingesetzt. Dass die Rhizomknollen auch für die menschliche Ernährung zu nutzen sind, blieb lange Zeit verborgen. Während der entbehrungsreichen Kriegszeit ging es nicht anders, da mussten die Speicherwurzeln aus der Not heraus gegessen werden. Ohne

Junge Topinamburpflanzen: Bei zu dichtem Stand sollten Pflanzen entfernt werden.

Die Blüte der Topinambur ist besonders attraktiv, zumal sie in einer Höhe von etwa 2 m sonnengleich erstrahlt!

etwas Sahne, edle Gewürze und ohne Honig. Das konnte nicht gut gehen!

Heute finden wir die Speicherwurzeln überall im Handel. Die Pflanze hat sich etabliert. Aus den Knollen der Topinambur wird in Frankreich erfolgreich Alkohol destilliert. Aus 100 kg Knollen können etwa 10 l Alkohol gewonnen werden. Wer den Geschmack nicht mag: Topinamburwein ist analog dem bekannten Apfelwein einfach herzustellen und durch das Hinzufügen von Holunderblütensirup (anstelle des Zuckers) wird daraus ein kulinarisches Highlight.

Topinambur ist eng mit der Sonnenblume verwand. Zerteilt man die grünen Pflanzenteile, so verströmen diese einen angenehmen Geruch. Die Blätter sind essbar! Allerdings sind sie ziemlich rau. In der Kleintierhaltung können die Blätter zu Futterzwecken verwendet werden.

TIPP! Fructosesirup

Topinamburknollen eignen sich hervorragend für die Bereitung eines Fructosesirups.

Gesundheitliche Bedeutung

Für Diabetiker spielt das Inulin eine übergeordnete Rolle, da es sich positiv auf den Insulinhaushalt auswirkt. Auch in der Reduktionsdiät hat sich die Topinambur bewährt. Empfindliche Personen können auf den Genuss mit Blähungen reagieren.

Kultur und Pflege

Die Topinambur ist ein ausgesprochen frostfestes Wintergemüse und stellt geringe Ansprüche an Klima und Boden. Topinambur wird am besten vegetativ vermehrt und das Pflanzen von kleineren Knollen kann von November bis Juni erfolgen. Die erste Ernte erfolgt, sobald die Knollen eine entsprechende Größe aufweisen.

Lange Pflanzzeit

Topinambur braucht nicht analog der Kartoffelkultur gepflanzt zu werden!

Graben Sie ein etwa 8–15 cm tiefes Loch in den humosen und tiefgründig gelockerten Boden und legen Sie eine Knolle, nicht größer als ein Hühnerei, hinein. Bedecken Sie die Knolle mit Erde und fertig. Für ein 5 m² großes Beet benötigen Sie etwa 1 kg Knollen.

Eine junge, etwa 1 Woche alte Topinamburpflanze

Beikrautdruck wird problemlos überstanden, ebenso wird kein „Schneckenalarm" gegeben. Gießen ist nur während langanhaltender Trockenzeiten wirklich erforderlich oder dann, wenn man stattliche Knollen ernten möchte. Da Topinambur absolut winterhart ist, kann während des ganzen Winters bei Bedarf geerntet werden!

VORSICHT! Neigung zum Wuchern

Topinambur neigt zum Wuchern und Wandern, die ursprüngliche Energie, die durch ein Topinamburbeet in den Garten geholt wird, kann einem den Kopf verdrehen und plötzlich glaubt man sich im Amazonas zu befinden.

Insektenhotel selbst gemacht

Im Inneren der Topinamburstängel befindet sich Mark. Dieses kann mit einem langen Draht oder einem Schraubenzieher herausgebohrt werden. Dadurch können die Stängel auf eine Länge von etwa 10 cm eingekürzt zu einem Insektenhotel umfunktioniert werden. Vor dem Einsatz sollten die vorbereiteten Stängel jedoch trocknen.

Für das Insektenhotel wird ein mittelgroßer Blumentopf an einem Holz an einem nicht vollsonnigen Ort und mit dem „Gesicht" in östliche Richtung weisend befestigt. Kräftige Halme von Schilf, Bambus, Brom- und Himbeere sowie Topinambur werden eingekürzt und senkrecht in diesen Topf gesteckt, bis er voll ist.

Zum Fixieren verwende ich eine Masse, die ich aus normalem Mehl, das ich mit Wasser und etwas Tapetenkleister verknete, herstelle. Bauschaum oder ähnliche Produkte aus dem Baumarkt empfehle ich nicht.

Moos und Holzwolle zwischen die Halme gedrückt ergänzen die einfache, aber effektive Konstruktion.

WEISS-, ROTKOHL & WIRSING

(*Brassica oleracea* convar. *capitata* var. *alba*, *Brassica oleracea* convar. *capitata* var. *rubra*, *Brassica oleracea* convar. *capitata* var. *sabauda*)

Steckbrief: Weiß-, Rotkohl und Wirsing

Botanik: Familie der Kreuzblütler (Brassicaceae)
Arbeitsaufwand: Mittel
Eignung für Erstanbauer: + +
Optimale Lichtverhältnisse: Sonnig bis halbschattig (vor allem in den Mittagsstunden)
Optimale Bodenverhältnisse: Humoser, tiefgründiger, gut behackter und belüfteter Boden; vertragen keine Staunässe
Vorkultur: Für Winteranbau nicht erforderlich
Günstiger Aussaatzeitpunkt: Sommeranbau: Mitte bis Ende April; Mitte Mai für Lagerung
Auspflanzen ins Freiland/umpflanzen: Juni bis Juli
Platzbedarf: 50 x 50 cm
Pflegeanspruch: + +
Düngung: Pflanzenjauchen
Gießen: Im Sommer regelmäßig gießen
Winterpflege: Während der Lagerung auf Faulstellen achten
Ernte: Bei Frostgefahr ernten
Ernteertrag: +/– 15 kg pro 10 m²
Kosten/Nutzen: Gut
Schädlinge: Kohlweißling, Kohlfliege
Pflanzengesundheit: Kohlhernie und Schäden durch Raupenbefall, Nager (Mäuse fressen mitunter große Löcher in die Kohlköpfe und „kampieren“ darin)

Wissenswertes

Der Kohl blickt auf eine lange Entwicklungsgeschichte zurück und begleitet die Menschen bereits seit mehreren tausend Jahren. Leider existieren keine Kulturnachweise aus vorgeschichtlicher Zeit. Auf einem Holzschnitt aus dem Kräuterbuch von Otto Brunfels aus dem Jahre 1532 ist ein attraktives Exemplar eines „Kopfkohls“ abgebildet. Womit wir durchaus nicht bei dem ältesten Nachweis in der Kulturgeschichte des Kohls angekommen sind. Dieser stammt aus der Feder des griechischen Philosophen und Naturforschers Theophrastos

Ende September können die ersten, gut entwickelten Weißkohlköpfe bereits geerntet werden.

Gut zu erkennen die vier kreuzständigen Blütenblätter, die der Familie der Kreuzblütler, zu der die Kohlgewächse gezählt werden, ihren Namen gegeben haben.

(371–287 v. Chr.). Er berichtete in seiner *Naturgeschichte der Gewächse* über den Kohl und vermerkte: „Kohl zerfällt in drei Arten." Cato (235–149 v. Chr.), der das stolze Alter von 86 Jahren erreichte, bezeichnete den Kohl als das allerbeste Gemüse und empfahl den regen Verzehr von rohem wie gekochtem Kohl. Auch Hildegard von Bingen schätzte den Kohl, der bereits in zahlreichen Sorten und den dazugehörenden Varietäten kultiviert wurde. Kohl gedeiht selbst in den Alpen bis zu einer Höhe von etwa 2.000 m. Nach Josef Becker-Dillingen (1891–1983) lassen sich überall in Mitteleuropa Kohlgemüse anbauen.

Gesundheitliche Bedeutung

Weißkohl punktet durch einen hohen Gehalt an Magnesium, jenem essentiellen Mineral, das für das Funktionieren unseres Körpers unabdingbar ist und welches täglich dem Körper zugeführt werden muss. Neben Magnesium stecken im Weißkohl eine ordentliche Portion Calcium, etwas Phosphor und natürlich auch das lebenswichtige Eisen. Mit nur 25 kcal per 100 g können Weiß- und Rotkohlgerichte ohne Reue verzehrt werden – falls sie nicht durch horrende Zuckergaben und Fettzusätze zu Kalorienbomben umgewandelt werden.

Rotkohl ist reich an Vitamin C. Ein roher Rotkohlsalat während kalter Tage kann nicht schaden. Damit der Kohl verträglicher wird, sollte immer Zwiebel beigegeben werden.

Wirsing kann ebenfalls roh und gegart verwendet werden. Er hat den Vorteil, dass er auch von Personen vertragen wird, die auf Kohl mit Blähungen reagieren. Wirsing, Blumenkohl und Kohlrabi blähen nicht und können auch Kindern gereicht werden.

Bekannt ist Sauerkraut für eine der Gesundheit sehr zuträgliche Wirkung aufgrund des hohen Mineralstoff- und Vitamin-C-Gehaltes.

Kultur und Pflege

Grundsätzlich bedarf das Wachstum derartiger Pflanzenmassen ausreichend Pflanzennahrung und Feuchtigkeit. Kohl hat

Gerade winterliche Verhältnisse verschaffen dem Grünkohl delikate Aromen. Lassen Sie ihn vor der Verwendung erst gut durchfrieren!

Probleme mit zu großer Hitze und sollte in den Hochsommermonaten regelmäßig gegossen werden. Günstig ist zudem ein Beet, das in den Mittagsstunden beschattet wird. Ein sonniger bis halbschattiger Platz ist ideal geeignet. Jedweder Kohl gedeiht auf tiefgründigen, humosen Böden, verträgt aber keine Staunässe. Der Boden sollte deswegen regelmäßig behackt und belüftet werden.

Die Raupe des Großen Kohlweißlings. Gut zu erkennen sind die angerichteten Fraßschäden und die Verunreinigungen durch ihre Exkremente.

Schädlinge

Neben dem Kohlweißling, dessen Raupen erheblichen Schaden an den Kohlköpfen anrichten können, kann die Kohlfliege auftreten. Sie hat den Winter im Erdboden überdauert und kriecht etwa mit dem Blühen der Rosskastanien hervor. Sie legt ihre Eier an den Wurzeln ab und die Raupen fressen sich in das Innere der Strünke.

Ich habe beobachtet, dass verschiedene Schädlinge – auch Nacktschnecken – oft dieselbe Pflanze befallen. Ich vermute, dass diese Pflanzen bereits vorgeschädigt sind oder waren (natürliche Selektion). Lassen Sie befallene Kohlpflanzen im Garten – der Große Kohlweißling gehört bereits zu den Gartenbesuchern, die man nicht mehr täglich zu Gesicht bekommt – und schützen Sie die gesunden Pflanzen.

Ein treuer Verbündeter im Kampf gegen den Kohlweißling und den Erdfloh ist Wermut. Verwenden Sie einen Wermuttee (1 kg frische Blätter auf 1 l Wasser) und besprühen Sie, nachdem der Tee abgekühlt ist, die nicht befallenen Pflanzen.

In der Phase der Kopfbildung sind die Kohlpflanzen besonders von Schädlingsbefall bedroht. Kontrollieren Sie die sich schließenden Herzen der Pflanzen auf Befall und bekämpfen Sie ihn sofort mit kaltem Wermutkrauttee.

Der kleine Bruder des Großen Kohlweißlings – die Raupe eines Kleinen Kohlweißlings, die oft gehäuft auftritt und großen Schaden anrichten kann. Verwenden Sie einen Tee aus Wermut, damit den Raupen der Appetit vergeht!

Wirsing, Weiß- und Rotkohl weisen unterschiedliche Frostfestigkeiten auf. Wirsing verträgt auf dem Beet im Winter bis –15 °C. Scheuen Sie sich nicht davor, ihn im Garten zu belassen, wenn es richtig kalt wird: Durch die Einwirkung von Frost wird er noch delikater.

Alle Kohlarten können sowohl durch Aussaat ins Freiland als auch durch Voranzucht im Mistbeet angebaut werden. Entscheidend für den Ertrag ist der Aussaatzeitpunkt. Für die Winternutzung sollte man Sorten mit kleinen bis mittelgroßen Köpfen aus der späten Reifegruppe auswählen.

Kohl für die Spätherbst- oder Winterernte wird Mitte bis Ende April ausgesät und Anfang Juni gepflanzt. Das Kohlbeet nimmt während eines Zeitraumes, der immer einige Wochen andauert, Gestalt an. Ich bearbeite ständig den Boden, halte ihn feucht, unterstütze die eine oder andere Pflanze mit einer Pflanzenjauche, setze neue Pflanzen und betrachte sorgfältig alle Pflanzen im Beet. Gegen Kohlhernie zerteile ich Rhabarber in Stücke, die ich in unregelmäßigen Zeit- und Platzabständen zwischen den Kohlpflanzen (auch bei den Rüben) in den Boden einarbeite.

TIPP! Saatzeitpunkt

Großköpfige Sorten sollten früher gesät werden als die mittelgroßen.

Freilandkultur

Ab Anfang April kann Kohl ins Freiland gesät werden – dafür frühe Sorten verwenden (ist auf den Samentüten vermerkt). Der zeitig gesäte Kohl sollte in einer 15 cm tiefen Furche ausgesät werden, welche die jungen Pflänzchen vor Spätfrösten schützt. Die Furche nach der Aussaat nicht zufüllen, nur die Saat leicht mit Erde bedecken!

Junge Kohlpflanzen, deren Blätter die Spuren von Erdflohbefall aufweisen. Belassen Sie nur die kräftigste Pflanze in der Reihe!

Säen Sie Senfsaat zwischen die dicht und etwas breitwürfig gesäte Kohlsaat. Sie können Rot- und Weißkohl gemischt säen – die Unterscheidung ist wegen der unterschiedlichen Färbung der aufgehenden Pflanzen einfach. Übrigens: 1 g Kohlsamen enthält etwa 300 Körner! Und eine Kohlpflanze produziert etwa 4.000 Körner.

TIPP! Mehrmals säen

Wegen der tückischen Witterung im zeitigen Frühjahr sollte nicht der ganze Samen in die Erde gebracht werden. Säen Sie in zwei bis drei Intervallen innerhalb der nächsten drei Wochen! Späte Kohlsorten können bis Ende Mai/Anfang Juni gesät werden. Sie verbleiben bis zum Beginn des strengen Winters im Garten.

Volksglaube

Nach altem Volksglauben eignet sich der Mai nicht zur Aussaat des Weißkohls. Eine Redensart besagt: Weißkohl gesät im Mai gibt Köpfe groß wie ein Ei!

Mistbeet- und Gewächshauskultur

Um frischen Kohl für die Winterernte zu haben, empfiehlt sich die frühzeitige Anzucht von Kohlgemüse nicht. Die Aussaat im Mistbeet zur Jungpflanzenanzucht ist sehr lohnenswert!

Wirsing gibt es in mehreren Sorten. Für den Anbau im Winter sollte eine späte Sorte verwendet werden (auf der Samentüte vermerkt).

Sobald die jungen Kohlpflanzen etwa 15 cm hoch sind, können sie verpflanzt werden. Beim Abstand ist darauf zu achten, dass großköpfige Sorten einen höheren Platzbedarf aufweisen!

Der Pflanzabstand beträgt gut 50 x 50 cm. Zwischen die Kohlpflanzen können zur Auslastung der Beete Buschbohnen, Erbsen, Spinat oder Salate gesät werden.

TIPP! Pflanzenjauche

Falls Sie Freude am Produzieren von Pflanzenjauche haben, säen Sie doch einmal zwischen die Kohlstecklinge Einlegegurken. Beim Gurkenlegen daran denken, dass Dill (Gurkenkraut) mit im Gurkenbeet stehen sollte. Halten Sie das Beet feucht und verwenden Sie, damit der Ertrag auch stimmt, Jauche von Brennnessel, Beinwell und Löwenzahn.

Am sichersten gelingt ungeübten Händen das Umpflanzen via Pflanzkelle (kleine Schaufel). Wird ein Pflanzholz verwendet, muss darauf geachtet werden, dass die Tiefe und der Durchmesser des Pflanzloches dem Wurzelballen der jungen Kohlpflanze angemessen sind. Beginnen Sie mit dem Umpflanzen der Kohlpflanzen, wenn eine

Eine dichte Saat hat mehrere Vorteile: Sie garantiert kräftige Jungpflanzen, dank einer natürlichen Selektion.

Schlechtwetterfront im Anmarsch ist. Dadurch sparen Sie lästige Gießarbeit und die Stecklinge gehen deutlich besser an.

TIPP! Schnittkohl

Ungeduldige Kohlgemüse-Liebhaber können bereits ab Anfang März auf den Schnittkohl (Scheerkohl) zurückgreifen, der bereits im zeitigen Frühjahr problemlos in einem Mistbeet angebaut werden kann. Die erste Ernte frischen Kohlgemüses fällt dann bereits in den März.

Gut entwickelte und gesunde Wirsingpflanzen

Alternativ:
Winterportulak (*Claytonia perfoliata*)

Sobald die Nächte wieder etwas kühler werden, kann mit der Aussaat von Winterportulak begonnen werden. Winterportulak stellt eine Alternative zum Feldsalat dar, mit dem Unterschied, dass der „Kuba-Spinat", wie die Pflanze auch genannt wird, auch gedünstet werden kann.

Die Kultur ist einfach: Reihensaat und breitwürfige Aussaat sind gleichermaßen möglich. Die Reihen sollten in einem Abstand von etwa 10 cm angelegt werden. Flach säen und nur dünn mit Erde bedecken.

Wer im September aussät, erntet das erste Mal Ende Oktober. Die zarten Blätter werden mit einem scharfen Messer nicht zu dicht über dem Erdboden abgetrennt. Nach der Ernte schiebt die Pflanze erneut aus und bei entsprechender Größe kann erneut geerntet werden. Winterportulak ist absolut winterhart (er verträgt Fröste bis unter –20 °C) und kann bei Bedarf fortlaufend beerntet werden. Ab Ende März setzt die Blühphase ein und die Pflanze kann nicht mehr beerntet werden.

Wegen des hohen Vitamin-C-Wertes ist der Rohverzehr sehr empfehlenswert! Reger Genuss kann die Anfälligkeit für grippale Infekte deutlich senken.

TIPP! Samen sammeln

Sammeln Sie die winzigen Samen des Winterportulaks, sobald sich diese dunkel gefärbt haben, verwahren Sie sie trocken und luftig und säen Sie diese im September aus. Das schont den Geldbeutel!

TIPP! Sommerportulak

Sommerportulak weist überdurchschnittlich hohe Werte an Magnesium auf. Fügen Sie dieses Gemüse kleingeschnitten, ähnlich Petersilie, jedem Essen hinzu und erleben Sie die wohltuende Wirkung, die diese „natürliche Medizin" auf Ihren Organismus ausübt.

Winterportulak in Blühphase übergehend. Höchste Zeit zum Ernten!

WINTERKÜRBIS

(*Cucurbita* subsp.)

Steckbrief: Winterkürbis

Botanik: Familie der Kürbisgewächse (Cucurbitaceae)
Arbeitsaufwand: Hoch
Eignung für Erstanbauer: + +
Optimale Lichtverhältnisse: Vollsonnig bis halbschattig
Optimale Bodenverhältnisse: Warmer, durchlässiger humusreicher Boden
Vorkultur: Kann in Töpfe und an Ort und Stelle gesät werden.
Günstiger Aussaatzeitpunkt: Mitte Mai
Auspflanzen ins Freiland/umpflanzen: Mitte Mai
Platzbedarf: Je nach Sorte 1 x 1 m oder mehr
Pflegeanspruch: Während der Entwicklung gelegentlich gießen
Düngung: -
Gießen: Während der Entwicklung
Winterpflege: -
Ernte: Sobald das Kraut abgestorben ist.
Ernteertrag: Je nach Sorte
Kosten/Nutzen: +
Schädlinge: Nager (die Samen im Boden), Nacktschnecken
Pflanzengesundheit: Gelegentlich Mehltau

Eines vorweg: Der Kürbis, auch der Winterkürbis, ist nicht frostverträglich und muss deshalb vor den ersten Frösten geerntet werden. Er zählt also, wie auch die Kartoffel, zum Lagergemüse. Richtig gelagert sind diese Kürbisse aber dann bis spät in den Winter haltbar und bereichern unseren Wintergemüsespeiseplan.

Die Kürbispflanze wächst, rankt, klettert, kriecht und sie blüht und blüht und bildet rundliche, pralle lampenschirmähnliche Früchte, als wolle sie in ihnen die Kraft der Sonne einfangen und im Winter die Stuben erhellen.

Wissenswertes

Der Gartenkürbis, so wie wir ihn heute kennen und lieben, ist ein relativ junges Gemüse (eigentlich gehört er botanisch zu den Beerenfrüchten), welches in den letzten 100 Jahren züchterisch erheblich bearbeitet wurde. In Amsterdam wurden während Ausgrabungen Kürbiskerne zusammen mit anderen Nahrungsresten gefunden, die aus dem 17. Jahrhundert stammen. Dieselbe Art wurde auch in der Ruine von Neideck in Arnstadt gefunden. Auch diese Samen sollen aus dem 17. Jahrhundert stammen. In den Kräuterbüchern der Gelehrten Fuchs und Brunfels (1488–1534) finden sich jedoch

Nachdem das Kraut der Kürbisse abgestorben ist, liegen die Früchte auf dem Beet.

bereits Zeichnungen von Kürbissen. Und im Grunde brachten Seefahrer den Kürbis aus Zentral- und Südamerika bereits im 16. Jahrhundert von ihren abenteuerlichen Touren mit.

Kürbisse werden nach Wuchsform und Lagerfähigkeit unterschieden. Es gibt Sommerkürbisarten und den Winterkürbis. Dieser zeichnet sich durch gute Lagereigenschaften aus. Der bekannteste und beliebteste Winterkürbis für die Gartenkultur ist der Hokkaido (*Cucurbita maxima*).

Gesundheitliche Bedeutung

Kürbisgerichte sind leicht verdaulich, harntreibend und regulieren den Stuhl. Analog der Lebenskraft eines solchen Gewächses soll ein reger Kürbisverzehr lebensstärkend wirken.

Wegen der vielen Mineralien und Spurenelemente, die in einem Kürbis stecken, nebst der zahlreichen Vitamine ist ein reger Verzehr sehr empfehlenswert! Auch der Konsum der Kerne hat eine der Gesundheit zuträgliche Bedeutung! Kürbiskerne unterstützen und regenerieren den Harnwegsapparat und sollen zusätzlich aphrodisisch wirken.

Kultur und Pflege

Kürbis wird in der Vorkultur in Töpfen oder Schalen ab März an einem hellen und warmen Ort gezogen. Die Aussaat an Ort und Stelle erfolgt erst ab Mitte Mai, die Temperatur sollte bei mindestens 20 °C liegen. Säen Sie bitte nicht zu tief und verhindern Sie das Austrocknen der Saat. Achten Sie auf Wühlmäuse!

TIPP! Vor Wühlmäusen schützen

Wühlmäuse machen nicht vor dem Boden im Gewächshaus halt! Besteht Wühlmausgefahr, säen Sie die Kürbissamen in Pflanzgefäße und pflanzen Sie die Setzlinge erst bei entsprechender Größe aus. Das hat den Vorteil, dass bereits Mitte/Ende Mai kräftige Pflanzen den Boden bzw. Komposthaufen bedecken.

Im Garten werden in einem Abstand von 1,5 m die Samen gelegt. Legen Sie immer zwei Samen zusammen in ein etwa 3 cm tiefes und ausreichend großes Loch. Die optimale Pflanzzeit ist der späte Nachmittag, wenn die Sonne bereits tief im Westen steht. Der Boden sollte warm und durchlässig sein. Eine gute Versorgung mit Humus und Pflanzenjauchen fördert die Entwicklung der jungen Pflanzen.

TIPP! Keimung beschleunigen

Die Samen keimen schneller, wenn sie vor der Aussaat einige Stunden lang in warmes Wasser (20–25 °C) gelegt wurden.

Auf dem Boden liegen, kaum mehr erkennbar, die Keimblätter. Das fünfte Blatt ist gerade in der Entwicklung. Das ist der richtige Zeitpunkt zum Umpflanzen.

Sobald die Früchte sich zeigen, können, damit keine Faulstellen entstehen, nicht verwitterbare Materialien untergelegt werden – ich verwende alte Dachziegel, die ich mit der Wölbung nach oben auf den Boden lege. Werden die Kürbisse größer, wird mit einem weiteren Dachziegel ergänzt.

TIPP! Mischkultur

Die großflächigen Zwischenräume zwischen den Kürbispflanzen können optimal durch Bepflanzen mit Salaten, Radieschen, kleinwüchsigen Erbsen, Dicken Bohnen oder Roter Bete ausgenutzt werden. Vergessen Sie bitte nicht, Kamille und Knoblauch oder Zwiebel mit in das Beet zu stecken!

Nach dem Aufgehen sollten Sie die Pflanzen noch nicht vereinzeln: Die Gefahr, dass Schnecken die Keimblätter benagen, ist groß. Ab dem fünften Blatt sind die Pflanzen groß genug zum Vereinzeln bzw. Verpflanzen. Setzen Sie an jene Stellen im Beet, an denen Pflanzen fehlen, die Setzlinge und gießen Sie diese mit abgestandenem Wasser gut an. Sind viele Schnecken im Gemüsegarten unterwegs, helfen geschälte Weidenruten, eine Salatsaat, Rhabarberblätter oder klein geschnittenes Rosshaar. Rosshaar können Sie sich beim Pferdestall in Ihrer Nähe besorgen! Wer einen Bauern in der Nähe hat und von diesem Gerstengrannen beschaffen kann, der kann auch Gerstengrannen um die Kürbispflanzen streuen.

Kürbispflanzen benötigen während der Wachstumszeit reichlich Nahrung. Gießen Sie mindestens einmal wöchentlich mit einer gut abgestandenen Pflanzenjauche. Wenn Sie das Gießgefäß tief halten und es langsam nah über dem Erdboden entleeren, bleibt die Geruchsbelästigung minimal.

Kürbisse eignen sich ausgesprochen gut zum Lagern. Voraussetzung ist, dass die Früchte ausgereift und unbeschadet eingelagert werden und frostfrei überwintern.

Kürbisse sind Hingucker! Trotzdem begnügen sie sich damit, minimale Kalorien mit maximalen Verwendungsmöglichkeiten zu vereinen. Die gesunde Mischung aus Mineralstoffen, Spurenelementen und Vitaminen macht den Kürbis zu etwas ganz Besonderem!

Den Reifegrad erkennt man an der Farbe – unreife Kürbisse sind tendenziell grünlich – und am Eintrocknen des Stängels. Reife Kürbisse klingen hohl, wenn man sie beklopft. Spätestens unmittelbar nachdem die ersten Fröste das Kürbiskraut zum Absterben gebracht haben, sollte mit der Ernte der Kürbisse begonnen werden.

TIPP! Butternuss als Dessert

Den Butternuss-Kürbis kann man (nach einer Reinigung) einfach in den Backofen schieben und bei 180 °C etwa eine halbe Stunde backen und ihn dann zum Dessert erheben.

Den gegarten Kürbis halbieren und das weiche Fruchtfleisch mit einem fruchtigen Sirup, den Sie selbst aus Ihren Gartenfrüchten bereitet haben, begießen und dann nur noch löffeln und genießen ...

Die langen Ranken der Kürbisse können (ähnlich wie die Ranken der Gurken) auch an einem Spalier platzsparend in die Höhe geleitet werden. Dies kann jedoch nur bei Kürbissorten geschehen, deren Früchte klein bleiben – etwa beim Hokkaido.

Alternativ: Winterheckzwiebel (*Allium fistulosum*)

Winterheckzwiebeln sind mehrjährige, frostfeste wintergrüne Pflanzen. Diese Zwiebeln bilden keine Speicherorgane wie unsere Küchenzwiebel, sondern zahlreiche Schloten, die das ganze Jahr über geerntet werden können. Vermehrt wird durch Teilung der Stöcke im Frühjahr oder aus Samen, die im Spätsommer gewonnen und in den Boden ausgesät werden können. Trockene und warme Böden werden bevorzugt. Nicht gießen oder zu oft düngen!

Winterheckzwiebeln sind absolut winterhart. Allerdings sollten bei starken Frösten keine Schloten geerntet werden! Eine Ernte der Schloten ist grundsätzlich schon im ersten Jahr möglich, wenn das Laub mindestens 20 cm hoch ist.

TIPP! Schädlinge

Auf Befall mit der Minierfliege achten! Betroffene Pflanzen am besten sofort vernichten.

ZWIEBEL (GEMÜSEZWIEBEL, SPEISEZWIEBEL, SCHALOTTE, CIPOLOTTE, LAUCHZWIEBEL)

(*Allium* ssp.)

Steckbrief: Zwiebel

Botanik: Familie der Amaryllisgewächse (Amaryllidaceae)
Arbeitsaufwand: Mittel
Eignung für Erstanbauer: + +
Optimale Lichtverhältnisse: Sonnig
Optimale Bodenverhältnisse: Trockener, feinkrümeliger, humoser Boden
Vorkultur: -
Günstiger Aussaatzeitpunkt: Winterzwiebel: August; Lagerzwiebel: März/April
Auspflanzen ins Freiland/umpflanzen: -
Platzbedarf: 30 x 30 cm
Pflegeanspruch: Beikrautregulierung
Düngung: -
Gießen: -
Winterpflege: -
Ernte: Lagerzwiebeln nach dem Absterben der Schloten; Winterzwiebeln ab entsprechender Größe, ab etwa Ende Mai
Ernteertrag: + +
Kosten/Nutzen: Gut
Schädlinge: Minierfliege
Pflanzengesundheit: Gelegentlich tritt Rost auf.

Wissenswertes

Zwiebeln hat man bereits kultiviert, als andere Gemüse noch durch Sammeln geerntet wurden. Sie sind seit ca. 5.000 Jahren bekannt und zählen zu den ältesten Kulturgemüsen. Ihren Ursprung vermutet man in West- oder Zentralasien. Eine sumerische Keilschrift aus der Zeit 2.400 v. Chr. enthält zu Gurken- und Zwiebelfeldern Angaben und auch im Pentateuch wird sie erwähnt. Ob Moses schon ihren wahren Wert zu schätzen wusste und ihr deshalb einen festen Platz im ältesten Buch der Bibel einräumte, bleibt allerdings offen. Auch beim Bau der Pyramiden soll das scharfe Gemüse die Bauarbeiter gesättigt und bei guter Gesundheit gehalten haben.

Alles in allem hat die Zwiebel viele Höhen und Tiefen durchlebt: In der Antike bildeten Brot und Zwiebeln die Nahrung der Armen, auch im Mittelalter fristete sie dieses kümmerliche Dasein. Dagegen genoss sie in manch anderen Zeiten ein hohes Ansehen, denn Ärzte und Volk machten regen Gebrauch von ihren Heilkräften. Vor allem kannte und kennt man ihre harntreibenden, blutreinigenden und bakterientöten-

Die Ernte der Zwiebeln bedarf Fingerspitzengefühl. Die trockenen Blätter sollten vor dem Bündeln und Aufhängen vorsichtig entfernt werden.

den Wirkungen. Einem Bericht des griechischen Geschichtsschreibers Herodot nach sollen beim Bau der Pyramide des Pharaos Cheop für umgerechnet 3,8 Millionen Euro Zwiebeln, Rettiche und Knoblauch von den Arbeitern verzehrt worden sein.

Namentlich besteht die Familie aus Küchen-, Silber-, Gemüse-, Haushalts-, Lauch-, Etagen- und Winterheckzwiebeln. Sie kommen in Rot, Braun oder Weiß vor, sind birnenförmig, leicht abgeflacht oder rund.

Gesundheitliche Bedeutung

Der Genuss roher Zwiebeln soll bei Prostataentzündung, Diabetes mellitus und Bluthochdruck ebenso helfen wie bei der Vorbeugung von Alterserscheinungen und Arterienverkalkung. Bereits Paracelsus verglich die Zwiebel mit einer Apotheke.

Frische Zwiebeln enthalten viele Vitamine, Mineralstoffe sowie schwefelhaltige ätherische Öle und Säuren, welche den Zwiebeln den typischen Geschmack verleihen und in den Schleimhäuten wüten. Außerdem enthalten die scharfen Gemüse Kohlenhydrate in Form von Zucker. Reger Zwiebelkonsum kann den Körper entgiften.

Kultur und Pflege

Zwiebeln können durch Aussaat oder durch das Stecken von Steckzwiebeln angebaut werden. Die sicherste Methode ist das Stecken von Zwiebeln. Die Aussaat empfiehlt sich für die Produktion von Steckzwiebeln, Perlzwiebeln (Mixed Pickles), Bundzwiebeln (Cipolotte) und Stängelzwiebeln, die alle nicht frostempfindlich sind.

Lediglich im Jugendstadium können Zwiebeln je nach Sorte eine erstaunliche Frostfestigkeit sogar bis –20 °C aufweisen. Diese sogenannten Wintersäzwiebeln überwintern am Beet und sind dann im nächsten Jahr schon früher erntereif als die Sommersäzwiebeln. Bei erheblichen Minusgraden kann die Kultur durch Abdecken mit etwas Laub oder Stroh geschützt werden. Geerntete Zwiebeln vertragen auch im Lager stärkere Fröste.

Aussaat

Grundsätzlich verlangen alle Zwiebeln warmen, humosen, sandigen Boden mit gutem Feuchthaltevermögen. Für die Spätaussaat (Winterernte) ist ein sonniger Platz zu bevorzugen. Es ist für den Erfolg wichtig, sie so früh als möglich zu säen. Ein Beet, von dem die Frühkartoffeln geerntet wurden, eignet sich hervorragend, ebenso ein Beet, auf dem Herbstgemüse steht, dass bereits zur Ernte vorgesehen ist, oder auch ein Beet, auf dem der Kohl noch nicht geerntet wurde. Die Hauptsache ist, dass die Samen in einen gut vorbereiteten Saatboden gestreut werden. Da die schwarzen, kantigen Samen recht groß sind, kann alle 2 cm ein Samen gelegt werden.

Zwiebelsamen, gut erkennbar an der kantigen Form und dem rußigen Glanz

Steckzwiebeln

Zur Kultur von Winterzwiebeln können auch Steckzwiebeln verwendet werden. Die Kulturdauer ist dadurch deutlich kürzer. Auch Steckzwiebeln benötigen jedoch einen warmen, nährstoffreichen Boden! Sobald der Boden sich erwärmt hat, wird das Saatbeet

TIPP! Reihenabstand

Der Reihenabstand richtet sich nach dem Zwiebelumfang, den Sie zu ernten beabsichtigen! Ich berechne den Reihenabstand nach dem Vorhandensein meiner Arbeitsgeräte. Falls Sie eine leichte Hacke besitzen, die sagen wir einmal 30 cm breit ist, dann legen Sie Reihen in diesem Reihenabstand an. Als Selbstversorger sollten Sie immer an die Beikrautregulierung denken, Kosten durch Hinzukäufe neuer Arbeitsgeräte jedoch vermeiden.

Selbstverständlich können Sie zu einem späteren Zeitpunkt – die Zwiebeln sind gut aufgegangen und das Beet ist bereits einmal mit der Hacke gelockert worden – jederzeit den überschüssigen Platz durch das Stecken von Pflanzen, wie etwa Kohlrabi oder Salate, nutzen.

für die Zwiebel vorbereitet. Lockern Sie den Boden gründlich auf, düngen Sie ihn auf keinen Fall – auch nicht mit Kompost – und ziehen Sie Reihen im Abstand von etwa 25–28 cm und einer Tiefe von 1–2 cm.

In diese flachen Reihen streuen Sie hier und da Kamillensamen (im Fachhandel erhältlich), danach drücken Sie in regelmäßigem Abstand die Steckzwiebeln etwa bis zur knappen Hälfte in den Boden. Sie brauchen die gesteckten Zwiebeln nicht anzugießen! Nach etwa – je nach Witterung – einer Woche bis zehn Tagen recken die gesteckten Zwiebeln bereits die Schloten in die Höhe.

Beikrautregulierung ist zu Beginn der Kultur erforderlich. Jedoch bedenken Sie, dass das Vorhandensein von anderen Pflanzen Schädlinge (Minierfliege) abhalten kann. Säen Sie Kamille, Radieschen, Salat oder Spinat mit ins Beet und entfernen Sie jene Schloten, die merkwürdig gekrümmt sind. Geerntet werden Zwiebeln bei Bedarf.

TIPP! Erste Erfahrungen

Das Stecken von Steckzwiebeln empfiehlt sich unbedingt Erstanbauern, die Erfahrungen im Umgang mit den Zwiebeln sammeln möchten.

Übrigens: Sobald sich die Steckzwiebeln gut entwickelt haben und die Schloten 20–25 cm hoch sind, können ein paar Schloten von jeder Zwiebel geerntet werden, ohne dass der Ertrag dadurch gefährdet wird. Ich benutze die Fingernägel und entferne durch Abkneifen von jeder Zwiebel zwei bis drei der inneren zarten Schloten, ohne jedoch das Herzgrün der Pflanze zu verletzen.

Ernte und Lagerung

Speisezwiebeln sollten, nachdem ihre Blätter abgestorben sind, geerntet und trocken und luftig verwahrt werden. Das hat den Vorteil, dass die Zwiebeln nicht wieder austreiben. Das Austreiben der Zwiebeln setzt ein, sobald nach dem Absterben der röhrenförmigen Blätter im Herbst der Boden genügend Feuchtigkeit abgibt. Dann bilden die Zwiebeln erneut kräftige Wurzelbärte und blühen im Folgejahr.

Der Vorgang des Absterbens kann – falls die Zwiebeln zu groß werden oder die Ernte aus Zeitgründen vorverlegt werden muss – durch das Umknicken der Schloten mittelbar über den Zwiebeln eingeleitet werden. Hierfür tritt man die Schloten rigoros um. Flaches Schuhwerk eignet sich hervorragend.

HINWEIS! Vorsichtig umbrechen

Nicht auf die Zwiebeln treten, sondern nur auf die Schloten nahe der Zwiebeln, um das Absterben der Pflanzen einzuleiten!

Nach dem Umtreten beginnt das Absterben der Schloten, bereits nach wenigen Tagen verfärben sie sich gelb. Sobald die Schloten restlos eingetrocknet sind, wird bei trockener Witterung mit der Ernte begonnen. Die Zwiebeln lassen sich relativ leicht aus dem Boden lösen. Es empfiehlt sich, die Zwiebeln ein paar Tage auf dem Beet liegen zu lassen, dann werden die losen äußeren Blätter mit der Hand entfernt und die Zwiebeln werden gebündelt.

Besonders geschickte Personen können die Zwiebeln zu einem Zopf zusammenbinden.

Aussaat im Kalten Kasten

Die Kultur in einem Kalten Kasten oder Gewächshaus ergibt Sinn, wenn Sie auf Schloten großen Wert legen und keine Winterheckzwiebeln anbauen möchten.

HINWEIS! Langtagpflanzen

Zwiebeln sind Langtagpflanzen. Das heißt, die Nährstoffspeicherung und damit die Ausbildung des Speicherorgans wird von der Tageslänge bestimmt und kommt nur bei einem bestimmten Verhältnis von Tag- und Nachtlänge in Gang.

Gemüsezwiebel ('Stuttgarter Riesen') im Beet

DER KRÄUTERGARTEN IM WINTER

Ein Garten, dem es an den Kräutern mangelt, ist ein Ort, dem die Seele fehlt.

Kräuter vermögen aus den Bestandteilen schnöder, brauner Gartenerde (durch die Würmer ziehen und in der Pflanzenreste verwesen und die oft mit stinkenden Jauchen begossen wird) berauschende Düfte zu kreieren und Inhaltsstoffe anzureichern, die so vielfältig sind, dass sie uns für vielerlei Zwecke nützlich sind. Kräuter können während der gesamten Vegetationszeit verwendet werden und darüber hinaus können sie konserviert werden – in der Regel durch Trocknung.

Die Mystik, welche ihnen innewohnt, fasziniert seit Jahrtausenden die Menschen. Kräuter werden zum Heilen gebraucht, zur Bereitung aromatischer Tees und zum Kochen. Und wer einen Nutzgarten zur Selbstversorgung betreibt, der schätzt die Kräuter auch beim Konservieren der vielen Gemüse besonders, weil diese durch das Hinzufügen der passenden Kräuter zu einem unnachahmlichen Geschmackserlebnis erhoben werden.

Die Kultur von Kräutern ergibt auch in finanzieller Hinsicht Sinn: Viele Kräuter sind oft ziemlich preisintensiv und man kann durch die Kultur im eigenen Garten ein beträchtliches Sümmchen sparen. Will man hochwertige und vollaromatische Kräuter ernten, sollte die Kultur optimal auf deren Bedürfnisse abgestimmt werden und der Erntezeitpunkt so gewählt werden, dass er der Verwendung entspricht.

Ein Beispiel: Dill kann in zartem, grünem Zustand jedem Salat eine ganz besondere Note verleihen, auch in bestimmten Saucen, analog der Petersilie hinzugefügt, entfaltet er ein sagenhaft köstliches Aroma. Beim Ein-

Die Blüten des Schnittlauchs sind nicht nur dekorativ, sondern können verzehrt werden und eignen sich hervorragend als Speisedeko.

legen von Gurken und Kürbissen oder Zucchini ist der Dill das perfekte Kraut, mit dem wir einen köstlichen Geschmack zaubern können. Jedoch verwenden wir bei diesem Gebrauch vorzugsweise die etwas trocken erscheinenden, sperrigen Blüten und ganz anders noch gebrauchen wir den Dill beim Einlegen von Sauerkraut: Neben den Blüten werden die Samen in den Kohl gestreut.

Die Verwendung zahlreicher Kräuter in der Küche bringt Abwechslung in die Rezepte – eine Fischsuppe, die mit Petersilie verfeinert wurde, mundet gleich einer Fischsuppe, der Dillspitzen hinzugefügt worden sind. Außerdem ist im Winter eine gute Vitaminversorgung wichtig, damit man nicht jedem grippalen Infekt anheimfällt. Frische Petersilie, beispielsweise, weist mehr Vitamin C auf als eine Zitrone!

Wir unterscheiden zwischen den Kräutern,
- welche **mehrjährig** sind und
- den **einjährigen Kräutern**.

MEHRJÄHRIGE KRÄUTER

Bei den mehrjährigen Kräutern handelt es sich in der Regel um winterharte Stauden oder Pflanzen, bei denen das Laub abstirbt und die im Frühjahr, sobald es die Witterung erlaubt, erneut austreiben.

Name	Kraut stirbt bei Frost ab	Immergrüne Pflanze	Wurzelteilung möglich
Beifuß	x		x
Beinwell	x		x
Curry-kraut		x	
Dost/Oregano	x		x
Estragon	x		x
Fenchel	x		x
Jiaogulan	x		x
(Winter-) Kresse		x	
Lavendel		x	
Liebstöckel/ Maggikraut	x		x
(Winter-) Majoran		x	
Oliven-kraut		x	

Name	Kraut stirbt bei Frost ab	Immergrüne Pflanze	Wurzelteilung möglich
Petersilie	x	Mit Winterschutz x	
Pfeffer-minze	x		x
Rosmarin		x	
Salbei		x	Bildet Ableger
Schnitt-lauch		Mit Winterschutz x	x
Süßdolde	x		x
Thymian		x	Bildet Teppich
Wermut	x		Bildet Ableger
Zitronen-melisse	x	Mit Winterschutz x	x

Die beste und sicherlich auch bequemste Methode, Kräuter in den Nutzgarten zu integrieren, ist das Pflanzen von Stauden. Gut entwickelte Stauden sind jedoch relativ preisintensiv und je nachdem, aus welcher Kulturform sie stammen, können sie Probleme am neuen Standort aufweisen. Das liegt daran, dass viele Kräuter aus einer Gewächshauskultur stammen und damit nicht an die herrschenden Licht- und Witterungsverhältnisse in der freien Natur angepasst sind. Die Pflanzen können Sonnenbrand bekommen! Der Wind kann ihnen zu schaffen machen, weil die Stängel im Gewächshaus keinem Wind trotzen mussten etc.

Es gibt aber auch eine Vielzahl von Märkten und Tauschbörsen, wo Kräuter aus Freilandkultur gehandelt werden. Wer die Kosten scheut, der sollte einmal bei seinen Gartennachbarn über den Zaun schauen! Oft können Kräuterstauden durch Wurzelteilung einfach gewonnen werden.

TIPP! Kräuter teilen

Besuchen Sie Ihre Gartennachbarn und erkundigen Sie sich bei diesen, ob sie nicht eine kräftige Staude teilen können. Das Teilen einer Staude aus einem benachbarten Grundstück hat den Vorteil, dass die Pflanze bestens an die klimatischen Bedingungen Ihrer Region angepasst ist.

Die Kräuter sind die Blumen des Winters; viele Kräuter wirken, wenn es richtig kalt geworden ist und sie in eine Kältestarre gefallen sind, äußerst dekorativ. Die mehrjährigen Kräuter bilden Stauden, die sich beständig entwickeln und nach Jahren am selben Standort oft ein Ausmaß annehmen, dass man sie a) teilen muss oder b) Ableger entnehmen kann.

Thymian kurz vor der Blütenbildung

Stauden teilen

Das Teilen der Stauden geschieht am besten im Herbst oder im zeitigen Frühjahr. Damit die Verletzung des Wurzelstocks bzw. Ballens nicht zu stark ausfällt, sollte zuvor Folgendes bedacht und ergründet werden:

- Steht die Pflanze an einem Ort, der mit einem Spaten bearbeitet werden kann (steiniger Untergrund)?
- Wie groß/umfangreich ist der Wurzelstock?
- Welche Dimension nehmen die feinen Wurzeln ein?
- Wie tief wurzelt die Pflanze?
- Muss ich die ganze Pflanze ausgraben oder kann ich ein Stück entfernen?

Bevor Sie mit dem Ausgraben des Wurzelstocks beginnen, haben Sie bereits

- den Platz gewählt, an dem der Ableger zukünftig gedeihen soll,
- ein entsprechend großes Loch an dieser Stelle ausgehoben,
- ausreichend feinkrümelige Erde zum Einsetzen vorbereitet und
- einen Eimer bzw. eine Kanne voll abgestandenes Wasser parat gestellt.

TIPP! Standortwahl

Bei der Auswahl des neuen Standortes orientieren Sie sich bitte am bisherigen Standort. Sollte die Staude jedoch an dieser Stelle gekümmert haben, dann versuchen Sie einen Standort, der dem bisherigen unähnlich ist.

Das Ausgraben des Wurzelstocks

Zuerst suchen Sie das „Herz“ der Staude. Sobald Sie das Zentrum erkannt haben, stechen Sie den Spaten in einem Abstand von mindestens 30 cm langsam in den Boden. Achten Sie dabei auf ungewöhnliche Geräusche, die auf ein Zerteilen/Beschädigen des Wurzelballens hinweisen können. Sie werden den Wurzelstock auf gar keinen Fall durch diesen einmaligen Spatenstich aus dem Boden heben!

Nachdem Sie den Spaten herausgezogen haben, treten Sie ihn auf der entgegengesetzten Seite und unter Beachtung des 30-cm-Abstandes erneut in den Boden. Versuchen Sie den Wurzelstock zu lockern. Knackgeräusche sollten dabei NICHT auftreten! Falls er sich bereits bewegt, haben Sie ihn gelockert und sind bald am Ziel angelangt.

Stechen Sie den Spaten weitere zwei Mal zwischen den bereits eingestochenen Löchern in den Boden, um den Wurzelstock zu lockern. Führen Sie auch dieses erneute Lockern sorgfältig aus. Falls er sich danach immer noch nicht bewegt, könnte dies daran liegen, dass Sie a) entweder nicht nah genug am Zentrum sind oder b) die Wurzel sehr tief in den Boden ragt. Versuchen Sie mit der nötigen Vorsicht herauszufinden, mit welchem Problem Sie es zu tun haben.

Auf jeden Fall empfiehlt es sich nun, mit dem Spaten einen Graben um den Wurzelstock auszuheben, damit Sie a) tiefer und näher an die Wurzel herankommen und b) das Lockern und Heben durch ein größeres Platzangebot erleichtert wird.

Das Teilen des Wurzelstocks

Der Wurzelstock teilbarer, älterer Stauden besteht in der Regel aus einem Nebeneinander mehrerer Stauden, die aus mehreren Wurzelstöcken treiben. Versuchen Sie herauszufinden, welche Wurzeln Sie ohne großen Schaden anzurichten entnehmen können.

Das Einsetzen

Die Pflanzgrube, in welche die Staude eingesetzt werden soll, sollte dem Ausmaß der Wurzel entsprechen. Ganz wichtig ist, dass die Tiefe stimmt! Sollte die Grube zu tief ausgehoben worden sein, streuen Sie so viel feinkrümelige Erde ein, bis es passt. Bei einer zu flachen Grube sollten Sie für die nötige Tiefe sorgen. Achten Sie bitte darauf, dass die Sohle der Grube ebenfalls aus einem feinkrümeligen Boden besteht!

Nachdem die Wurzel behutsam in die Grube gesetzt wurde, wird diese bis zur Hälfte mit feinkrümeliger Erde gefüllt. Nun kommt das Wasser zum Einsatz, welches sich am besten in einem Eimer befindet. Das Wasser wird wie eine Kaskade mit einem kräftigen Schuss – am besten links und rechts der Pflanze – in die Grube geschüttet. Falls in dieser kurzzeitig schmutziges und breiiges Wasser stehen sollte, ist dies ausgezeichnet! Die restliche Erde wird aufgefüllt, sobald das Wasser restlos in der Grube versickert ist. Wasser leistet hervorragende Arbeit, wenn es darum geht, feinste Bodenpartikel nah an winzige Wurzeln zu transportieren und diese zu umgeben, ohne dabei Schaden (etwa beim Einstampfen) anzurichten. Diesen Vorgang nennt man Einschlämmen.

Der letzte Arbeitsgang ist das wiederholte Gießen, sobald die Pflanzung abgeschlossen ist. Gießen Sie nun mit einer Gießkanne, verwenden Sie jedoch keine Brause, sondern lassen Sie das Wasser aus einer Höhe von etwa 50 cm im engen Kreis um die Staude auf die Erde platschen.

Die untenstehende Tabelle gibt Aufschluss über die Standortbedürfnisse der mehrjährigen Kräuter.

Die Wurzelstöcke der Stauden in dieser Tabelle können mit einem scharfen Spatenblatt zerteilt werden. Jedoch ist es ratsam, dabei umsichtig zu Werke zu gehen. Bevor Sie zum finalen Stich ansetzen, sollten Sie sich überzeugt haben, dass nicht zu starke Wurzeln durchtrennt werden. Darum empfiehlt es sich, erst etwas Gartenboden rings um die zu teilende Staude zu entfernen und nach der geeigneten Stelle zu suchen. Natürlich müssen beim Teilen von Stauden auch immer Wurzeln durchtrennt werden! Beachten Sie, dass die geteilten Wurzelballen etwa zwei Wochen lang regelmäßig begossen und auf Schädlingsbefall untersucht werden müssen. Geschwächte Pflanzen sind ein Magnet für Schädlinge! Auch die Stammpflanze sollte besonders gepflegt werden, bis sie durch ihren Wuchs signalisiert, dass sie die Teilung überwunden hat. Sobald die geteilten Wurzelballen Stängel und Blätter von typischer Farbgebung schieben, sind diese angewachsen.

Problemlos teilbare Kräuterstauden

Name	Standort
Beifuß	Bevorzugt sonnig und trocken
Beinwell	Schattig, halbschattig, feucht
Dost	Sonnig und trocken
Estragon	Sonnig und humos
Lavendel	Sonnig und trocken
Liebstöckel	Sonnig bis halbschattig
Pfefferminze	Sonnig bis halbschattig, feucht
Salbei	Sonnig und trocken
Süßdolde	Sonnig bis halbschattig, trocken
Zitronenmelisse	Sonnig bis halbschattig, trocken

Liebstöckel

HINWEIS! Standort im Vorhinein festlegen

Sobald die geteilten Kräuterstauden eingeschlemmt worden sind, sollten diese nicht mehr entfernt werden. Überlegen Sie deshalb vor der Pflanzung gründlich, ob der Standort für die Stauden passt.

Ableger gewinnen

Oft handelt es sich dabei um Wurzelausläufer. Mitunter kann die Bildung solcher neuen Pflanzen derart stark sein, dass man dies verhindern muss. Nicht nur die Himbeere oder der Bocksdorn sind bekannt für ein tendenziell bewucherndes Erobern des mittelbaren Umfeldes.

Oft kann durch das Aussamen der Kräuter ein gehäuftes und unerwünschtes Auftreten im Garten nur verhindert werden, indem die Sämlinge zügig entfernt werden. Auch die Wurzelausläufer müssen mitunter eingedämmt werden. Dies kann entweder durch ein reges Beernten geschehen, durch ein Entfernen der Ausläufer oder durch handelsübliche Barrieren, die in die Erde eingegraben werden.

Stauden, die sich selbsttätig vermehren

Name	Verursacht durch
Beifuß	Aussamen
Dost	Aussamen
Fenchel	Aussamen
Jiaogulan	Wurzelausläufer
Liebstöckel	Aussamen
Pfefferminze	Wurzelausläufer
Salbei	Wurzelausläufer
Süßdolde	Aussamen
Zitronenmelisse	Aussamen

Stauden, von denen Ableger ohne Wurzelteilung gewonnen werden können

Name	Methode
Jiaogulan	Bewurzelte Ableger
Lavendel	Kurz vor der Blüte stehende Zweige
Salbei	Bewurzelte Ableger
Wermut	Bewurzelte Ableger

Lediglich der Lavendel bildet selbstständig keine bewurzelten Ableger. Jedoch ist auch bei dieser Pflanze das Vermehren auf eine einfache Weise möglich.

Lavendelableger selbst ziehen

Bevor Sie Ableger entnehmen, sollten Sie den Platz, an welchem der Lavendel letztendlich gedeihen soll, vorbereitet haben. Wichtig ist auch hier eine gründliche Auflockerung des Untergrundes und ein feinkrümeliger, feuchter Erdboden. Vergessen Sie das Wasser zum Einschlämmen nicht!

TIPP! Sonnig und karg

Lavendel bevorzugt einen vollsonnigen Standort und einen kargen Boden!

Von einer gut entwickelten Pflanze – sie sollte bereits verholzte Teile gebildet haben – werden gerade in Blüte gehende (nicht aufgeblühte!) Triebe von einem verholzten Stängel abgebrochen.

Dabei gehen Sie folgendermaßen vor: Wählen Sie von der Pflanze einen besonders reich in Blüte gegangenen Zweig aus. Von diesem streben mehrere Verzweigungen, die am Ende Blüten tragen, ab. Greifen Sie eine gut entwickelte Verzweigung so weit als möglich nahe beim Stängel und brechen

Sie diese in entgegengesetzter Richtung zum Wuchs ab. Wenn Sie es richtig machen, brechen diese Zweige relativ leicht ab.

Dieser abgebrochene Lavendeltrieb besteht aus einigen verdorrten Blättern und einem grünen Teil, der in einer Blüte endet. Mit Fingerspitzengefühl bohren Sie nun den verdorrten Teil tief in den Boden. Er darf während dieses Steckens nicht knicken! Wenn Sie etwa die Hälfte des abgebrochenen Zweiges in den Boden gesteckt haben, ist es genug. Auch ein Drittel reicht vollkommen aus. Stecken Sie vorsichtshalber drei Stängel in einer Dreiecksform und in einem Abstand von 10–15 cm in den Boden. Bei dieser Methode geht nicht jeder Steckling auf, jedoch ist ein Angehen bei mehr als der Hälfte der Stecklinge je nach Witterungsbedingungen realistisch.

Nachdem alle Stecklinge gesteckt worden sind, werden diese kräftig gegossen. In den nächsten Tagen sollte der Boden nicht austrocknen. Falls Sie gießen müssen, dürfen Sie nun nicht mehr das Wasser zu stark platschen lassen, da es die Pflanzen lösen würde!

HINWEIS! Heilpflanze

Lavendel ist eine wertvolle Heilpflanze! Eine Teebereitung aus Lavendel soll hilfreich bei Beschwerden des Kopfes sein. Bäder in einem Lavendelabsud gelten als kreislaufanregend. Verwendet werden die Blüten vor der Vollblüte.

Lorbeer vermehren

Von einem Lorbeerstrauch können Zweige entfernt werden, die sich ebenfalls bewurzeln, insofern sie analog dem Lavendel behandelt werden.

Kirschlorbeer, eine beliebte immergrüne Pflanze, ähnelt dem Echten Lorbeer, ist jedoch KEINE Speisepflanze. Alle Teile sind giftig!

Absolut winterharte, nicht blattabwerfende Kräuter

- Currykraut
- Olivenkraut
- Rosmarin
- Salbei
- Thymian
- Wermut

Während starker Fröste sollte auf das Beernten dieser Kräuter weitestgehend verzichtet werden. Sinnvoller ist es, vor dem Eintritt hoher Minusgrade bereits die Menge geerntet und konserviert bevorratet zu haben. In der Küche werden die frischen Kräuter unterschiedlich verwendet. Sie können frisch oder getrocknet an die Gerichte gegeben werden. Auch die Bereitung eines Kräutersalzes ist eine gute Art, den Geschmack der Gartenkräuter zu konservieren. Wer den feinen Geschmack des Currykrautes mag, sollte daran denken, dass die Blätter nicht zu lange gekocht werden dürfen, da sie sonst sehr bitter werden.

Schnittlauch im Schnee. Der Winter schadet dem Schnittlauch nicht. Jedoch ist vom Ernten im Winter abzusehen.

Rosmarin ist gut winterhart.

Kräuter für die Kultur im Kalten Kasten

- Jiaogulan
- Petersilie
- Pfefferminze
- Schnittlauch
- Lauch

Petersilie

Die Petersilie ist ein beliebtes und rege gebrauchtes Küchenkraut. Allerdings ist die Kultur oft problematisch und führt manchen Gärtner an den Rand der Verzweiflung, da der Erfolg sich nicht einstellen will. Das muss nicht sein! Die Petersilienkultur ist erfolgreich, wenn die Bedürfnisse dieses beliebten Krautes bzgl. des Standorts, der Kulturführung und des Schutzes vor Krankheiten und Schädlingen erfüllt werden.

Ein leicht saurer pH-Wert (ca. 6) und ein tiefgründiger, humoser Boden, der ein gutes Feuchthaltevermögen aufweist, sind optimal. Petersilie mag es warm und sonnig.

Bereits ab März kann Petersilie in Reihen von 20 cm Abstand bei einer Saattiefe von 3 cm gesät werden. Säen Sie immer in einen trockenen und erwärmten Gartenboden! Eine spätere Aussaat ist bis in den Juli hinein möglich. Allerdings fällt der Ernteertrag dann im ersten Standjahr deutlich geringer aus. Wird die Petersilie vor starken Frösten

Petersilie braucht zur Entwicklung Zeit. Die abgebildeten Pflanzen sind vier Wochen alt. Es empfiehlt sich, neben der Aussaat ins Kräuterbeet auch ein paar Pflanzen aus der Anzucht aus dem Gewächshaus in den Garten zu integrieren.

geschützt (Abdeckung, Kalter Kasten), steht sie auch im Winter erntefrisch zur Verfügung.

TIPP! Petersilie im Topf

Eine gute Alternative bietet die Aussaat in Blumentöpfe oder Blumenkästen, die im Winter in einen temperierten Raum geholt und an einen hellen Ort gestellt werden.

Die Möhrenfliege kann auch der Petersilie gefährlich werden, darum sollten immer ein paar Zwiebeln zur Petersilie gesteckt werden. Nacktschnecken mögen den Geschmack des würzigen Krautes auch, jedoch sind sie keine Sonnenanbeter. Ein heller Standort und eine rege Beikrautregulierung hält die Plagegeister auf Distanz und lässt auch dem Mehltau keine Chance zur Ausbreitung.

TIPP! Gut düngen

Krautige Kräuter, die mehrere Jahre am selben Ort stehen, sollten regelmäßig gedüngt werden!

EINJÄHRIGE KRÄUTER

Kräuter selbst anzubauen kann viel Freude bereiten. Die Kultur gelingt umso besser, je mehr man die unterschiedlichen Ansprüche der zahlreichen Vertreter kennt und darauf Rücksicht nimmt.

Auch bei ihnen gilt: Bauen Sie nur jene Kräuter an, die Sie wirklich verwenden wollen. Die Platzersparnis kommt den anderen, dringend benötigten Pflanzen zugute.

Glänzend und verführerisch aromatisch. Die Kultur des Basilikums stellt keine hohen Anforderungen an das Können des Gärtners.

Im Folgenden finden Sie Anbauempfehlungen verschiedener einjähriger Kräuter.

Basilikum

Optimal eignen sich sandige und humusreiche Böden und ein sonniger Standort. Für die Kultur auf nassen Böden ist Basilikum nicht geeignet! Mehrmaliges Hacken fördert die Durchlüftung des Bodens und garantiert den Erfolg der Kultur. Die Aussaat ist ab Juni bis Ende Juli möglich. Ich empfehle Reihensaat und eine gute Beikrautregulierung. Sie sollten regelmäßig mit abgestandenem Wasser gießen.

Der erste Schnitt kann im Hochsommer bei Blühbeginn der Pflanzen erfolgen. Verwenden Sie ein scharfes Messer und schneiden Sie die Pflanzen etwa 10 cm über dem Boden ab. Ernten Sie die Pflanzen während Sonnenstunden und verarbeiten Sie das Basilikum sofort. Das Erntegut ist sehr druckempfindlich! Basilikum sollte, sofern keine andere Konservierungsmethode (z. B. in Öl einlegen) gewählt wurde, zu kleinen

Sträußen gebündelt und an einem schattigen, luftigen Ort rasch getrocknet werden. In fest verschlossenen Gläsern verwahrt, hält sich das Aroma recht gut.

Basilikum kümmert in nasskalten Jahren. Sinken die Temperaturen auf den Nullpunkt, sterben die Pflanzen bereits ab. Basilikum eignet sich aber auch gut für eine Topfkultur auf der warmen Fensterbank!

Bockshornklee

Ein warmer Standort und ein kalkhaltiger, nicht zu leichter Boden sind die Voraussetzungen für eine optimale Kultur von Bockshornklee. Der Aussaatzeitpunkt liegt Anfang April – je nach Wetterlage keimen die Samen bereits nach zehn Tagen. Säen Sie die Samen nicht tief – etwa 2 cm – und bedecken Sie diese mit feinkrümeliger Erde. Der Reihenabstand beträgt 20 cm.

Die Pflanzen erreichen eine Höhe von gut 0,5 m und sollten nicht zu dicht stehen, darum empfiehlt sich ein Verziehen auf 5–10 cm Abstand in der Reihe. Verwendet werden in der Küche meist die Samen. Da die Pflanzen ebenfalls als Gemüse Verwendung finden können, sollte das Verziehen einsetzen, sobald sie eine Höhe von ca. 20 cm erreicht haben.

Die Samen werden von Hand geerntet, wenn die Hülsen, in denen sich die Samen befinden, reif sind. Vorsicht: Sind die Hülsen zu reif, fallen die Samen aus. Bockshornkleesamen ist hart und sehr bitter.

Durch Kochen erhält er seinen typischen Geschmack und kann, nachdem er (nach dem Kochen) getrocknet worden ist, in einer handelsüblichen Kaffeemühle vermahlen oder ganz verwendet werden.

TIPP! Tee

Eine Teezubereitung aus reifen Samen kann den Verdauungstrakt pflegen und unterstützen, wenn oft reizende Abführmittel eingenommen werden müssen.

Bohnenkraut

Ein sonniger Standort und ein leichter, humoser Boden werden bevorzugt. Da die Keimzeit gut zwei Wochen beträgt, sollte der Erstanbauer ein paar Samen vom Kopfsalat mit in die Reihe geben, damit die Beikrautregulierung frühzeitig einsetzen kann. Der beste Zeitpunkt zur Aussaat ist von Ende April bis Mitte Mai. Die Aussaat als Nachkultur ist ab Ende Juli möglich.

Bohnenkraut verträgt sich gut mit Bohnen und kann, sofern der Reihenabstand dementsprechend gewählt wurde, zwischen die Bohnen gesät werden.

Geerntet wird bei einsetzender Blüte und bei sonniger, trockener Witterung. Trennen Sie mit einer Rosenschere die Pflanzen nicht zu dicht über dem Boden ab, da bei günstigen Temperaturen die Pflanzen erneut austreiben können. An einem luftigen und schattigen Ort trocknen, die feinen Blätter von den Stängeln rebeln und das Erntegut in einem Glas trocken und dunkel lagern.

Borretsch

Die Borretschpflanze ist durch Selbstaussaat einfach zu kultivieren. Einfach ab April an einem geeigneten Ort aussäen. In weiterer Folge benötigt Borretsch kaum Pflege. Allerdings ist dieses Kraut ziemlich „borstig“. Borretsch kann eine stattliche Höhe von ca. 1 m erreichen.

Der Geschmack der Blätter kann als gurkenähnlich beschrieben werden. Interessant

Das Himmelblau der Borretschblüte lockt viele Insekten an, weswegen sich die Pflanze gern im Nutzgarten verselbstständigt. Der Verzehr der Blüten soll das Herz stärken. Die fragilen Blüten schmecken ein wenig nach Gurke.

sind die blauen Blüten, welche Salaten zugefügt werden können und denen in der Volksheilkunde herzstärkende Eigenschaften zugesprochen werden.

TIPP! Tee

Borretschtee ist ein vorzüglicher Durstlöscher! Deshalb sollten einige getrocknete Blätter dem Frühstückstee beigemengt werden.

Dill

Auch die Dillkultur ist relativ einfach. Anforderungen an den Standort werden nicht gestellt. Lediglich trockene Sandböden oder Staunässe wirken sich ertragsmindernd aus.

Dill

Dill wird am besten zusammen mit den Gurken in das Gurkenbeet gesät. Obwohl der Samen breitwürfig ausgebracht werden kann, empfiehlt sich für den Einsteiger eine Aussaat in der Reihe – diese Methode erleichtert die Beikrautregulierung und auch die Ernte.

Die Aussaat ist von März bis August möglich. Frühe Sorten eignen sich auch für eine Kultur im Kalten Kasten, allerdings ist Dill nicht frostfest! Im nasskalten Frühjahr kann vermehrt „Doldenbrand“ auftreten, in trockenen Sommern besteht die Gefahr, dass die Pflanzen kümmern, weshalb sie regelmäßig gegossen werden sollten.

Die Aussaattiefe der Samen verändert das Ernteprodukt! Zur Gewinnung von Dillpflanzen im Übergang zu Blüte/Samenbildung sollten die Samen in ein feinkrümeliges Beet flach (etwa 1 cm tief) ausgesät werden. Tiefere Aussaaten (ca. 3 cm) empfehlen sich bei der Gewinnung von Dillspitzen.

TIPP! Richtig aussäen

Säen Sie Dill flach und tief aus und ernten Sie die Pflanzen frisch, die eng beieinanderstehen, während die anderen in die Blühphase übergehen können und die Ernte konserviert Verwendung findet.

Geerntet werden
- die Dillspitzen,
- die ganzen Dillpflanzen im Übergang zu Blüte/Samenbildung und
- der Samen.

Keimung begünstigen

Damit Dill gut keimt, empfiehlt sich grundsätzlich das Waschen der Samen in lauwarmem Wasser. Fügen Sie dem Waschwasser jedoch kein Reinigungsmittel hinzu und reiben Sie die Samen nicht zu kräftig aneinander, sondern rühren und mischen Sie die Samen vorsichtig im Wasserbad! Nach dem Waschen werden die Samen an einem luftigen Ort getrocknet und gelangen danach erst zur Aussaat.

Kamille

Die Kamille ist kein Würzkraut in diesem Sinn, jedoch sollten in einem Selbstversorgergarten immer ein paar Pflanzen stehen. Sie gewährleisten die Gesundheit des Gartens und der Gemüse und können zu Tinkturen und Tees für Mensch und Pflanze verarbeitet werden.

Der beste Zeitpunkt zur Aussaat liegt im Spätsommer bis Frühherbst – in den Monaten August bis September. Das ist der Zeitpunkt, an welchem die Blüten des „Ackerunkrautes" in voller Blüte stehen und sich bereits „versamen" (an Maria Himmelfahrt werden traditionell heilkräftige Kamillen für die Teebereitung oder das Kamillenblütenöl geerntet). Der Boden darf nicht sauer und sollte nicht zu nahrhaft sein, da sonst mehr Blattmasse angesetzt wird. Nicht gießen!

Wird noch im September ausgesät, befindet sich die Kamille über den Winter im Rosettenstadium und ist winterhart!

HINWEIS! Tee ohne grüne Teile

Werden die Grünteile bei der Ernte der Kamillenblüten nicht sorgfältig entfernt, schmeckt der Tee später streng. Für die Zubereitung zu kosmetischen Zwecken (Waschtee) ist dies unerheblich.

Echte Kamille. Die gesammelten und getrockneten Blüten können zu einem heilsamen Tee verarbeitet oder in ein Öl eingelegt und als Einreibung verwendet werden. Die grünen Teile gehören auf den Kompost.

Viele Gartenkräuter können auch zu kosmetischen Zwecken verwendet werden. So können Seifen selbst hergestellt werden, die mit den Kräutern versetzt wurden, Öle bereitet oder einfach nur ein Tee zur Körperreinigung – Waschtee – zubereitet werden. Bei der Anwendung eines Waschtees sollte die Haut auch gebürstet werden.

Kümmel

Bei diesem Gewürzkraut werden die Samen insbesondere für die Kohlkonservierung oder zum Gebrauch in der Küche – etwa für Rüben- oder Kohlgerichte oder die klassische Winterküche – verwendet. Das Hinzufügen von Kümmel zu schwerverdaulichen Gerichten (Kohl- und Topinamburgerichte) ist wirksam gegen Blähungen. In den letzten Jahren sind mehrere einjährige Kümmelsorten gezüchtet worden. Allerdings weisen die Samen bei der einjährigen Kulturvarietät einen niedrigeren Gehalt an ätherischen Ölen auf.

Kümmel ist eine relativ anspruchslose Gewürzpflanze, die auf tiefgründig gelocker-

Schwarzkümmel blüht dekorativ und kann in die Rabatte integriert werden. Die Samen werden gesammelt, sobald sie schwarz sind.

ten, lehmhaltigen Böden gut gedeiht. Der Boden sollte jedoch nicht sauer sein. Wichtig ist, dass der Boden nicht verkrustet, deshalb sollte gelegentlich behackt wird. Kümmel ist eine gute Nachfrucht, da durch den späteren Anbau wertvolle Gartenfläche wiederholt genutzt werden kann. Jedoch sind Parzellen, auf denen die Weißstängelkrankheit (Sclerotina-Fäule) aufgetreten ist, für den Kümmelanbau unbrauchbar.

Kümmel ist grundsätzlich zweijährig. Bis Ende Juni sollte der Samen gesät werden, eine Aussaat ab Mai ist jedoch praktikabel. Nach der Aussaat im ersten Jahr bildet die Pflanze lediglich eine Blattrosette, aus der im zweiten Jahr etwa drei Stängel schieben, die weiße Doldenblüten bilden werden. Die Wurzel ist eine Pfahlwurzel und diese sollte zur Überwinterung einen Durchmesser von etwa 5 mm aufweisen. Die Ernte der reifen Samen erfolgt im darauffolgenden Jahr bei trockener Witterung.

Rosettenpflanzen sind frostunempfindlich und können im Gemüsegarten optimal zusammen mit Wintergemüse (Grünkohl, Feldsalat, Winterzwiebeln etc.) auf einem Beet stehen. Wichtig ist hierbei nur, dass die anderen Pflanzen den Kümmel nicht zu stark beschatten.

HINWEIS! Nasskalte Witterung

In nasskalten Jahren besteht die Gefahr, dass die ausreifenden, von Grün in das rostbaune Farbstadium übergehenden Dolden schimmeln.

Bei der Ernte unbedingt darauf achten, dass keine „Stielchen“ mehr an den Kümmelsamen sind. Trocknen Sie Ihr Erntegut an einem luftigen Ort in einem Leinen- oder Baumwollsäckchen nach, bis die Samen vollkommen ausgehärtet sind.

TIPP! Tee

In Milch gekochter Kümmel ist ein sanftes Hustenmittel für Kinder. Und bei Bauchschmerzen kann ein Kümmeltee sehr gute Dienste leisten. Für die Bereitung eines solchen Tees werden 2 TL Kümmelsamen mit 250 ml kochendem Wasser übergossen. Zugedeckt sollte der Aufguss 10 Minuten ziehen und schluckweise und ungesüßt getrunken werden.

Kresse

Die einjährige Kresse ist absolut anspruchslos und gedeiht selbst auf einem Bogen Küchenpapier, wenn dieser feucht gehalten wird. Sie ist also auch gut auf der Fensterbank zu ziehen, auch während der kalten Jahreszeit.

Im Garten ist die Gartenkresse anfällig für den Erdfloh. Auch hier sollte sie stets feucht

Auf der Fensterbank ist die Aussaat von Kresse problemlos – im Garten ebenfalls, nur, dass sich Nacktschnecken schnell einstellen.

gehalten werden und man sollte auf Schneckenbefall achten. Nicht winterhart!

Kresse selbst zu ziehen ist ganz einfach. An einem hellen und warmen Ort kann Kresse den ganzen Winter über den Speiseplan bereichern. Am besten gedeiht die Kresse, auch wenn man diese urwüchsige Pflanze auf Küchenpapier ziehen kann, in Gartenerde. Deshalb ist es wichtig, bevor der Boden gefroren ist, etwas Erde frostfrei zu verwahren.

Befüllen Sie ein flaches, aber großflächiges Gefäß – ich verwende ein emailliertes Backblech –, geben Sie Gartenerde darauf und streuen Sie dann die Kressesamen derart auf, dass sie dicht liegen. Mit einer Sprühflasche werden die Samen befeuchtet.

In den nächsten Tagen darf die Ansaat nicht austrocknen. Geerntet wird, wenn die Kresse die richtige Höhe (ca. 3–4 cm) erreicht hat.

Majoran

Der einjährige Majoran gedeiht am besten auf einem humosen Lehmboden in einer warmen Lage. Böden, die durch Niederschläge leicht verkrusten, sind ungeeignet, da die Keimblätter den Boden nicht durchbrechen können.

Der richtige Zeitpunkt zur Aussaat ist ab Mitte Mai, allerdings sollte man in kälteren Regionen die Aussaat verzögern, bis der Boden sich erwärmt hat und das Thermometer in den Nachtstunden auch nicht mehr unter 10 °C sinkt. Falls Sie in einer solchen Region leben, können Sie Majoran gut in einem Kalten Kasten anbauen und die Pflanzen zu einem günstigeren Zeitpunkt umsetzen.

Majoran wurzelt flach. Aus diesem Grund ist eine ausreichende Wasserversorgung zu gewährleisten. Gießen Sie grundsätzlich mit abgestandenem Wasser. Achten Sie unbedingt auf die Beikräuter!

Die Majoranpflanze kann bis zu dreimal beerntet werden. Der Erntebeginn setzt bei dem Übergang der Knospen in die Blühphase ein, etwa zu dem Zeitpunkt, an dem sich die ersten geöffneten Blüten zeigen. Der höchste Gehalt an aromatischen Ölen herrscht jetzt in der Pflanze vor. Schneiden Sie mit einem scharfen Messer nicht zu dicht über dem Boden die Pflanze ab und bündeln Sie das Erntegut, welches luftig und schattig getrocknet wird. Zum Schluss werden die feinen Blätter von den Stängeln gerebelt und das Gewürz wird trocken verwahrt.

TIPP! Winterharter Majoran

Neben dem einjährigen Majoran gibt es ebenfalls einen winterharten, mehrjährigen Majoran. Die lateinische Bezeichnung dieser Varietät lautet *Origanum x majoricum*. Es handelt sich dabei um eine Hybridpflanze, die auch unter dem Namen Sizilianischer Oregano bekannt ist, jedoch im Geschmack eher an Majoran erinnert.

Kräuter im Wintergarten

Name	Mehrjährig	Einjährig	Konserviert	Winterpflege erforderlich
Beifuß	x		Getrocknet	
Beinwell	x		Für Jauche	
Basilikum		x		x
Bockshornklee		x	Samen	
Bohnenkraut		x	Getrocknet	
Borretsch		x	Frisch	
Currykraut	x		Frisch	
Dill		x	Eingelegt/ getrocknet	
Dost	x		Getrocknet	
Estragon	x		Eingelegt/ getrocknet	
Fenchel	x		Samen	
Jiaogulan	x		Getrocknet/ frisch	
Kamille	x		Blüten	
Koriander			Samen	
Kümmel	x	x	Samen	
Kresse	x	x	Frisch	
Lavendel	x		Blüten	
Liebstöckel, Maggikraut	x		Frisch	
Majoran	x	x	Getrocknet/ frisch	
Olivenkraut	x		Frisch	
Petersilie	x		Eingelegt/frisch	x
Pfefferminze	x		Getrocknet/ frisch	
Rosmarin	x		Getrocknet/ frisch	
Salbei	x		Getrocknet	
Schnittlauch	x		Frisch	x
Schwarzkümmel			Samen	
Stevia	x		Getrocknet	x
Süßdolde	x		Samen	
Thymian	x		Frisch	
Wermut	x		Getrocknet	
Zitronenmelisse	x		Getrocknet	

DAS KONSERVIEREN DER KRÄUTER

Wenn es draußen recht ungemütlich geworden ist, ist die Erntesaison der meisten Gartenkräuter bereits seit mehreren Wochen beendet. Damit man jedoch an diesen Tagen eine reiche Auswahl hat, ist es erforderlich, die Gartenkräuter rechtzeitig zu konservieren. Die Möglichkeiten, deren man sich bei der Konservierung bedienen kann, sind recht mannigfaltig und sie reichen vom einfachen Trocknen bis hin zu raffinierten Methoden der Aromenmazeration. Jedoch eignet sich nicht jedes Kraut für sämtliche Möglichkeiten!

Die **Konservierungsmethoden** sind:

- Trocknen
- In Essig oder Öl einlegen
- Einfrieren
- Einsalzen
- Haltbarmachung durch Sirupbereitung
- Alkoholische Mazeration

Das Trocknen

Die gängigste und einfachste Methode ist die Trocknung der Kräuter. Hierfür werden die Kräuter beerntet, gebündelt und an einem luftigen und schattigen Ort aufgehängt, bis alle Teile restlos trocken geworden sind (am Rascheln zu hören).

WICHTIG! Saubere und gesunde Kräuter

Achten Sie beim Ernten der zu trocknenden Kräuter unbedingt auf Schädlingsbefall und auf eine ausgesprochen einwandfreie und saubere Qualität des Erntegutes!

Sollten Gartenkräuter infolge eines Starkregens verschmutzt sein, können Sie diese entweder zu einem späteren Zeitpunkt ernten oder gleich nach der Ernte in einem geräumigen Gefäß zügig und ohne die Pflanzen zu verletzen unter fließendem Wasser reinigen. Danach wird das Wasser aus den Pflanzen geschüttelt und das Erntegut wird wie empfohlen behandelt.

Sobald die Gartenkräuter wirklich trocken sind, werden sie gerebelt und anschließend dunkel und luftdicht verwahrt. Zum Abrebeln nehmen Sie ein oder mehrere Stängel in die Hand und halten sie kopfüber (mit den Wurzeln nach oben) über ein Baumwolltuch o. Ä. Streifen Sie die Blättchen vorsichtig von den Stängeln, ohne sie jedoch zu sehr zu drücken oder zu zerkleinern. Wenn Sie Brennnesseln etc. abrebeln möchten, kann ein Handschuh sehr hilfreich sein. Achten Sie darauf, dass die Kräuter zügig nach der Trocknung weiterverarbeitet werden, damit die Farbe und die ätherischen Öle weitestgehend erhalten bleiben.

Das Einlegen in Essig und/oder Öl

Das Einlegen ist ein einfaches Verfahren, mit dem die Aromen der Gartenkräuter eingefangen werden können. Die Bedingung ist, dass die Kräuter frisch und einwandfrei sind! Werden sie vor dem Einlegen unter fließendem Wasser gereinigt, sollten sie im Anschluss daran ausreichend Zeit zum Trocknen bekommen.

Sie können die Kräuter in eine geöffnete Flasche geben oder in ein Glas schichten und mit dem Essig oder dem Öl übergießen. Das Glas oder die Flasche wird dann einige Tage bis Wochen verschlossen und dunkel aufbewahrt, damit die Aromen in den Essig bzw. das Öl übergehen können. Wie aromatisch das Ergebnis letztendlich ausfallen soll, bestimmen Sie!

Konservieren der Kräuter

Name	Trocknung	Einsalzen	Essig/Öl	Einfrieren
Beifuß	x		Öl	
Basilikum	x	x	x	x
Bockshornklee	x			
Bohnenkraut	x			
Borretsch		x	Frisch	x
Currykraut	x		Frisch	
Dill	x		Essig	x
Dost	x			x
Estragon	x		Essig	x
Jiaogulan	x			
Kamille	x		Öl	
Kresse			Frisch	
Lavendel	x			
Liebstöckel, Maggikraut	x			x
Majoran	x			
Olivenkraut			Frisch	
Petersilie	x	x		x
Pfefferminze	x			
Rosmarin	x		Öl	
Salbei	x			
Schnittlauch			Frisch	
Stevia	x			
Süßdolde	x		Alkohol	
Thymian	x		Frisch	
Zitronenmelisse	x		Alkohol	

Es ist nicht erforderlich, die Kräuter zu zerkleinern. Jedoch schadet das Zerkleinern auch nicht. Egal für welche Variante Sie sich entscheiden: Prüfen Sie mit Ihrem Geruchssinn ab und an den Kräuteressig oder das Kräuteröl!

Das Einfrieren der Gartenkräuter

Auch beim Einfrieren der Gartenkräuter sollte auf eine einwandfreie Qualität geachtet werden. Von Schädlingen befallene Pflanzen sollten nicht verwendet werden. Werden die Gartenkräuter vor dem Einfrieren gewaschen, sollten sie reichlich Zeit zum Trocknen haben: Nasse Kräuter frieren zusammen, was das Portionieren erheblich erschwert. Die Kräuter sollten vor dem Einfrieren zerkleinert werden.

Es gibt im Grunde zwei Methoden, mit denen man ganz gut Kräuter einfrieren und im Anschluss portionsweise verwenden kann. Die erste Möglichkeit ist, mehrere kleine Gefrierbeutel oder Eiswürfelschälchen zu

Anbauempfehlungen

Name	Standort	Sonnig	Platzbedarf	Pflege	Gießen
Beifuß	Anspruchslos	+	+ + +	–	–
Beinwell	Anspruchslos	–	+ + +	–	+
Basilikum	Humos, feucht	+ +	–	+ +	+
Bockshornklee	Tiefgründig, humos	+	+ +	+	–
Bohnenkraut	Tiefgründig, humos	+ +	+	+	+
Borretsch	Anspruchslos	– / +	+ + +	–	–
Currykraut	Trocken, humos	+	+ +	–	–
Dill	Humos, feucht	+	+	+ +	+
Dost	Trocken, humos	+ +	+	–	–
Estragon	Tiefgründig, humos	+	+ +	–	–
Fenchel	Tiefgründig, humos	+	+ + +	+	–
Jiaogulan	Tiefgründig, humos	– / +	+	–	+
Kamille	Basisch	+ +	+	–	–
Kümmel	Tiefgründig, humos	+	+	+	+
Kresse	Anspruchslos	+	–	+	+
Liebstöckel, Maggikraut	Anspruchslos	– / +	+ + +	– / +	–
Majoran	Tiefgründig, humos	+ +	+	+ +	+
Olivenkraut	Trocken, humos	+	+	–	–
Petersilie	Tiefgründig, humos	+	+	+ +	+
Pfefferminze	Tiefgründig, humos	– / +	+ +	+	++
Rosmarin	Trocken, humos	+ +	+	–	–
Salbei	Tiefgründig, humos	+	+ +	+	–
Schnittlauch	Tiefgründig, humos	– / +	+	+	+
Stevia	Tiefgründig, humos	– / + +	+ +	+	+
Süßdolde	Anspruchslos	– / +	+ + +	–	–
Thymian	Trocken, humos	+ +	+	+	–
Wermut	Tiefgründig, humos	+ + +	+ + +	–	–
Zitronenmelisse	Tiefgründig, humos	+	+ +	+	+

verwenden und nur die Menge einzufüllen, die Sie für ein Gericht verwenden wollen. Die zweite Methode besteht aus einem Vorfrieren. Hierzu werden die Kräuter dünn auf einem Backblech ausgebreitet, kurz vorgefroren und im gefrorenen Zustand in ein entsprechend großes Gefriergefäß gegeben. Das gleiche Verfahren benutzt man übrigens auch, wenn bestimmte Obstsorten (Erdbeeren, Kirschen, Rhabarber) eingefroren werden sollen, um damit später Tortenböden zu belegen.

Das Einsalzen

Das Haltbarmachen mit bzw. in Salz hat eine lange Tradition. Fleisch, Fisch, Kräuter oder Gemüse können durch Salz für eine lange Zeit haltbar gemacht werden. Es gibt zahlreiche Rezepte.

Verwenden Sie trockene und einwandfreie Kräuter. Die Kräuter werden zuvor auf die Größe zerkleinert, die Sie für gewöhnlich verwenden und in gleichen Teilen mit Salz vermengt. Nachdem das geschehen ist, wird das Gemisch in ein Glas oder einen Steintopf gegeben und dunkel gelagert.

Ich schließe dieses Gemisch grundsätzlich mit einer Schicht Salz ab. Auf diese Weise habe ich bisher noch nie einen Ausfall durch Verderben der eingesalzenen Kräuter erlebt. Beim Verwenden müssen Sie jedoch den Salzgehalt berücksichtigen.

Der Sirup

Die Sirupbereitung basiert auf Zuckerbasis. Ich verwende einerseits fertige Sirupe analog der Essig- und Ölmazeration. Das heißt: Ich lege beispielsweise in einen Ahornsirup (mit dem ich Pfannkuchen bestreichen will) die Blüten des Lavendels ein. Nach wenigen Wochen sind die Duftstoffe im Sirup und es macht einen Unterschied, ob ich aromatisierten Sirup verwende oder neutralen. Welche Geschmacksrichtung der Sirup letztendlich aufweisen soll, ist reine Geschmackssache.

Die zweite Möglichkeit besteht darin, den Sirup selbst zuzubereiten. Selbst zubereiteter Sirup kann sehr vielfältig verwendet werden. Man kann diesen Sirup als Limonadengrundlage verwenden, damit Konfitüren veredeln, aber auch in der Küche beim Würzen diverser Gerichte kann dieser Sirup oft zum Einsatz kommen. Eine Anleitung für selbst gemachten Sirup finden Sie im Rezeptteil (siehe S. 196).

Alkoholische Mazeration

Der Großvater wusste noch, welche die richtige Medizin für ihn ist: Ein Kümmelschnaps hilft gegen Völlegefühl und ein Gin hält das Rheuma in Grenzen. Natürlich sind mit diesen beiden Vertretern der alkoholischen Mazeration noch lange nicht alle Möglichkeiten ausgeschöpft. Ich verwende Alkohol zur Likörbereitung (mit unterschiedlichen Zuckerarten) oder auch um damit Aromen später in Backwaren überführen zu können. Die Vorgehensweise ist ähnlich der bei der Sirupbereitung.

TIPP! Richtige Konservierungsart

Letztendlich entscheiden Ihre individuellen Vorlieben darüber, welches Kraut wie verwendet wird.

Verstehen Sie bitte diese Verwendungshinweise lediglich als Anregung. Es gibt zahlreiche sehr informative Bücher zu diesem Thema. (Diesbezügliche Rezepte, allerdings auf Wildpflanzenbasis, finden Sie in meinem Buch „Holunder, Dost und Gänseblümchen – Vegetarische Rezepte mit wilden Kräutern und Früchten“, pala-verlag)

FRISCHE KRÄUTER IM WINTER

Neben der Konservierung können verschiedene Gartenkräuter auch im Winter frisch zur Verfügung stehen. Damit die Selbstversorgung mit Kräutern während der kalten Tage gewährleistet ist, sollte bereits im Juli damit begonnen werden, Kräuter in Töpfe und Kästen und/oder in ein Beet zu säen, das den Maßen des Kalten Kastens, eines entsprechend großen Kartons oder einer einfachen Verbretterung entspricht. Selbstverständlich kann zur Winterkultur der Kräuter auch ein Folientunnel oder das Gewächshaus verwendet werden, allerdings ist der Folientunnel keine gute Alternative in schneereichen Regionen, während das Gewächshaus sich nur schwer erwärmt. Der Kalte Kasten und die Verbretterung, die ziemlich einfach ist und schnell errichtet werden kann, kann beim Einsetzen starker Fröste mit einer dicken Schicht Pferdedung und Erde ummantelt werden, so dass die Temperatur im Inneren nicht zu stark absinkt und die Kräuter nicht erfrieren.

Denken Sie bitte an das Lichtbedürfnis der Pflanzen!

HINWEIS! Wärme bewahren

Bei starken Frösten sollten die Scheiben des Kalten Kastens nur während der Mittagsstunden kurzzeitig zu Erntezwecken geöffnet werden!

KOCHEN UND KONSERVIEREN VON GEMÜSEN

Obst und Gemüse einzuwecken bzw. einzurexen und auf diese Weise für den Winter zu bevorraten, ist in der Vergangenheit ein wenig aus der Mode gekommen. Das Einfrieren erlebte eine Hochsaison. Ohne Frage: Gefriergüter sind, ohne viel Aufwand betreiben zu müssen, schnell und sicher verwahrt und überdies problemlos über einen Zeitraum von mehreren Wochen, gar Monaten haltbar.

Also stellt sich die Frage, warum man trotzdem einen Teil des Gemüseüberschusses bzw. der Ernte auch durch das arbeitsintensivere Einwecken haltbar machen sollte, wenn doch beinahe in jedem Haushalt eine Gefriertruhe oder ein Gefrierfach in einem Kühlschrank vorhanden ist? Die Antwort ist einleuchtend: Der Qualität zuliebe!

Gemüse im Garten selbst anzubauen, zu hegen, zu pflegen und zu ernten und dabei die höchste Lebensmittelgüte zu erzielen, bedeutet, ein respektables Quantum Aufwand betrieben zu haben. Nach der Ernte ist jedoch vor der Ernte! Der Aufwand beginnt bereits dadurch, dass die Beete vor Wintereinbruch für die kommende Saison vorbereitet werden müssen. Und sobald die Gartensaison beginnt – meistens im Februar, wenn auf den Fensterbänken der Nutzgartenbetreiber die verschiedensten Fruchtgemüse vorgezogen werden –, verlangt ein ertragreicher Nutzgarten jeden Tag nach dem Gärtner. Alle Bedingungen, die das Gemüse an eine erfolgreiche Kultur stellt, müssen weitestgehend gewährleistet werden. Warum nach einer derartigen Leistung nicht noch diese frischen, gesunden und köstlichen Gemüse zu gesunden Delikatessen verarbeiten? Selbst konservieren bedeutet nämlich: Sicherheit zu haben, was Zuckerwerte, Konservierungsmittel und andere Zusätze anbelangt und seine eigenen Vorstellungen von Güte umzusetzen.

Es gibt viele wirklich wunderbare Bücher, in welchen sich tolle Rezepte finden lassen, dank denen man seine Ernte sicher und qualitativ hochwertig konservieren kann (nachfolgend, in der kleinen Auswahl, habe ich Ihnen meine Lieblingsrezepte zusammengestellt). Und noch ein Argument für das Einwecken: Vieles davon lässt sich ausschließlich mit erntefrischen und einwandfreien Gemüsen realisieren!

Auch die „milchsaure Gärung" – bekanntestes Gemüse dieser Art ist das „Sauerkraut" – basiert ausschließlich auf erntefrischen Zutaten und das milchsauer vergorene Gemüse ist nicht nur sehr bekömmlich und der Verzehr überdies auch sehr gesund, sondern das milchsauer Vergorene ist auch gut haltbar.

GRUNDLAGEN DER KONSERVIERUNG

Stellen Sie, bevor Sie zur Ernte schreiten, die erforderlichen Gläser und Gerätschaften bereit und vergewissern Sie sich, dass sämtliche im Rezept aufgeführten Zutaten vorhanden sind. Ernten Sie prinzipiell nur die Menge Gemüse, die Sie problemlos verarbeiten können! Verarbeiten Sie die Ernte zügig.

TIPP! Checkliste zum Einkochen

Benötigt werden:

- unterschiedlich große Gläser und passende Deckel
- Steintöpfe und passende Deckel
- ein großer Topf zum Einwecken (entsprechend der Glasgröße)
- Schüsseln und Gerätschaften

In der Anschaffung sind Einweckgläser relativ teuer, aber es lohnt sich. Kosten können eventuell gespart werden, wenn die Gläser zum Einwecken verwendet werden, die Sie sonst in den „Glascontainer" geben würden (Fischkonservengläser, Wurstkonservengläser u. a.). Allerdings müssen diese sehr gründlich gereinigt werden und vor dem Benutzen noch einmal auf Neutralität geprüft werden. Die bereits einmalig verwendeten Twist-Off-Deckel der Twist-Off-Gläser dürfen nur einmal verwendet werden! Sparen Sie hier nicht an falscher Stelle und kaufen Sie stets neue Deckel. Die Beschichtung ist nur für den einmaligen Gebrauch ausgelegt. Im besten Fall würden Ihre Gläser mit alten Deckeln „nur" verderben, im schlimmsten Fall lösen sich Bestandteile der Beschichtung und landen in Ihrem Gemüse!

Selbst hergestellte Konserven munden nicht einfach nur ganz besonders delikat, sondern sie sind auch ein beliebtes Mitbringsel für viele Anlässe.

Grüne/Gelbe Bohnen

Bohnen lassen sich zuverlässig einkochen, wenn folgende Regel bedacht wird: Nach dem Ernten werden die beiden Enden der Grünen/Gelben Bohnen abgetrennt und die Bohnen selbst werden in appetitliche Stücke zerteilt und in eine passende Schüssel gegeben.

Sind sämtliche Bohnen derart vorbereitet worden, werden sie mit kochendem Wasser übergossen, bis es übersteht. Nach dem Erkalten die Bohnen in saubere Gläser schichten, einen Moment zur Seite stellen und sodann das zusammengelaufene restliche Brühwasser aus den Gläsern abgießen.

Geben Sie nun auf die Bohnen nach Geschmack etwas Salz und füllen Sie nun Leitungswasser auf, bis es im Glas übersteht. Sobald alle Gläser mit sauberen und passenden Deckeln verschlossen wurden, werden sie eingekocht.

Einkochzeit: 2 h bei 100 °C

TIPP! Vielseitiges Gemüse

Nach diesem Verfahren eingeweckte Bohnen können vielseitig verwendet werden.

Süßsaure Gewürzbohnen

Zutaten

2 kg erntefrische, zarte Bohnen
(grün/gelb/violett)

750 g Rohrzucker
500 ml Weinessig
20 g Meersalz
mehrere Gewürznelken
2 Zimtstangen

Eiswürfel zum Abschrecken

Zubereitung

Zucker in 500 ml Wasser kochen, bis er sich aufgelöst hat, danach den Essig und die Gewürze hinzufügen, die Zimtstangen sollten zuvor zerteilt werden. Den Sud bei schwacher Hitze mindestens 20 min ohne Deckel köcheln.

Während dieser Zeit die Bohnen putzen, waschen und nachfolgend für 5 min in einem schwach gesalzenen Wasser vorgaren. Mit einem Schaumlöffel die Bohnen aus dem Topf herausnehmen und in einem Eiswasserbad abschrecken.

In die vorbereiteten Gläser die derart behandelten Bohnen schichten. Die Verwendung kleinerer und mittelgroßer Gläser empfiehlt sich, da diese Bohnen entweder als Vorspeise oder zu einem herzhaften Abendbrot serviert werden. Den Sud aufgießen.

Es ist darauf zu achten, dass sich in jedem Glas ein Stück Zimt und einige Gewürznelken befinden. Mit sauberen Deckeln verschließen und einwecken.

Einkochzeit: 90 min bei 100 °C

Kohlrabi

Junge Kohlrabi nach der Ernte waschen, die zarten Herzblätter beiseitelegen und die Kohlrabi dünn schälen und nach Wunsch zerkleinern.

Die so vorbereiteten Stücke in einen Topf geben, in etwas schwach gesalzenem Wasser 5 min kochen und anschließend mit einem Schaumlöffel aus dem Kochwasser herausnehmen, heiß in saubere Gläser geben und mit kaltem Leitungswasser versetzen. Nach Geschmack salzen und mit neuen, sauberen Deckeln verschließen.

Einkochzeit: 90 min bei 100 °C

Grüne Tomaten

In kalten Sommern können Tomaten oft nicht ausreifen und es fallen viele grüne Tomaten an oder die Krautfäule im Herbst vereitelt das Ausreifen der letzten Früchte. Was kann man mit grünen Tomaten machen? Die Antwort: Delikatessen!

Der Rohverzehr unreifer, grüner Tomaten ist nicht empfehlenswert, und zwar wegen des Pflanzengiftes Solanin. Solanin kann bereits bei geringer Dosierung Halluzinationen, Übelkeit und Kopfschmerz verursachen! Diese grünen Tomaten – verwenden Sie bitte nur jene, die größer als eine Walnuss sind – können jedoch ganz hervorragend süßsauer eingelegt werden und sind dann auch bedenkenlos zu verzehren.

Zutaten

2 kg grüne Tomaten
20 g Meersalz
3–4 mittelgroße Zwiebeln
Kräuter (nach Belieben) wie: Lorbeer, Thymian, Salbei, Dill (Blüte), Estragon
1,5 l Weinessig
500 g Rohrzucker
1 Stk. Ingwer (nach Belieben)

Zubereitung

Tomaten waschen, abtropfen lassen und mit einem Zahnstocher mehrfach einstechen (eventuell halbieren), in ein Gefäß geben, mit etwas Meersalz bestreuen und über Nacht den Saft ziehen lassen.

Am nächsten Tag die Zwiebeln schälen, eventuell halbieren und zusammen mit den Tomaten in saubere Gläser füllen. Die Kräuter auf die Gläser aufteilen. Danach den „Tomatensaft“ mit dem Essig, dem Zucker und dem Ingwer versetzen und aufkochen.

Den kochenden Fond sofort über die vorbereiteten Tomaten gießen. Die Gläser mit passenden und einwandfreien Deckeln verschließen und einkochen.

Einkochzeit: 30 min bei 80 °C

TIPP! Farbenpracht

Ich füge diesen Konserven, die übrigens ausgesprochen köstlich sind, der Optik wegen gern Tomaten hinzu, die bereits die Farbe ein wenig gewechselt und einen anderen Reifegrad erreicht haben.

Eingelegte, grüne Tomaten

TIPP! Tomatenmarmelade

Grüne Tomaten ergeben auch eine überaus köstliche Marmelade, die auch optisch eine gute Figur macht!

DIE MILCHSAURE GÄRUNG

Egal ob Sie Bohnen, Rüben, Gurken oder Kohl milchsauer vergären wollen: Die Regel lautet: **Auf 1 l Wasser kommen 50 g Speisesalz.** Das Wasser wird zum Kochen gebracht, das Salz wird darin aufgelöst und nach dem Erkalten wird die Salzlake über die vorbereiteten Gemüse gegossen.

Durch das Hinzufügen von Kräutern, Zwiebeln und Knoblauch lassen sich geschmackliche Varietäten erzeugen! Da diese Methode auf dem Vorhandensein von Bakterien basiert, dürfen die Temperaturen nicht kühl sein.

Aus meiner Erfahrung heraus spielt starke Wärme oder Sonneneinstrahlung keine negative Rolle. Meine Empfehlung: Verwenden Sie das Gemüse zum Vergären mittelbar nach oder während der Ernteperiode. Zu dieser Zeit herrschen in der Regel optimale Temperaturen.

Eingelegte Kohlköpfe

Nicht jede Kohlpflanze entwickelt einen Kopf, der groß genug ist, um gelagert zu werden oder aus dem Sauerkraut bereitet werden kann. Oft bilden sich faustgroße, relativ feste Köpfe, mit denen man in Anbetracht des allgemeinen „Erntesegens“ zum Zeitpunkt der Kohlernte nicht wirklich etwas anzufangen weiß.

Es ist viel zu schade, dass diese kleinen, festen Köpfe nicht beachtet werden, da sie sich vorzüglich einsäuern lassen und danach ausgesprochen gut munden. Diese kleinen Kohlköpfe bleiben aber erst einmal auf dem Beet, bis Sie Zeit haben, sich ihrer anzunehmen. Man kann sie dann, wenn Zeit ist, hervorragend einlegen. Sie benötigen hierfür ein fest verschließbares und dementsprechend großes Gefäß und ein paar Zutaten.

Zutaten

kleine Weißkohlköpfe
Salz, Wasser (Auf 1 l Wasser kommen 50 g Speisesalz!)
Dillsamen
eventuell Knoblauch oder Meerrettich

Zubereitung

Die kleinen, festen Weißkrautköpfe von schadhaften und losen Blättern befreien. Den Strunk kreuzweise einschneiden. Die ganz kleinen Köpfe bleiben ganz und sollten unbeschadet und auch frei von Schädlingen sein.

Kochen Sie so viel Wasser auf, wie in das Gefäß Ihrer Wahl passt! Die benötigte Menge Salz im kochenden Wasser lösen.

Die kleinen Kohlköpfe in ein Gurkenglas oder Ähnliches geben. Dillsamen – auf 5 l Wasser 1 EL – darüberstreuen, (Knoblauchzehen können auch verwendet werden und verleihen dem Kohl noch eine würzigere Note).

Sobald die Sole (Salzwasser) abgekühlt ist, diese über die Kohlköpfe gießen, bis sie vollkommen übersteht, etwa zweifingerbreit.

Das Gefäß locker verschließen oder nur zugedeckt an einem warmen Ort zum Gären stellen.

Der Kohl kann – sobald die Gärung abgeschlossen ist – sowohl roh als auch gegart verwendet werden und eignet sich als Beilage zu vielen Gerichten oder einfach nur mal so.

WICHTIG! Tipps zum guten Gelingen

- Vorsicht: Die Sole kann über den Gefäßrand steigen!
- Das Auflegen einer Brotrinde beschleunigt den Gärprozess.
- Sobald keine Blasen mehr aufsteigen und die Sole sich klärt – am Boden setzt sich weißer Belag ab – wird die Brotrinde entfernt und das Gefäß wird luftdicht verschlossen und kühl und dunkel verwahrt.
- Vorteilhaft ist das Verwenden mehrerer Gurkengläser, da die kleinere Menge durch einmaliges Öffnen des Gefäßes rasch verbraucht werden kann. Werden größere Gefäße verwendet, kann durch Unachtsamkeit eine Verschmutzung den eingelegten Kohl verderben.

Sauerkraut

Sauerkraut kann man auch einmal anders und mit mehr Farbe (und mehr bioaktiven Stoffen) auf den Tisch bringen! Denn das beliebte milchsauer vergorene Gemüseprodukt kann natürlich auch aus Rotkohl bereitet werden.

Die Rezeptur ist die gleiche, wie die bei der Verwendung des Weißkohls.

Ich würze neben den traditionellen Gewürzen, wie Dill und Kümmel, auch mit Nelken, die ich in einer Pfeffermühle vermahle und dann zusetze.

REZEPTIDEEN ZUM SOFORTIGEN GENUSS

Rosenblütensirup

Es eignen sich für die Bereitung dieses Sirups nur die Blüten der Apothekerrosen (wahlweise können auch Holunderblüten verwendet werden).

Zutaten

viele, viele duftende Blüten
1 Zitrone
1 l Wasser
1 kg weißer Zucker

Zubereitung

Bei trockenem und sonnigem Wetter die Blüten pflücken, die Blütenblätter von den grünen Teilen trennen und in ein Gefäß geben. Als Anhaltspunkt: In einem 5-Liter-Gefäß sollten die Blütenblätter locker bis knapp zur Hälfte des Gefäßes reichen.

Auf diese Blütenblätter dann den Saft der Zitrone und ein 1 l abgekochtes, jedoch erkaltetes Wasser geben. Die Blütenblätter sollten beschwert werden, damit diese restlos vom Zitronenwasser bedeckt werden. Über Nacht kühl stellen.

Am nächsten Tag die Blütenblätter auspressen, die Flüssigkeit durchseihen und den Zucker zusetzen. Umrühren, bis sich der ganze Zucker restlos gelöst hat, und den Sirup in Flaschen füllen; diese kühl verwahren.

Haltbarkeit: bis zu sechs Monate

Brennnesselpudding

Zutaten

etwa 500 g junge, zarte Brennnesseln
3–4 Eier
knapp 100 g Butter
Meersalz nach Geschmack
frisch gemahlener Pfeffer
1 Zwiebel, fein gewürfelt
2 Tassen Paniermehl

Zubereitung

Die Brennnesseln waschen, mit kochendem Wasser überbrühen und darin ca. 1 h ziehen lassen.

Die Eier trennen, die Butter schaumig rühren und mit den restlichen Zutaten, mit Ausnahme des Eiweißes versetzen. In diese Masse die abgetropften und zerkleinerten Brennnesseln geben, das Eiweiß zu einem steifen Schnee schlagen und mit einem Holzlöffel vorsichtig unterheben.

Nun die Masse in eine ordentlich gebutterte Auflaufform geben und im Wasserbad 1 h lang kochen.

TIPP! Beilage

Reichen Sie dazu knusprigen Toast, auf dem etwas Knoblauch abgerieben worden ist.

Haferwurzelsalat

Zutaten (für 4 Personen)

800 g Haferwurzeln
1 Zwiebel
1 EL Kokosflocken
½ Becher süße Sahne
Salz und Pfeffer aus der Mühle
2 EL Rosenblütensirup
1 TL Speisesenf
Saft von ½ Zitrone

Zubereitung

Die Haferwurzeln gründlich reinigen, in etwas Wasser garen und in appetitliche Stücke zerteilen. Das Garwasser wird nicht weggegossen, sondern zum Erkalten zur Seite gestellt!

Die Zwiebel schälen, fein würfeln und zusammen mit den Kokosflocken über den Haferwurzelstücken verteilen.

Aus Sahne, Gewürzen, Rosenblütensirup und dem Senf unter Zugabe von etwas durchgesiebtem Garwasser und der Zitrone das Dressing bereiten, das ordentlich mit Pfeffer abgeschmeckt wird.

TIPP! Beilage

Dieser Salat mundet sehr gut zu einem Hefefladen, der frisch aus dem Backofen kommt.

Karottenkompott

Ein wunderbares, von mir erprobtes Rezept für schadhafte bzw. bei der Ernte beschädigte Möhren.

Zutaten

etwa 2 kg Möhrenbruch
500 g Zucker
330 ml Weinessig
60 ml Wasser
Pfeffer und Salz

Zubereitung

Die geschälten und in appetitliche Stücke zerteilten Möhren in etwas schwach gesalzenem Wasser weich kochen. Die Möhren in einem Durchschlag mit kaltem Leitungswasser abschrecken, gründlich abtropfen und danach in einen Topf geben.

Aus Zucker, Essig und Wasser durch Eindampfen einen Sud bereiten, diesem einige Pfefferkörner und etwas Salz beifügen. Lassen Sie das Gemisch bei schwacher Wärmezufuhr und gelegentlichem Umrühren etwa 15 min eindampfen.

Diesen Sud danach über den Möhren verteilen und das Ganze noch einmal 5 min langsam kochen. Über Nacht zugedeckt ziehen lassen.

Danach den Sud abgießen, erneut 10 min aufkochen und nach dem Abkühlen wieder über die Möhrenstücke verteilen. Nun muss eine Pause von 24 Stunden eingehalten werden, während dieser Zeit den Topf mit dem Sud und den Möhrenstücken kühl verwahren (Keller).

Am dritten Tag den Sud erneut abgießen, wieder aufkochen, den entstehenden Schaum abschöpfen und die Möhrenstücke in den so vorbereiteten Sud geben. 5 min bei geringer Wärmezufuhr darin mitgaren und, analog der Bereitung von Marmelade, im Anschluss daran in saubere Gläser füllen, die sofort luftdicht verschlossen werden.

Kühl lagern.

Cynar Amaro – Bitterer Artischocken-Kräuterlikör

Zutaten

200 g Vollrohrzucker
1–2 Tassen Wasser
8 Artischocken
1 Triebspitze des nicht voll erblühten Wermutkrauts oder 1 gründlich gereinigte Wurzel des Löwenzahns (Vorsicht: beides ist ziemlich bitter!)
10 Samen der Süßdolde, alternativ Anis
1 l Schnaps, 40%ig

Zubereitung

Aus dem Zucker und dem Wasser einen Zuckersirup durch langsames Kochen zubereiten. Er ist fertig, wenn der Sirup schwerfällig vom Löffel tropft.

Ist er fertig, zum Auskühlen vom Herd nehmen, die krautigen Bestandteile zerkleinern, in ein gut verschließbares und sauberes Aufgussgefäß (Einweck-Glas) schichten und mit dem warmen Zuckersirup begießen. Für 3 h gut verschlossen ruhen lassen.

Danach mit dem Alkohol aufgießen. Nach dem Verschließen des Gefäßes kräftig schütteln und das Ganze an einem warmen, dunkeln Ort für etwa 8 Wochen verwahren. Das Gefäß während dieser Zeitspanne gelegentlich schütteln.

Danach die festen Bestandteile herausfiltrieren und auspressen. Ein Rohentsafter leistet hierbei gute Dienste. Doch auch ohne ein solches Gerät können die festen Bestandteile zufriedenstellend ausgepresst werden.

Auspressen von Hand

Das Auspressen von Hand wird durch Verwendung eines sauberen Baumwolltuches vereinfacht. Hierfür das Tuch in einer größeren Schüssel ausbreiten und mit dem Pressgut befüllen. Wer kleine Hände oder weniger Kraft in den Händen hat, sollte nicht zu viel auf einmal in das Tuch füllen! Mit sauberen Händen das Tuch nach dem Befüllen kräftig auswringen.

Darauf achten, dass die Flüssigkeit in der Schüssel aufgefangen wird und nicht an den Händen abwärts auf den Boden rinnt.

Die Pressflüssigkeit dem Likör beifügen; diesen in kleinere, gut verschließbare Flaschen umfüllen.

Chips aus den köstlichen, wintersüßen Pastinaken

Zutaten

Pastinaken (sollten vor der Verwendung ordentlich durchgefroren sein)
Meersalz

genügend Rapsöl zum Frittieren

Zubereitung

Die Pastinaken gründlich bürsten und anschließend die Schale trocken tupfen. Dann die Pastinaken in 3 mm breite Scheiben schneiden.

In der Zwischenzeit Rapsöl in einer Pfanne/einem Topf auf 160 °C erhitzen. Die Pas-

Pastinaken werden vor der Verwendung ordentlich gebürstet und anschließend zerteilt.

tinakenscheiben für etwa 3 min ins heiße Öl geben – Vorsicht, nicht zu braun werden lassen. Danach auf Küchenpapier legen. Sobald die Chips erkaltet sind, noch einmal im heißen Öl knusprig braun frittieren.

Salzen Sie die Chips erst nach dem zweiten Herausnehmen mit etwas Meersalz.

TIPP! Gemüsefond

Die kleineren Nebenwurzeln, die beim Bürsten entfernt werden müssen, ergeben zusammen mit anderen Gemüsen einen köstlichen Fond! Nicht achtlos wegwerfen!

Rosenkohl, einfach

Versuchen Sie Rosenkohl doch einfach einmal als Beilage zu Salzkartoffeln. Sie benötigen hierfür nur einen Topf und eine Pfanne und ein paar Zutaten.

Zutaten

Rosenkohl
Salz
Semmelkrumen (Paniermehl)
Butter
Muskatnuss zum Abschmecken

Zubereitung

Die geputzten Röschen in etwas leicht gesalzenem Wasser (oder Gemüsebrühe) garen. Sobald sie weich sind, abseihen.

In der Pfanne Semmelkrumen bräunen. Für 500 ml Gemüsebrühe benötigen Sie etwa 2–3 EL Semmelkrumen und die nötige Menge Butter, damit diese darin knusprig werden. Lassen Sie die Butter erst zerlaufen, ehe Sie die Semmelkrumen in die Pfanne geben.

Damit die Krumen richtig bräunen und nicht verbrennen – Vorsicht: Semmelkrumen werden ziemlich schnell schwarz und sind dann nicht mehr zu verwenden –, arbeiten Sie bei mittlerer Wärmezufuhr und wenden den Inhalt der Pfanne laufend um.

Nach etwa 5–8 min sollten die Semmelkrumen appetitlich duften und eine schöne Braunfärbung angenommen haben. Gießen Sie nun den Inhalt der Pfanne über die heißen Rosenkohlröschen, rühren Sie um und schmecken Sie das Gemüse mit etwas Muskatnuss ab.

„Mutters bester weißer Krautsalat“

Zutaten

1 mittelgroßer Weißkohlkopf
Salz, Zucker, Essig
100 g fetter Schweinespeck

Zubereitung

Alle schadhaften Blätter des Kohlkopfes entfernen, sich überzeugen, dass er einwandfrei ist, mit der flachen Seite nach unten auf ein Schneidbrett legen und halbieren. Mit einem scharfen Messer nun in sehr feine Streifen (1–2 mm) schneiden.

Die Streifen in eine kochfeste Schüssel geben. Wasser zum Kochen bringen und diese Streifen begießen, bis es übersteht. 10 min ziehen lassen, dann etwa die Hälfte des Wassers abgießen. Mit den Gewürzen und dem Essig abschmecken. Sie können anstelle des Zuckers auch ein anderes Süßungsmittel verwenden.

Den Speck sehr fein würfeln und knusprig braun braten. Die Speckwürfel über dem Krautsalat verteilen.

Damit die Grieben schön knusprig bleiben, erst kurz vorm Servieren hinzufügen. Gut verrühren. Verwenden Sie nach Möglichkeit nicht das ganze Fett.

TIPP! Beilage

Dieser Krautsalat passt ausgezeichnet zu Kartoffelpüree oder zu einem Gericht mit Salzkartoffeln.

Süßer Topinambursalat

Zutaten (4 Personen)

4 Knollen Topinambur
2 Äpfel
½ Ananas (frisch)
½ Banane

1 Becher Joghurt
Saft von ½ Zitrone
1 Prise Meersalz
1 EL süße Sahne

Zubereitung

Die Topinambur gründlich reinigen und mit den gereinigten Äpfeln in eine Schüssel raspeln. Die fein gewürfelte Ananas und die in dünne Scheiben zerteilte Banane zufügen.

Aus Joghurt, Zitronensaft, Meersalz und der Sahne eine Salatsoße rühren. Das Obst und Gemüse mit der Soße anrichten und genießen!

Runkelrüben

Runkelrüben ergeben einen guten Hustensaft! Und so geht es: Eine mittelgroße (2 kg) Runkelrübe gründlich reinigen, halbieren und mit einem Esslöffel etwas ausschaben.

In die entstandene Aushöhlung braunen Kandiszucker geben. Dann die Hälften zusammenfügen, mit einem Gummi (Einkochring) fest verbinden und hochkant in ein Gefäß stellen.

TIPP! Hustensaft

Der austretende Saft ist ein gutes Mittel gegen einen leichten Erkältungshusten und wird esslöffelweise über den Tag verteilt eingenommen.

Rote Rüben

Spindelförmige und/oder eigroße Rüben, ähnlich dem Garen der Kartoffeln, in der Glut des Grills garen. Hierfür werden die Rüben einfach in Alufolie gewickelt, mit ein paar Tropfen hochwertigem Olivenöl beträufelt.

TIPP! Milchsauer einlegen

Rote Bete eignet sich darüber hinaus auch gut zum Konservieren und kann auch (kleinere Knollen verwenden) ausgesprochen gut milchsauer eingelegt werden.

SCHLUSSWORT

Bienensterben, Artensterben, Umweltverschmutzung, Klimawandel ... Da kann man nichts machen? Doch! Umweltschutz im eigenen Garten! Dies ist der beste Beitrag, den der Einzelne leisten kann und zudem mit der höchsten Effizienz.

Während meiner Kindertage – ich wuchs am Rand einer Kleinstadt in Thüringen auf – grünte und blühte es quasi überall um mich herum. Die Gemarkung bestand in dieser Zeit aus vielen ziemlich kleinen Feldern, die getrennt wurden von zahlreichen Ackerrainen, Wirtschaftswegen und Chausseegräben. Die Wege, Gräben und Raine waren reich bestanden und blühten faktisch über Wochen und Monate hinweg (unzählig viele Insekten nährend) kunterbunt und sie dufteten facettenreich. Auf den Wirtschaftswegen standen windschiefe Obstbäume und es lagen im Herbst Falläpfel oder Birnen im Gras, über denen gierige Wespen kreisten. Es federten Pflaumen und herrlich saftige Weichselkirschen an den Zweigen; Weichseln sind der ideale Durstlöscher, wenn man an heißen Tagen in der Natur unterwegs ist! Das Obst lockte zahlreiche Schleckermäuler an und wenn ich nicht selbst einen Apfel ergattern konnte, so hatte ich den Genuss der spannenden Beobachtung eines Tieres, das mehr Glück gehabt hatte, als es mir vergönnt gewesen war.

Gegenwärtig herrscht im ländlichen Raum – gerade in den von intensiver Landwirtschaft dominierten Gebieten – Monotonie! Oft reichen die Felder von Dorf zu Dorf, dazwischen gibt es kaum Wege und selten Bäume (und wenn, dann sind dies keine traditionellen Obstbäume).

Es mangelt dort auch an Blumen, Kräutern, Sträuchern. Während meiner Rechercheреisen kreuz und quer durch Deutschland begriff ich, dass es in den monotonen Bereichen landwirtschaftlicher Omnipotenz kaum mehr Insekten oder Igel, Hasen, Fasane, Füchse oder anderes Getier gibt.

Es ist einsam und still um uns (Menschen) geworden; abgesehen von dem Krach, den wir selbst veranstalten. Wir dürfen nicht länger die Zerstörung unserer Kulturlandschaft tatenlos hinnehmen.

Denken wir daran, dass es kaum mehr Bienen gibt, die Spatzen größtenteils verschwunden sind und die Schwalben auch nicht mehr kommen.

Liebe Gartenfreunde: Ein Garten kann in dieser Zeit nicht nur Garant für unbelastetes Gemüse und Obst sein, sondern er kann eine Insel werden, auf der viele farbenfrohe Schmetterlinge und nützliche Insekten und natürlich unsere heimischen Vögel eine Heimat finden und überleben (können).

Damit der Garten die Voraussetzungen bietet, müssen viele Pflanzen darin einen Platz zugewiesen bekommen. Leider auch welche, die wir (Menschen) im Garten nicht so gern sehen und die wir Unkraut nennen. Ich denke hierbei an Löwenzahn, Brennnessel, Taubnessel, Distel, Dost, Lungenkraut, Beinwell, Kopfklee (Rotklee), Steinklee, Malve, Johanniskraut und Schafgarbe sowie an die Kratzdisteln. All diese Pflanzen sind übrigens nicht nur für die heimische Insektenwelt wichtig, auch für unser Wohlergehen können sie genutzt werden. Und wer den Vögeln eine Heimat bieten will, der sollte den Garten nicht als Wohnzimmer behandeln: Der Dompfaff (Gimpel) etwa futtert am liebsten die trockenen Samen der Pflanzen.

Haben Sie auch noch die Gelegenheit, größere Sträucher oder Bäume zu pflanzen, dann tun Sie dies. Es müssten dringend sehr, sehr viel mehr Obstbäume entlang der Feldwege gepflanzt werden. Damit die Bienen wieder überall ausreichend Nahrung finden und der Herbst dann wieder einen Apfel zum Igel rollt ...

ANHANG

Nützliche Adressen – Weblinks

Albert-Schweizer-Stiftung: Über Glyphosat
https://albert-schweitzer-stiftung.de/aktuell/glyphosat-auswirkungen

Pflanzenschutzdienste
http://pflanzenschutzdienst.rp-giessen.de/pflanzenschutzinfothek/infothek/
www.pflanzenschutzdienst.at
https://www.blw.admin.ch/blw/de/home/nachhaltige-produktion/pflanzenschutz/pflanzengesundheit-eidg-pflanzenschutzdienst.html

Garten-Apps
www.garten-app.de
http://derstandard.at/1363706422273/Garteln-mit-dem-Smartphone-6-praktische-Garten-Apps

Eine Börse für Garten-Enthusiasten
www.gartenpaten.org

Weitere interessante Links
www.garten-bienen.at
www.nuetzlinge.de
www.gartenboxx.at
www.biogarten.ch

Bezugsquellen

Bezugsquellen für Sämereien

N. L. Chrestensen Erfurter Samen- und Pflanzenzucht GmbH
Gartenversandhaus
Witterdaer Weg 6
99092 Erfurt
Tel.: +49 (0) 361/510 15
www.gartenversandhaus.de

Stochay Italienische Samen
Amsterdamer Str. 230
50735 Köln
Tel.: +49 (0) 221/967 141 61
www.italienische-samen.de

Dreschflegel GbR
Postfach 1213
37202 Witzenhausen
Tel.: +49 (0) 5542/502 744
www.dreschflegel-saatgut.de

Kultursaat. e. V.
Kronstraße 24
61209 Echzell
Tel.: +49 (0) 6035/208 097
www.kultursaat.org

VERN e. V.
Burgstraße 20
16278 Greiffenberg/Uckermark
Tel.: +49 (0) 33334/702 32
http://vern.de

Rühlemanns Kräuter und Duftpflanzen
Auf dem Berg 2
27367 Horstedt
Tel.: +49 (0) 4288/928 558
www.kraeuter-und-duftpflanzen.de

Sativa Biosaatgut GmbH
Keltenweg 4
9798 Jestetten-Altenburg
Tel.: +41 (0) 52/304 91 60
www.sativa-biosaatgut.de

Arche Noah
Obere Straße 40
3553 Schiltern
Tel.: +43 (0) 2734/86 26
www.arche-noah.at

Sativa Rheinau AG
Klosterplatz 1
8462 Rheinau
Tel +41 (0) 52/304 91 60
www.sativa-rheinau.ch

Besonders empfehlenswerte Gartengeräte

PKS BRONZE Johannes Stadler
A 4820 BAD ISCHL/Lauffen
Engleitenstraße 17
Tel.: +43 (0) 6132/283 77
www.kupferspuren.at
www.pksbronze.com

Ein umfangreiches Sortiment an Nützlingen

SAUTTER & STEPPER GmbH
Rosenstr. 19
72119 Ammerbuch
Tel.: +49 (0) 7032/95 78-30
https://www.nuetzlinge-shop.de

Verwendete Literatur

HASSKERL, Heide: Holunder, Dost und Gänseblümchen – Vegetarische Rezepte mit wilden Kräutern und Früchten, pala-verlag, 2008

KÖRBER-GROHNE, Udelgard: Nutzpflanzen in Deutschland, Konrad Theiss Verlag, 1995

LAPOUGE-DEJEAN, Brigitte / LAPOUGE, Serge: Pflanzenschutz- und Düngemittel selbst gemacht, Leopold Stocker Verlag, 2015

LUTHARDT, Ernst-Otto: Schicksals- und Orakeltage, Stürtz Verlag, 1995

PELIKAN, Wilhelm: Heilpflanzenkunde I, Philosophisch-Anthroposophischer Verlag Geotheanum

SCHORMÜLLER, Josef (Hg.): Die Bestandteile der Lebensmittel, Springer Verlag, 2014

REGISTER

Ackerstiefmütterchen 16
Ameise 21 f.
Apfel 67, 98, 199
Apothekerrose 196
Arbeitsplan 62 ff.
Artensterben 201
Artischocke 71 ff., 137
Artischocken-Kräuterlikör 197

Baldrian 17
Bananenschalen 53
Barbarakraut 25, 75
Bärlauch 25 f., 76
Basilikum 179 f., 187 f.
Beifuß 172 ff., 187 f.
Beinwell 16 f., 161, 172, 175, 187 f.
Bezugsquellen 203 f.
Biene 16
Bienensterben 201
Bindesalat 25, 31
Bitterstoffe 82
Blattlaus 18, 22, 74
Bleichen 65, 84 f., 88 f., 96, 114 ff., 140 f.
Bleichgemüse 24, 69
Blue Kongo 111
Blumenkohl 25, 34, 46, 49, 51, 66, 77 ff.
Bockshornklee 180, 185 ff.
Bodengesundheit 21, 49, 145
Bodenverbesserungsmaßnahmen 52 ff.
Bohnenkraut 180 ff.
Borretsch 181, 185 ff.
Borretschtee 181
Brennnessel 16 f., 25 f., 161, 196
Brunnenkresse 25, 81
Buchweizen 16 f., 69
Buschbohne 30 ff., 46, 51, 63 f., 69, 99, 143, 161
Buchsbaum 24, 59

Chicorée 25, 82 ff., 119
Chinakohl 49, 51, 64, 128
Cholesterinspiegel 102
Cipolotte 167 ff.
Currykraut 172, 177, 185 ff.

Damm 27, 30 f., 32, 109 f., 113, 126, 139
Dauerfrostgefahr 15
Depressionen 136
Diabetiker 98, 136, 155
Dill 161, 171 f., 181 f., 185 ff.
Dillspitzen 172, 181
Distel 16 ff., 52
Dost 172, 175 f., 185 ff.
Düngen 51 ff., 179

Einlagerung 34, 36, 41, 110, 150
Endivie 25 f., 49, 51, 63, 67, 69, 86 ff., 146
Erbse 46, 68 f., 87, 102, 128, 147, 165
Erdbeerpflanze 63
Erdfloh 78, 104, 129, 137, 143, 148 ff., 159 f., 183
Erdkegel 40 f., 64, 105
Eskariol 86
Estragon 172 ff., 185 ff.
Ewiger Kohl 25, 90

Federkohl 94 ff.
Feldsalat 25 f., 49, 64, 91 ff., 162, 183
Fenchel 172, 176, 185, 188
Freilandgurke 87
Freilandmöhre 103
Frisée 86
Frost 15, 22 f., 27 ff.
Fruchtfolge 46, 49 f., 63
Frühkartoffel 110
Furche 27, 31 f., 103 f., 107, 109, 112 f., 116, 125, 143 f., 160

Gartenboden 14 ff.
Gasaustausch 22, 29 f., 37 f., 105
Gemüsebeikräuter 16 f.
Gemüsefond 144, 198
Giersch 52
Gießen 42, 64, 99
Gießwasser 16, 21, 42, 51, 99

Glaskasten 32 ff.
Glyphosat 18
Greiskraut 53
Grünkohl 49, 66, 94 ff., 126, 143, 158
Gurkenkraut 161
Guter Heinrich 25, 96, 134

Haferwurzel 25 f., 49, 66, 97 ff., 125, 196
Haferwurzelsalat 196
Häufler 108
Herbstrüben 63, 128 f.
Hilfsmittel 28
Hirschhornwegerich 32, 84 f., 114 ff.
Hokkaido 164, 166
Holunderblütensirup 155
Hügelbeet 56 ff.
Hühner 56

Insektenhotel 68, 156
Irritationspflanzen 145

Jauchen 16 f., 51
Jiaogulan 172 ff. 185 ff.
Juliaussaat 63

Kalium 83, 107, 112 f., 122, 152
Kamille 16 ff., 165, 169, 182, 185 ff.
Kamillenblütenöl 182
Karotte 46, 49 f., 63, 98, 101 ff., 113, 125
Karottenkompott 197
Kartoffel 106 ff.
Katze 20, 23, 55, 147
Kleintierhaltung 55, 155
Klimawandel 201
Knöllchenbakterien 53, 64
Knollenfenchel 25, 49, 63 ff., 112 ff.
Knollenziest 25, 116 f.
Knöterich 52
Kohlfliege 77, 94, 127, 142, 145, 157
Kohlhernie 18, 55, 64, 127, 142, 157, 160
Kohlmiete 38 f., 80
Kohlrabi 25, 46, 49 ff., 63 f., 77, 99, 127, 158, 169, 193
Kohlrübe 49 f., 66, 127 ff.
Kohlweißling 77, 90, 94, 127, 142, 144, 157, 159
Konservieren 46, 76, 186 ff., 191 ff.
Kratzdistel 16, 18
Krautsalat 199
Kresse 183 ff., 187 f.
Kümmel 182 f., 185, 188
Kürbis 25 f., 66, 163 ff.

Lagereigenschaften 22, 80, 164
Lauchzwiebel 46, 167 ff.
Lavendel 121, 172, 175 ff., 185 ff.
Leguminosen 53, 64
Liebstöckel 172, 175 f., 185 ff.
Lostage 62
Löwenzahn 16, 18, 25, 31 f., 52, 84, 87, 114 f., 117 ff., 161

Magenschmerzen 136
Maggikraut 172, 185 ff.
Mais 69, 79, 99, 153
Majoran 172, 184 ff.
Mangold 25, 28 ff., 46, 58, 63, 66, 130 ff.
Maulwurf 19
Meerrettich 52, 195
Miete 23, 25 f., 29, 36 ff., 64 ff., 80, 105, 128, 150
Mikroorganismen 12, 15 f., 47, 54 ff.,
Milchsaure Gärung 194 f.
Minierfliege 138, 140, 166, 167, 169
Mischkultur 16, 42, 46, 49 ff., 58, 64, 68, 104, 121, 165
Mist 46, 53, 55, 59
Mistbeet 29, 33 ff., 59 ff., 86 f., 117, 123 f., 142 f., 161
Mistbeeterde 60
Mistwurm 20
Möhre 25 f., 37, 46, 49 f., 66, 101 ff., 125, 197

Nachfrucht 87, 183
Nachtfrosvorhersage 62
Nacktschnecken 45, 82, 86, 101, 106, 118, 127, 148, 151, 163,
Nitrateinlagerungen 153
Nützliche Adressen 203

Olivenkraut 172, 177, 185 ff.
Oregano 172, 184

Palmkohl 25 f., 66, 95, 96
Pastinake 25 f., 49, 66, 84, 126, 135 ff., 198
Pastinakenchips 198
Petersilie 50, 65, 172, 178 f., 185 ff.
Pferdemist 34 f., 39, 57, 59, 85, 103, 115
Pflanzholz 114
Porree 25 f., 31 f., 49, 66, 138 ff., 144
Pyrrolizidinalkaloide 137

Quecken 52, 117

Radicchio 25, 82 ff., 86
Radieschen 26, 46, 49, 99 f., 104, 145, 150, 165, 169
Rebeln 186
Regenwurm 15 f., 20 f.,
Rhabarber 18, 64, 152, 160, 165, 189
Ringelblume 102, 121, 137
Romanesco 25, 66, 77 ff.
Rosenblütensirup 196 f.
Rosenkohl 26, 66, 142 ff., 198 f.
Rosmarin 17, 172, 177 f., 185 ff.
Rote Bete 26, 49, 63, 66, 130, 148 ff., 152, 200
Rotkohl 26, 79, 157 ff., 195

Saatkartoffelgewinnung 111
Saatkartoffeln 111
Salat 82 ff., 86 ff., 91 ff., 104, 146 f., 165, 169
Salbei 172, 175 ff., 185 ff., 193
Sauerampfer 145 f.
Schalotte 167 ff.
Schattenwurf 13 f., 43, 45 f., 80, 114
Schlafstörungen 136
Schlammbeet 81
Schlämmen 175 f.
Schnee 22 ff.
Schnittkohl 161
Schnittlauch 65, 171 f., 178, 185 ff.
Schwarzwurzel 26, 97 ff.
Sellerie 26, 49, 65, 120 ff.
Septemberaussaat 48 ff., 64 ff., 69, 86, 92, 116, 130 ff., 146, 152 f., 162, 182
Solanin 107, 109, 193
Sonnenlicht 12 f., 34, 75, 132
Sonnenscheindauer 13
Spargelsalat 26, 46, 51, 66, 147
Spätkartoffel 111
Spinat 26, 49, 63, 66, 151 ff.,
Steckzwiebel 169
Süßdolde 172, 175 f., 185 ff., 197

Thymian 17, 172, 177, 185 ff., 193
Topinambur 26, 154 ff., 199
Topinambursalat 199
Treiben 82 ff.,115
Treibkasten 103
Treibmöhre 102

Übergewicht 112
Umpflanzen 63 f.
Umweltschutz

Waschtee 182
Weichsel 201
Weiße Taubnessel 16, 18
Weißkohl 38, 157 ff., 194 f.
Weißstängelkrankheit 183
Wermut 17, 90, 144, 159, 172, 176 f., 185 ff., 197
Wermutjauche 17
Wetterfahne 24
Wildpflanzenbeet 63
Winterblumenkohl 34, 49, 51, 78 ff.
Winterbutterkopf 146
Winterheckzwiebel 166
Winterportulak 26, 162
Wintersalat 146
Winterschutz 25 f., 27 ff., 172
Winterwetter 12 ff., 62
Winterwirsing 34, 51, 79
Wirsing 26, 51, 79, 94, 157 ff.,
Wucherpflanzen 52
Wühlmäuse 19 f., 137, 164
Wurzellagerung 40 f.,
Wurzelernte 41, 84, 100
Wurzelteilung 172 ff.,

Zichorie 26, 82 ff., 86 f., 118,
Zitronenmelisse 140, 172, 175 f., 185 ff.
Zwiebel 26, 49, 63 ff., 121, 165, 167 ff.